KB010570

태권도 지도자를 위한

인성 및 심리코칭 길라잡이

태권도 지도자를 위한
인성 및 심리코칭
길라잡이

펴 낸 날 2021년 1월 25일

지 은 이 김봉환
펴 낸 이 이기성
편집팀장 이윤숙
기획편집 윤가영, 이지희, 서해주
표지디자인 이윤숙
책임마케팅 강보현, 김성욱
펴 낸 곳 도서출판 생각나눔
출판등록 제 2018-000288호
주   소 서울 마포구 잔다리로7안길 22, 태성빌딩 3층
전   화 02-325-5100
팩   스 02-325-5101
홈페이지 www.생각나눔.kr
이 메 일 bookmain@think-book.com

• 책값은 표지 뒷면에 표기되어있습니다.
  ISBN 979-11-7048-174-4(03180)

• 이 도서의 국립중앙도서관 출판 시 도서목록(CIP)은 서지정보유통지원시스템 홈페이지
  (http://seoji.nl.go.kr)와 국가자료공동목록시스템(http://www.nl.go.kr/kolisnet)에서
  이용하실 수 있습니다(CIP제어번호: CIP2020051381).

태권도 지도자를 위한

인성 및 심리코칭 길라잡이

"태권도 도장은 인성도장이다."

김봉환 지음

인성교육과 심리코칭을 위한
기초이론 적용방법

생각나눔

태권도는 몸을 수련하여 마음의 길을 열어가는 무도로서 몸과 마음 중 어느 하나라도 소홀히 해서는 태권도가 추구하는 가치에 도달할 수 없다. 이러한 철학적 의미는 태권도란 명칭에서도 찾아볼 수 있는데, 그동안 우리는 몸 수련에 집중하고 마음수련은 게을리하지 않았나 하는 생각이 든다. 이러한 외형적 기능의 발달은 올림픽종목 채택이라는 영광과 전 세계인의 사랑을 받는 순기능적 역할도 하였지만, 과정보다 결과만을 중시하는 결과만능주의로 선수선발부터 판정까지의 문제로 태권도 도덕성이 실추되기도 하였다.

"태권도 도장은 인성도장이다."라고 태권도인 스스로 말하고 있다. 또한, 태권도는 예(禮)로 시작하여 예(禮)로 끝난다는 태권도인의 신조도 있다. 그러나 이러한 인성관과 신조어에도 불구하고 태권도협회와 태권도지도자들의 잘못된 행동은 그칠 줄 모르고 발생하여 사회적 지탄의 대상이 되고 있다. 왜일까? 왜 태권도계에서 이런 일은 지속해서 반복되는 것일까? 무엇이 문제일까? 라는 의문을 가지지 않을 수 없다. 필자는 이렇게 생각한다. "태권도인들의 강령·신조·정신은 진심으로부터 우러나온 깨우침이나 깨달음이 아니라 앵무새처럼 훈련에 따라

입으로 말하는 강령·신조·정신이었기 때문이다."라고 필자는 말하고 싶다.

대한민국은 일제 강점기와 6·25전쟁으로 피폐해진 국가를 재건하기 위하여 경제성장을 최우선 정책으로 삼았다. 따라서 교육은 대학을 목표로 지적(知的) 성장정책을 우선으로 하였고, 스포츠는 올림픽을 목표로 스포츠강국을 계획하였다. 이에 편승한 태권도교육 또한 승단과 경기에 목표를 두고 외형적 발전을 거듭해왔다고 본다.

교육이란 사람을 사람답게 살아갈 수 있는 인성과 소양을 갖도록 가르치는 활동이다. 교육(敎育)을 문자대로 해석하면 미성숙한 사람을 인성과 소양을 갖춘 성숙한 사람으로 만드는 것이다. 즉 의도적으로 가르쳐 사람다운 사람으로 기른다는 의미를 가지고 있다. 사람다운 사람으로 기른다는 것은 하루아침에 이루어질 수가 없는 것이며, 교육의 효과 또한 일, 이 년 사이에 나타날 수 없기 때문에 백 년의 미래를 보고 점진적으로 교육해야 한다는 것이다. 그럼에도 불구하고 국가의 경제성장이란 그늘에 가려 교육정책 또한 성과 위주 성장주도적 외형성에 치중한 나머지 교육의 질적 불균형을 초래하였다. 이러한 문제는 청소년의 자살, 폭력, 따돌림 등 사회문제로 대두되었고, 급기야 정부는 사회의 총체적 문제를 극복하기 위하여 2014년 「인성교육진흥법」을 법제화시켜 사회문제를 극복하고자 하였다. 국기원과 대한태권도협회도 정부교육정책에 편승하여 인성교육과 관련된 워크북을 출판하면서 그동안 다소 소홀히 했던 인성교육의 발판을 마련하기 시작하였다. 늦은 감이 없지 않지만 그래도 태권도가 추구하는 교육적 가치를 실현하고자 한다는 측면에서 매우 긍정적 발전이었다고 생각한다. 그러나 태권도는 그동안 외향적 발전에 힘을 쏟아 왔기 때문에 인성에 관한 연구가 미약했을 뿐만 아니라 인성을 기르고 교육하기 위한 전문서적은 많지 않았다. 그럼에도 불구하고 대한태권도협회에서는 2013년 인성교육을 워크북을 발간하였고, 2015년 수련생 스스로 인성학습을 할 수 있도록 제작한 워크북을 일선 도장에서 활용하도록 하였다. 국기원에서는 2016년 인성지도자 양성 교육지침서와 2018년 인성지도자 교육을 시행한 바 있다. 그러나 그동안 태권도와 관련하여 출간된 인성교육 교재는 도덕성과 윤리의식을 기준으로 상황에 따라 지키고 행동해야 할 예의·예절교육 지침서에 불과했다.

　사람이란 다 같은 사람이 아니라 매우 복잡하고 미묘한 개개인의 성격성향의 차이에 따라 마음 씀이 달라진다. 때문에 이런 때에는 이렇게, 저런 때에는 저렇게 하는 것이 옳다는 공식화된 교육방식은 개인의 특수성과 환경적 맥락을 고려하지 않았기에 교육 효과가 제한적일 수밖에 없다. 예를 들어본다면 도장에서 사범님 말대로 잘 행동하다가도 집이나 학교, 그 외의 장소에서는 예의나 질서를 지키지 않았던 수련생을 떠올리면 이해가 될 것이다. 따라서 이 책에서는 인성을 기르는 데 도움이 될 수 있는 철학과 사상, 그리고 사람의 성격, 심리, 코칭, 상담 방법까지 인성을 기르고 교육하기 위해 알아야 할 기초이론과 적용방법 등을 서술하였다. 대부분의 독자는 태권도지도자들로서 처음 보는 단어와 이론으로 어려움을 겪을 수 있다. 실제 책을 출판에 앞서 몇몇 사범님들께 원고를 읽어 달라고 부탁하고 글에 대한 소감을 들어보았다. 몇 분은 책이 너무 어렵다는 평을 했고, 이론을 어떻게 현장에서 활용할 수 있는지에 의문을 제기하기도 하였다.

　지금까지 대부분의 태권도 사범들은 스포츠나 체육과 관련된 학문을 주로 학습하였을 뿐만 아니라 대부분 실기와 교육의 방법론에 익숙해져 있기 때문에 필자의 원고가 어렵다는 이야기를 할 수 있을 것이다. 필자는 그 마음을 이해할 수 있다. 필자 역시 과거 도장을 운영하면서 받은 교육의 대부분이 앞서 말한 과정이었기 때문이다. 인간의 뇌는 학습되어 있지 않은 새로운 정보가 들어오면 적응을 위해 인지구조를 만든다. 그리고 그 정보를 반복학습하게 되면 인지구조의 맥락을 형성하고, 이후 같거나 유사한 정보가 들어오면 보다 더 효과적으로 대응하기 위해 가치를 부여하고 내재화한다. 이러한 과정이 반복되면 자신의 학습능력을 높이기 위한 새로운 가치를 창출하도록 하는 능력을 갖게 된다. 이러한 맥락에서 이 책의 심리이론을 처음 접하는 지도자는 다소 어렵고 힘들 수 있다. 그러나 반복학습하고 이해가 가지 않는 부분은 인터넷 검색을 통해 학습하거나 필자에게 메일을 통하여 도움을 받는다면 여러 이론을 이해하는 데 도움이 될 것이다.

　필자는 이 책이 출간된 후 3~4개월 지난 다음 온라인 또는 오프라인을 통하여 독자와 만날 계획을 가지고 있다. 그때 이 책을 읽으며 궁금했던 사항들을 논의할 수 있는 시간을 갖는다면 인성과 심리를 이해하는 데 도움이 될 것으로 본다.

끝으로 이 책의 원고를 읽고 도움을 준 말레이시아 이병희 사범, 조선대학교 문필연 교수, 충북보건과학대학교 조성찬 교수, 서당체육관 이호진 사범께 고마움을 전합니다.

2020년 12월

김봉환

CONTENTS

PART 3_ 인성 발달과 성격 형성

PART 5_ 뇌 발달과 인성

PART 6_ 심리코칭

01
인성의 필요성

✎ 인류는 여러 번의 멸종위기를 겪고 진화한 끝에 약 300만 년 전 인간과 흡사한 모습의 호모사피엔스(Homo sapiens)로 발전하기 시작하였다. 이 시기로부터 인류는 빠른 성장과 발전을 거듭하면서 인간만이 다른 종과 다르게 언어(문자)와 도구, 사회를 이루는 특별한 능력을 갖추게 되었다.

고대 그리스 철학자 아리스토텔레스는 "인간은 사회적 동물이다."라고 말하였다. 사회적이란 개인 혼자가 아닌 다양한 사람들이 함께 집단으로 모여 관계를 맺고 소통하며 살아갈 수밖에 없는 존재라는 것을 의미하고, 동물이란 인간도 유일한 존재가 아닌 욕구와 욕망의 감정을 가진 동물이라는 것이다.

인간은 지구상의 어느 종보다 찬란한 문화와 문명을 일구며 살아왔다. 이러한 찬란한 문화와 문명 뒤에는 인간이 동물성을 다스리지 못함으로써 발생한 처절한 전쟁과 다툼의 역사가 있었다. 인간은 이러한 아픈 역사를 되풀이하지 않기 위하여 종교와 철학을 통하여 인간의 동물성을 극복하고자 노력하고 있다. 그럼에도 불구하고 해결되지 않는 인간의 동물성에 대한 고민은 지금도 계속되고 있다.

사람을 인간(人間)이라고 한다. 人間이란 사람 인(人) 자와 사이 간(間)

자가 합성되어 '인간'이란 단어로 만들어졌다. 한자의 뜻대로 풀이해보면 사람 사이의 관계를 나타내는 것으로, 사람과 사람 사이의 긍정적 관계를 뜻한다. 사람의 긍정적 관계란 소통을 전제로 한다. 소통이란 자신과의 소통도 있고, 타자와의 소통, 사회와의 소통도 있다. 소통은 인간 삶의 핵심요소이다. 인간 삶에서 소통이 불통이 되는 순간 다툼이 일어나고 정신병리가 나타난다. 소통의 부재는 사회에서는 투쟁이 일으키고, 국가 간에 전쟁이 일으킨다. 2020년 현재, 전 세계적인 코로나의 대유행으로 하루에 수만 명이 감염되고, 수천 명이 목숨을 잃고 있다. 이러한 상황에서 사람들 간 소통이 불통되고, 국가 간 교류가 먹통이 되면서 전 세계경제는 깡통경제로 변해가고 있다. 이렇듯 소통은 인간 사회와 삶에 있어 매우 중요한 위치에 있다. 우리 인간은 소통에 대한 중요성을 너무도 잘 알고 있으면서도 잘 안되는 것 또한 소통이다. 그렇다면 소통의 필요조건은 무엇인가? 바로 인성이다. 인성이 소통의 핵심인 것이다.

사람이 살아가는 사회에서 인성은 시대를 초월하여 중요하게 다루어져 왔다. 중국의 춘추전국시대 공자는 도(道)를 근본으로 사회질서를 강조하였고, 노자 또한 도(道)를 근본으로 자연의 질서를 근본으로 삼으라 했다. 서양철학의 대가 소크라테스 또한 '덕(Virtus)'이 인간을 완전하게 만드는 도구라 하였고, 자기성찰을 통해서 무지함을 깨닫고 앎(智)의 한계를 인식하는 것이 바로 사람다운 사람, 즉 인성이 완성된 사람으로 살아가는 길이라고 말하며 "무지가 곧 악이다."라고 하였다. 예수는 믿음과 소망, 사랑 중 사랑이 가장 으뜸이며 모든 과오를 사랑으로 보듬고 용서하라는 가르침의 순수한 인성을 강조하였다. 불교에서는 자비(慈悲), 즉 남에게 이익과 안락을 주고, 불이익과 고통은 덜어주라는 인간애의 순수 철학을 인성의 근본으로 삼았다.

　오늘날 전 세계의 각 국가는 물질문명을 통한 부를 축적하고 그 부를 통해 행복한 사회를 만들고자 많은 노력을 하고 있다. 하지만 오히려 사회는 갈등과 분열로 대립하고 있으며, 더 깊은 혼란으로 빠져들고 있다. 우리나라도 예외는 아니다. 대한민국은 남북전쟁의 폐허를 50년 만에 극복하고 한강의 기적을 이뤘으며, 1996년 OECD(국제경제협력개발기구)에 가입하고, 2018년 기준 세계 12위의 경제규모를 자랑하고 있다. 그동안 대한민국은 경제성장이란 목표를 향해 쉼 없이 달려오면서 많은 성장통[01]을 겪었다. 그 성장통은 경제발전이란 대의 앞에 크게 이슈화되지 못하고 무시되어 왔다. 그러나 그 성장통은 끝난 것이 아니고 이제 우리 사회를 씻을 수 없는 고통의 늪으로 점차 깊이 빠져들게 하고 있다. 특히 국가의 미래를 책임져야 할 학교 교육현장에서까지 폭력과 괴롭힘, 집단 따돌림, 자살과 같은 문제가 대두되면서 사회문제로 발전하고 있다. 이렇듯 국가의 미래를 책임질 교육현장까지 위기에 처해 있는 것이 대한민국의 현주소다. 우리 태권도계 또한 태권도 발전이란 명분 속에 다양한 성장통을 경험하고 있다. 지금도 계속되고 있는 태권도협회의 비리문제, 심판의 비리문제, 승품·단 심사비리문제, 태권도 코치의 구타와 성폭행 문제 등, 이루 말할 수 없을 만큼 부끄러운 사건들이 잊을 만하면 불거지고 있다. 2017년 10월 18일 자 연합뉴스를 보면 2014년 스포츠비리 신고센터 설립 이후 총 742건의 비리

01_ 성장통이란?: 경제발전이란 명분 아래 인성이 무시되므로 나타난 사회병리현상(살인, 강도, 강간, 절도, 폭행, 사기 등)

가 접수되었는데, 그중 태권도가 106건으로 가장 많고, 그다음으로 야구, 축구 순으로 많았다. 한때 국가의 명예와 발전에 기여했고, 자라나는 청소년들의 건강과 인성교육의 첨병으로 그 역할을 다 했던 태권도가 언젠가부터 끝없는 추락의 길을 걷고 있다. 급기야 정부는 2014년 12월 29일 「인성교육진흥법」을 국회에서 통과시키고 정부가 앞장서 인성정책을 이끌고 있다. 정부가 인성의 중요성을 늦게나마 깨닫고 정책을 펼치고 있다는 것이 다행스럽긴 하나 앞으로의 진행방향을 조심스럽게 지켜볼 필요가 있다.

국가의 인성교육진흥법이 의무화되면서 교육부에서 인성덕목을 8가지로 정하여 교육하도록 하고 있다. 인성덕목으로는 예(禮), 효(孝), 정직(正直), 책임(責任), 존중(尊重), 배려(配慮), 소통(疏通), 협동(協同) 8가지로 지정하고 있다. 인성덕목 8가지는 사람이 사회에서 살아가고자 할 때, 어떠한 마음가짐으로 소통하는 것이 옳은 것인가에 대한 기준점을 제시한 것이다. 그러나 사람이 살아가는 사회에서 인성덕목을 한정 지어 말하는 것은 매우 조심스러운 문제이다. 사람이 살아가는 사회는 매우 복잡, 미묘하여 '규범을 정하여 따르도록 교육하는 것이 실효성이 있는가?' 하는 의문은 여전히 숙제로 남는다. 그러나 그마저도 사회규범으로 제도화되지 않는다면 날로 흉악해지는 사회범죄를 막을 방법이 없다.

인성은 가정에서, 학교에서, 사회에서 자연스럽게 학습되어 무의식적 행동으로 나타나도록 하는 것이 가장 바람직하지만, 안타깝게도 단어적 의미 속에 인성을 가두고 교육을 통하여 규범을 벗어나지 않도록 하는 현실이 매우 불편할 뿐이다. 문명과 문화의 발달은 인간에게 지적 성장과 행동의 편리함은 제공하였지만, 인간이 함께 살아가기 위한 통찰적 능력은 오히려 과거보다 쇠퇴시켰다고 본다. 인간은 인문적 통찰을 통하여 세상과 소통할 때 행복을 느끼고 미래지향적 삶을 살아갈 수 있다. 그러나 현대를 살아가는 인간은 물질(명예·금전)을 통하여 행복을 가지고 가고자 한다. 이러한 물질주의 이기심은 물질을 매개로 한 소통을 하게 되고, 이러한 소통방법은 사회를 더더욱 황폐화시키고 있다. 사람은 돈으로 살 수도 있다. 그러나 인성은 돈으로 살 수 없다. 인성은 오르지 참스승 밑에서 키워질 수 있다. 스승 같은 부모님, 스승 같은 선생님, 스승 같은 친구가 있을 때 인성의 싹이 꺾이지 않고 자라게 된다. '그렇다면 스승은 무엇인가? 선생님과 스승의 차이는 무엇인가?' 잠시 그 뜻을 새겨본다면 '선생님은 지식을 알려주는 사람', '선생님은 가르쳐주는 사람', '선생님은 옳고 그름의 판단능력을 길러주는 사람'이다. '스승은 인격(인성)을 키우는 사람', '스승은 방법을 알 수 있도록 돕는 사람', '스승은 무엇이 옳고, 무엇이 그른지를 깨닫도록 돕는 사람', '스승은 사랑을 느낌으로 배우도록 돕는 사람'이다.

태권도에서는 스승을 사범이라 칭한다. 사범(師範)이란 모범이 된 행동을 통해서 수련생들이 보고 배울 수 있도록 하는 스승을 사범이라 칭한다.

인간은 생득적으로 생존 유지와 번식을 기반으로 살아가게 되어있는 동물성이 존재하기 때문에 매우 이기적이다. 생존을 위한 동물적 이기심은 매우 폭력적이고 파괴적이다. 이러한 선천적 이기심을 극복하고 바른 도덕심을 길러 인성의 싹이 온전히 자랄 수 있도록 하기 위한 인성교육은 현시대의 과제이며, 태권도인들이 앞장서 풀어가야 할 과제이다.

02
인성의 개념

    ✐ 인성(Character/Personality)의 단어적 어원을 앞서 살펴보았다. 인성의 단어적 의미는 우리 사회에서 통용되는 인성과 다소 다른 의미를 나타내고 있음을 알 수 있었다. 따라서 우리 사회에서 통용되는 인성의 단어적 의미와 인성의 개념들에 대한 명확한 이해가 반드시 필요하고, 인성에 대한 명확한 의미와 개념이 정립될 때 지도자들이 지도과정에서 오류를 범하지 않고 지도할 수 있을 것으로 본다.

    인성(人性)이란 사람의 품성(品性)을 말한다. 품성(品性)이란 인품(人品)과 성격(性格)과도 같은 의미로 해석할 수 있다. 따라서 품성, 인품, 성격이란 생후에 갖게 되는 개인의 성격(마음)이라고 말할 수 있는데, 단어적 의미로 살펴보면 품성의 품(品)은 사물의 바탕, 등급, 종류[02]로 일컬어진다. 여기에서의 '품'은 사람의 바탕보다는 등급이나 종류의 뜻으로 사용되어 인간의 성(性)의 등급을 나타낸다. 등급은 현재의 상태를 평가하는 것으로 생후 후천적으로 갖게 된 이성적 마음을 말한다. 유사 의미로 사용하고 있는 성품(性品)과 성질(性質)의 품(品)과 질(質)은 태생부터 갖고 있는 인간 본능의 감정적 욕구라고 말할 수 있다. 인간은 태어날 때 삶을 위한 기본적인 무의식적 욕구만을 갖고 있는데 이것을

02_ 한국어대사전

성품, 성질 또는 기질이라고 부르고, 사회와 교감하면서 후천적 성격이 완성되는 것을 품성, 인품, 성격이라고 한다. 이 모두를 통합적인 단어로 표현할 때 인성이라 한다. 따라서 인성이란 '사람의 품성', '사람의 됨됨이', '사람다운 사람' 등을 지칭한다.

1) 단어적 의미

지금까지 태권도지도자들은 인성에 대하여 명확한 정의와 이해가 부족한 탓에 국어사전의 사전적 의미와 문장 또는 사용되는 어감에 따라 다소 다르게 해석하고 표현하고 있다. 인성에 대한 해석은 태권도지도자뿐만 아니라 일반 지도자들도 해석에 대한 이견을 가지고 있는데, 인성에 대한 명확한 정의와 해석이 뒷받침되어야 인성교육에 혼선을 줄이고 수련생 지도에 도움을 줄 것으로 생각한다.

인성(人性)이란 단어는 한문의 뜻글로 구성된 우리말이다. 현재 우리가 사용하고 있는 대부분의 글과 말은 뜻(의미)을 내포한 한문과 소리글인 한글이 함께 혼재된 상태로 편의적으로 사용되고 있다. 우리가 쓰는 대부분의 말과 글은 순수한 우리말과 한글로 표현하기에는 미흡함을 가지고 있어 뜻글인 한문(陰)과 소리글인 한글(陽)의 합으로 이루어져 있다. 따라서 우선 인성을 한자어의 뜻으로 해석하고 소리음으로 표현된 어감을 살피는 것이 순서일 것으로 본다.

인성(人性)은 '人'과 '性'이 합하여 된 단어다. 단어의 뜻으로 풀이하면 인(人)은 사람이 손을 앞으로 내밀고 일하는 상태를 형상화한 문자[03]이

03_ 네이버 지식백과

고, 성(性)은 우리말 국어사전에 '사람의 성품', '각 개인이 가지는 사고와 태도 및 행동 특성'[04]이라고 표시되어 있으며 한문의 성(性)자는 '心'자와 '生' 자가 합쳐져 된 문자이다. 다시 말해 성은 인간이 태어날 때부터 가지고 있는 마음이다. 또는 '살면서 가지게 되는 마음'이다. 생(生)의 어원을 다르게 해석하면 '마음이 생겨난다.'라고 풀이할 수 있고, 살아가는 과정에서 가지게 되는 마음으로 풀이할 수도 있다.

맹자는 인간의 마음에 대한 해석을 공자의 인(仁) 사상을 발전시켜 인의예지(仁義禮知)의 선(善)한 마음이 있다고 보았다. 즉 인간에게는 하늘이 인간에게 부여한 덕성(德性)이 있기 때문에 선(善)할 수 있고, 그 마음을 본성(本性)으로 보았다. 이 사상은 인성을 논하는 역사에서 볼 때에 획기적인 사상적 전환이었고, 맹자[05]의 사상을 나타내는 핵심 덕목이었다. 인성을 사람이 태어날 때의 마음으로 본다면 순자[06]의 성악설과 고자[07]의 성무선악설을 살펴볼 필요성이 있는데, 이는 다음 장에서 논의해 보기로 하겠다.

우리나라에서 인성을 영어 단어로 표현할 때 'Personality', 'Character'로 사용하고 있다. 'Personality'는 성격, 인격을 나타내는 말로 사용되며 어원은 'Persona'에서 나왔다. 'Persona'[08]는 탈, 가면의 뜻으로 사람이 살아가는 데 있어서 본인의 타고난 본성의 모습

04_ 네이버 국어사전
05_ 맹자: BC 372~289년경 사망한 공자의 제자인 유학자
06_ 순자: BC 298~238년 사망한 유물론적 경향의 예치주의(禮治主義)를 주장한 학자
07_ 고자: 맹자와 동시대에 살았던 학자
08_ Persona(페르소나): 페르소나는 스위스 정신과 의사인 융(Jung)이 분석심리학적 관점에서 내놓은 개념으로, 사람이 자신의 욕구·욕망·감정 등을 감추고 주변 사람에게 좋은 이미지를 갖도록 하기 위하여 자신의 본성을 숨기고 다른 이미지의 연기를 하는 것을 말한다.

과 다른 사회와의 관계를 위해 설정된 가면(직업, 직위 등)을 자신인 것처럼 가면을 사용한다는 데서 'Persona'를 사용하게 되었다. 이러한 가면은 자신의 본래 모습이 아니라 사회와의 과정에서 만들어진 또 다른 자신이기 때문에 성격(性格)을 나타낼 때 사용하게 되었다. 따라서 'Personality'는 개인을 특정 짓는 속성 전체를 말하는데, 생리적, 심리적, 사회 환경적 요인이 모두 포함된다[09]. 따라서 'Personality'는 사람의 인격(인격)을 말한다. 'Character'는 헬라어의 'Charassein'에서 유래된 말로 특유의 표식이나 낙인 등의 의미로 사용하였는데, 그 유래를 살펴보면 중세 유럽에서 중범죄를 지은 자들 이마에 낙인을 찍어 범법자를 구별한 데서 'character'가 사람의 성격을 나타내는 단어로 사용되었다. 이러한 낙인은 사람을 구분한다는 의미로 발전하였고, 지금은 사람의 성격을 나타내는 의미로 'Character'를 사용하고 있다. 'Character'는 사람의 성격 중에서도 본성이 아닌 품성, 품격, 개성으로 후천적 환경의 영향으로 나타나는 성격을 나타낸다. 여기에서 여러분이 알아야 하는 단어가 하나 더 있는데, 기질(器質·Temperament)이다. 기질도 성격으로 포함하여 사용하기도 하지만, 기질은 태어날 때부터 갖고 나오는 성질로서 후천적인 성격, 품성, 품격, 인격과는 구별된다.

2) 인성의 가치

인성이란 인간으로서 사회를 살아가는 데 있어서 반드시 지키고 행

09_ 네이버 백과사전

해야 할 도리(道理)이다. 도리란 사람이 어떠한 입장에서도 반드시 지키고 행해야 하는 것[10]이다. 우리가 인성덕목으로 앞서 살펴보았던 정직, 책임, 존중, 배려, 소통, 협동, 예, 성실, 공평, 나눔, 자존감, 인내, 절제, 공감 등의 개념을 기준으로 자기 내면을 살피고 대인관계에서 살펴 행동하고, 사회관계에서 살펴 기준으로 삼아 행동한다면 대인관계와 사회생활에서 큰 갈등 없이 원만하게 생활을 할 것이다. 이러한 이유에서 인성은 개인뿐만 아니라 대인관계를 건강하게 만들고 더 나아가 사회를 건강하게 만들어 인류평화에 초석으로 작용한다.

인간은 약 300만 년 전 현생인류로 진화가 계속되면서 생존을 위해 가족 단위에서 씨족, 사회집단을 이루고 살아가게 되었다. 인류는 진화되는 과정에서 생존을 위한 투쟁은 불가피하였고, 그 투쟁의 본질은 인간성에 내재되어 이기심과 폭력으로 사회갈등의 씨앗이 되었다. 이러한 동물적 성향은 많은 사회적 문제를 야기하면서 이를 극복하고 인간답게 사는 길이 어떠한 길인가에 대해 현자(賢者)들은 고민하게 되었다. 고대로부터 지금까지 모든 철학자는 그 답을 인간성에서 찾고자 노력하였고, 그 답은 인간에게 신이 준 가장 고귀한 선물인 인간다움, 즉 기독교에서 말하는 사랑, 불교의 자비, 유학의 인(仁)이 인간을 인간답게 하는 근본이라고 정의하였다. 이러한 순수한 인간성만이 인간 안에 내재된 동물성을 극복할 수 있고, 사람답게 살아갈 수 있다고 하였다.

10_ 네이버 사전

03
동서양의 인성론

1) 동양의 인성론

(1) 유학으로 본 인성

유학은 기원전 춘추전국시대의 학자 공자가 세운 학파이다. 유학을 유교로도 불리고 있는데, 유학과 유교를 같은 의미로 받아들여도 큰 무리는 없다. 유학은 공자의 철학과 사상을 학문적으로 연구한 것이 유학이고, 공자의 사상과 철학의 가르침을 그대로 믿고 따르는 것이 유교이다. 그러나 저자는 학자로서 공자의 사상과 철학을 그대로 믿고 따르기보다 학문적으로 접근한 내용을 토대로 공자의 철학과 사상을 논하는 것이 옳다고 판단하여 유학으로 명칭을 정하는 것이니 오해 없길 바란다.

유학에서 가장 기준이 되는 사상은 인(仁)이다. 공자는 인(仁)을 통해서만 사람다운 사람이 될 수 있다고 하였다. 유교에서 인(仁)은 도덕(道德)[11]적 덕성(德性)[12]에 기초를 둔 사람과 사람 간의 관계를 말한다. 인

11_ 도덕: 스스로 마땅히 지키고 따르는 옳은 마음
12_ 덕성: 타고난 바른 성품

(仁)의 문자는 사람 인(人) 자와 두 이(二) 자가 결합하여 만들어진 문자로써 사람 간의 관계를 나타낸다고 말할 수 있다. 따라서 인(仁)은 사람이 가지는 씨앗 선의지(善意志)로, 사람과 사람 관계에서 반드시 지키고 행해야 할 도리(道理)[13]를 의미한다.

인성이란 사람의 성품으로 동물과 구별되는 사람다움이다. 사람다움이란 공자가 말하는 인의 마음인 선의 씨앗이다. 이러한 선의지(善意志)를 키우고자 한다면 가장 먼저 자신의 마음을 다스릴 줄 알아야 한다고 공자는 말하였다. 즉 극기복례(克己復禮) 자신의 동물적 욕구와 욕망을 다스려 예를 갖추는 마음으로 돌아갈 때 선의지인 인(仁)을 회복할 수 있어 사람다움을 가지게 된다는 것이다. 또한, 공자는 인(仁)을 잘 키우고자 한다면 학습(學習)이 중요하다고 하였는데, 학습이란 반복하여 몸에 배일 수 있도록 반복하는 것으로 자신도 모르게 겸손함과 존중의 마음이 행동으로 나타날 수 있도록 하는 것이 인(仁)의 실천이라고도 하였다.

공자는 인(仁)의 개념을 어느 한 범주에 넣지는 않았다. 다만 사람이 사람으로 살아가기 위하여 마땅히 행해야 하는 도리를 인(仁)이라 하고, 인간사의 모든 영역에 인(仁)을 대입하여 인간이 인간다움을 잃지 않고 지켜나갈 수 있도록 하였다.

공자의 『논어편(論語篇)』[14]을 보면 앞서 말한 부분을 이해할 수 있는데, 논어에 효(孝)를 인(仁)으로, 사랑을 인(仁)으로, 아는 것(知)을 인(仁)으로, 예(禮)를 인(仁)으로, 충(忠)을 인(仁)으로, 청렴(淸廉) 등을 인(仁)으

13_ 도리: 올바른 마음으로 마땅히 지켜야 규범 또는 규칙
14_ 공자와 그의 제자들이 사람의 언행을 기록한 유교 경전

로 해석하여 사람이 살아가는 그 모든 부분을 인(仁)에 대입하여 사람의 도리를 설명하고 있다. 그러면서도 분명하게 정의한 것이 있는데 "인자(仁者)는 세상의 평화요, 불인자(不仁者)는 세상의 혼란이라."라는 말을 통하여 인(仁) 사상을 분명하게 정의하기도 하였다. 특히 무도인에게 본이 될 예(禮)에 대해서도 말하고 있는데, "勇而無禮則亂(용이무예즉란), 용기 있는 자가 예를 모르면 세상이 어지럽다."라고 하였다. 이 말은 무(武)의 수련으로 용기와 담력을 지닌 자가 예(禮)를 몰라 시도 때도 없이 폭력을 휘둘러 힘을 자랑하게 되면 세상이 어지럽고 위험해질 수 있다는 경고의 메시지를 전달하기도 하였다. 공자는 앞서 본 글 내용처럼 인간이 사회를 이루고 살아가는 사회에서 자신을 낮추고 상대를 존중하면서 세상의 이치에 맞도록 행동하는 삶이 바로 세상의 평화요, 행복이라는 것을 인(仁)을 통하여 인간성의 목표를 설명하였다.

공자의 제자인 맹자 또한 인(仁)의 사상을 발전시켜 성선설(性善說)을 주장함으로써 인간의 본성(性)에 대한 철학적 사상을 펼쳤는데, 인간은 태어날 때부터 선(善)한 천심(天心)의 인성(人性)을 가지고 태어나지만, 환경의 영향을 받아 마음이 변한다고 하였다. "인간의 본래 마음은 선한 본성으로 이루어졌으며, 도(道)로 덕행(德行)을 실행할 때 비로소 군자, 즉 전인적인 인격을 갖춘 사람이 될 수 있다."라고 하였다. 맹자는 인간에게 두 가지 마음이 있다고 하였는데, 하나는 하늘의 이치에 따르는 마음인 도심(道心)과 또 하나는 인간이 가지는 감정과 욕망의 인심(人心)도 있다고 하였다. 이 두 마음은 인간의 마음속에 같이 존재하는데, 이 두 마음이 평형과 조화를 이룰 때에는 사람다운 사람이지만 인심이 도심에서 멀어질 때 문제가 발생한다고 보았다. 즉 인간의 욕망이 도리(道理)를 좇지 않고 욕구와 욕망에 집착하여 도리를 벗어나면 사람다운 사람이라고 할 수 없다고 하였다. 맹자의 성선설을 반대한 공자의 제자 순자는 사람은 태어날 때부터 이기심을 가지고 태어나기 때문에 남에 대한 배려와 예의가 없으므로 악하다고 말할 수 있다고 하였으며, 이러한 이기심은 예치(禮治)로 바꿔야 한다고 했다. 즉 잘못된 이기심은 교육을 통해 옳고 그름을 판단할 수 있도록 가르쳐야 한다는 것이다. 동시대에 살았던 고자는 성무선악설(性無善惡說)을 주장하면서 "사람은 반드시 선하게만 태어나는 것이 아니라 환경에 따라서 바뀌는 것이지 반드시 선하게만 태어나는 것은 아니다."라고 주장하고 환경과 교육의 중요성을 강조했다.

이렇듯 유학자 공자와 맹자는 인간관계에서 비롯되는 갈등을 역지사지(易地思之)의 마음으로 자신을 돌아보고 '자신이 하기 싫은 일은 남에게도 시키지 마라(己所不欲勿施於人)'고 하여 인간관계에서 나보다 남에 대한 존중과 배려의 인성을 통하여 평화로운 세상을 만들고자 하였다.

(2) 성리학으로 본 인성

공자를 중심으로 발전해온 유학은 시대를 거듭하면서 학문의 이론을 중시할 뿐 도덕적 실천을 소홀히 한 한당유학(漢唐儒學)의 폐단을 극복하기 위하여 남송의 주자가 집대성한 학풍이 성리학(性理學)이다. 성리학은 최초 고려말 이색에 의해 연구되기 시작하여 정몽주와 정도전을 거쳐 조선조 초기 퇴계 이황과 이이를 통하여 집대성된다.

성리학의 리기론(理氣論)은 우주의 본질과 원리(작용)로부터 인간의 심성론(四端七情)으로 연결한 이론이다. 성리학은 우주와 인간을 본질과 운용원리를 심오하게 다룬 학문으로 깊게 살펴보기에는 한계가 있어, 이번 장에서는 성리학의 심성론(心性論)의 인성과 관련된 부분만 간략하게 살펴보도록 하겠다. 성리학의 심성론에서는 사람의 마음을 리(理), 4단(仁義禮智)의 마음과 기(氣), 7정(喜怒哀懼愛惡慾)의 감정의 마음으로 구분하고 사람이 사물을 접하면서 표현되는 마음의 원리를 설명하였다. 이황은 성리학에서 마음이 사물에 감촉되지 않은 상태, 즉 심(心)의 미발(未發) 상태를 성(性)이라 하고, 성(性)에는 본연지성인 리(理)와 기(氣)가 있다고 하였다. 성(性)이 현실에 반응하여 발(發)하는 것을 정(情)이라 하고, 성(性)이 현실에 반응하여 리(理)와 기(氣)가 발하게 될 때, 리(理)가 발하고 기(氣) 따라오는 것을 리발기수(理發氣隨)이고, 기(氣)가 발(發)해서 리(理)가 따라와 기(氣)를 올라타는 것을 기발이승(氣發理乘)이라 하였다. 이 말은 사람의 마음에는 본연지성인 도덕(仁義禮智)적 마음이 있고, 인간의 기질성(감정)도 있는데, 사람의 마음(性)이 현실을 접하게 되면 정서적 판단을 하게 된다. 이때 인간본연지성인 리(理)가 발동하면 4단(惻隱之心, 羞惡之心, 辭讓之心, 是非之心)의 마음으로 나타나고, 감정의 마음이 뒤를 따르게 되고, 인간의 기질지성(감정)이 먼저 발동하면 7정(喜怒哀懼愛惡慾)의 감정으로 나타나는데 이때 4단의 마음도 7정 위에 함께하여 도덕심을 반영하도록 한다는 말이다. 같은 연대의 학자 이이는 사람의 마음은 리(理)와 기(氣)로 분리되어 있지 않고 사람의 마음에는 리(理)와 기(氣)가 함께 있는데, 사람이 현실에 반응할 때 기(氣)가 혼탁하면 리(理)가 잘 드러나지 못해 감정에 휘둘리게 되고, 기(氣)가 맑으면 리(理)가 잘 드러나 인간적 도리(仁義禮智)를 잘 알고 행동할 수 있도록 한다는 것이다. 다시 말해 이황은 사람의 마음이 현실 속에서 선한 도덕적 마음과 감정적 마음이 있는데, 현실 속에서 선한 도덕적 마음으로 나타날 수도 있고 감정의 마음으로도 나타날 수도 있다는 것이다. 따라서 인간의 감정인 7정을 경계하고 인간의 마음인 도덕심의 키워 도덕적 마음이 나타날 수 있도록 해야 한다는 것이다. 학자 이이는 인간의 마음을 이분법적으로 양분하지 않고 인간의 마음은 하나의 마음인데, 그 안에 도덕적 마음과 인간 본연의 생물학적 마음도 있으며 현실에서 어떻게 마음을 잘 다스리고 조절할 수 있는 의지(意志)가 있느냐에 따라 선한 마음이 될 수도 있고, 기질적 감정의 마음으로 나타날 수도 있다는 것이다. 따라서 이이는 사람의 마음은 언제든지 변할 수 있음을 지적하고 끊임 없는 수련을 통해 마음이 흐트러지지 않도록 모아야 인간다운 인간이 될 수 있다고 하였다. 성리학은 사람의 마음이 사물과 접할 때 표현되는 원리를 알도록 함으로써 인성을 키울 수 있는 힘을 가지도록 한 학문으로 중요한 가치가 있다.

조선 후기 실학자인 다산 정약용 선생은 성(性)이 성으로 끝나면 마음만 있는 성이지만, 행동이 함께했을 때 비로소 덕(德)으로 쌓이게 되며 다른 사람에게 존경을 받을 수 있는 성인이 된다고 하였다. 따라서 인성에는 반드시 행동이 함께해야 하고, 이러한 행동들이 쌓이게 되면 덕이 쌓여 도덕적 가치가 높은 품격과 품성을 갖게 될 수 있다고 하였다.

(3) 도가와 불교로 본 인성

도가에서는 인간의 본성은 일체의 인위적인 것에서 벗어나 본래적 순수성으로 돌아갈 때, 인성이 회복되는 것이라고 주장한다. 인간의 본연적 자연성이란 꾸밈없는 순수한 마음이다. 이러한 오염되지 않은 순수한 마음을 회복해야 인위를 벗어나 자연의 도(道)에 따를 수가 있다고 하였다. 공자는 인간(人間)을 중심으로 도(道)를 근본으로 인간관계의 도리(道理)를 세웠다면, 노자는 자연(自然)을 중심으로 인간의 도리(道理)를 세워 인간 삶의 기준을 세웠다. 도가적 의미의 인성교육은 무위자연(無爲自然)[15]의 삶을 살 수 있도록 이끌어주는 것인데, 무위(無爲)는 억압, 폭력과 같은 힘과 법을 나타내는 유위(有爲)와 반대되는 개념으로 무위(無爲)는 욕심이나 욕망이 없음을 나타내는 것이다. 또한, 무위(無爲)는 모든 사물의 다양성과 차이점을 인정하고, 과도하고 복잡한 규제들을 폐기하고 무위자연(無爲自然)의 도(道)에 의해 순리에 따라 행동하는 것이라고 하였다. 성인(聖人)은 유위(有爲)의 뜻을 품고 백성을 구제하려고 하여 인의예법(仁義禮法)을 설정했으나, 그 때문에 세상은 도리어 어지러워지고 있다. 참다운 진리(眞理)가 쇠퇴하게 되니 인(仁)이나 의(義)와 같은 덕목을 거론하게 되고, 예(禮)는 진심(眞心)이 모자라기 때문에 그것을 꾸미기 위해 나온 것이 예(禮)이다. 진심이 있으면 예의(禮義)는 무용지물이다. 성인이 인의예법(仁義禮法)을 제정하여 세상을 구하려고 한 것은 잘못 판단하는 것이다. 만약 백성을 구하고 나라를 바로 세우고자 한다면 일체의 제약과 속박(制約, 束縛)을 없애고, 무위자연(無爲自然)을 회복해야 한다. 도(道)는 인성의 근본이며, 행위의 근본이다. 따라서 무위자연(無爲自然)을 따르는 것이 인간이 도(道)를 이루는 것이라고 하였다.

노자의 인간성에 대한 철학은 인간의 본연지성이 순리에 맞게 작용

15_ 인위를 가하지 않은 자연 그대로의 이상적 경지

하도록 어떠한 규제나 규범을 통하여 통제하려 하지 말고 있는 그대로 다양성과 차이점을 인정하고 순리에 맞게 흐르도록 하는 것이 인성을 높이는 길이라 하였다.

불교적 관점의 인성교육을 보면, 불교의 근본 교설은 현상적 자아(몸과 의식)의 바탕이 불성(여래장[16], 법신[17])이라는 것이며, 이러한 불성을 자각하고 발현해야 진정한 인간성을 갖추게 된다고 한다. 따라서 불교적 관점의 인성을 이해하기 위해서는 무엇보다도 불성(여래장)이 무엇인지를 알아야 한다. 불성이란 모든 생명의 근원으로서 텅 비고 고요하되(空寂), 또렷또렷하여 일체를 밝게 아는(靈知) 능력이다. 또한, 텅 빈 가운데에서 모든 현상을 일으키기도 하고 멸하기도 하는 만물의 생산처이며, 소멸처이기도 하다. 불성은 요컨대 모든 비교와 한계를 넘어선, 나와 남을 초월하여 융통자재한 절대적 자유의 능력이다. 불교적 의미의 인성교육이란 인간 존재의 본원적 바탕인 불성을 발현하여 아집(我執)과 법집(法執)[18]에서 벗어남으로써 대자유인이 되도록 이끌어주는 교육이다[19].

2) 서양철학으로 본 인성

고대 그리스인은 인간의 이성을 존중하고, 그 이성에 의하여 인간의

16_ 본래의 청정한 인간의 마음
17_ 진리, 사상(육체와 구별되는 영원불멸의 정신)
18_ 아집은 전체를 보지 못하고 자신의 입장에서 보는 방식. 법집은 교리에 얽매어 전체를 보지 못하는 아집
19_ 강선보 외 (2008). 21세기 인성교육의 방향설정을 위한 이론적 기초연구. 교육문제연구 제30집. pp. 1-38

삶의 원리를 규명하고자 노력하였다. 이러한 이성적 통찰은 그리스의 문화와 철학이 발달할 수 있도록 하는 원동력이 되었다. 그 시대의 대표적인 사상가로 소크라테스(Socrates)를 들 수 있는데, 소크라테스는 인간이란 자기성찰을 통하여 무지함을 깨닫고 앎(知)의 한계를 인식하는 것이 중요하다고 하였다.

소크라테스는 일생 동안 인간이 인간답게 잘 산다는 것은 자기 앎의 한계를 깨닫고 끊임없이 성찰하는 태도로 살아가는 것이 인간답고 행복하게 잘 사는 삶으로 보았고, 그것을 덕(德·virtue)으로 보았다. 덕은 곧 앎(知·knowledge)으로 귀결되며, 모든 악행은 무지와 지적 오류에 의해 발생한다고 보았다. 따라서 소크라테스는 인간됨의 핵심은 무지(無知)의 지(知)를 깨닫는 의식이라고 생각하였다. 또한, 소크라테스는 인간이 본래 선한데 선함을 행하지 못하는 것은 선을 알지 못하고 행할 줄 모르기 때문이라고 생각하고 선악의 판단, 정사(正史)의 분별을 하는 앎과 깨달음을 중요시 여겼다. 소크라테스의 도덕적 지식의 궁극적 목적은 행복한 삶인데, 행복한 삶이란 돈과 명예, 권력과 같은 것이 아니라 인간의 영혼을 가장 좋은 상태로 만드는 것이고, 그것을 통하여 참된 자아를 발견하는 것이다. 참된 자아란 선과 악을 분별할 수 있는 의식적 통찰력을 말한다. 따라서 소크라테스가 말하는 인성이란 옳고 그름을 판단할 수 있는 지적 수준을 가지고 있으면서 지속해서 자기성찰을 통하여 삶의 행복을 만들어 가는 것이라고 말할 수 있다.

서양철학의 또 다른 사상가로 소크라테스의 제자 플라톤은 이성철학을 중심으로 한 인식론을 주장했다. 플라톤은 참된 지식은 존재하지만 우리가 외양을 통해서 인식하는 것은 참된 지식이 아니라고 주장하고, 사람들은 우리가 살고 있는 현실 세계를 실재 세계라고 말하지만 사실은 실재가 아니라 끊임없이 변화하는 외양의 세계라 하였다. 실재는 우리가 감각을 통해서 감지하는 외양에서가 아니라 형상 또는 이데아의 세계에서 찾을 수 있다고 하였다[20]. 따라서 삶의 진정한 가치는 소크라테스가 말한 도덕(道德·morality)의 이데아에서 찾아야지 감각이나 경험에서 구할 수 없다고 하였다. 도덕 또는 선의 이데아란 인간의 영혼에 의해서만 볼 수 있는데, 영혼이란 인간의 지성(知性)으로 볼 수 있다고 하였다. 또한, 플라톤은 영혼이 삶과 활동의 근본이라는 가정하에 영혼을 세 부분으로 나눈다. 이성과 기개, 그리고 욕망, 이 세 부분으로 나누고 이 세 부분이 조화로운 관계가 형성될 때 인간의 행복조건에 들 수 있다고 하였다. 이와 같은 행복한 삶의 조건은 이성적 앎을 통해 사리를 분별하고 욕구를 조절하며, 선한 도덕적 마음을 가질 때 진정한 행복을 추구할 수 있다고 하였다. 따라서 플라톤의 인성이란 인간의 영혼의 선험적 경험을 통해 올바른 이성적 판단으로 삶의 가치를 추구할 때 인성이 완성된다고 보고, 인간은 감각과 육체적인 것으로부터의 영혼이 해방되고 순수화로 가야 한다고 하였다. 이와 같은 이유에서 인성교육은 인간다움을 목표로 교육이 이루어져야 하는데, 교육의 내용은 외부에서 지식을 주입하는 것이 아니라 인간의 내부에서 심겨있는 것을 깨닫게 하는 것이 중요하다고 하였다[21].

소크라테스의 영향을 받은 사상가 아리스토텔레스는 인간의 최

20_ 도성달. 우리는 도덕적인가. 한국의 교육과 윤리 제5집. (한국 정신문화 연구원, 1995)
21_ 강선보 외 (2008). 21세기 인성교육의 방향설정을 위한 이론적 기초연구. 교육문제연구 제 30집이상준(2011). 인성교육에 있어서 철학교육의 역할(칸트의 도덕철학을 중심으로). 대구 가톨릭대학교 교육대학원 철학교육전공. 석사학위논문

고 행복이란 인간의 기능이 무엇인가를 파악하게 되었을 때 가능하다고 하였으며, 인간의 기능을 이성을 포함한 정신활동으로 보고 덕(德·morality)과 일치하는 정신활동이 인간다운 인간이라고 하였다.

또한, 아리스토텔레스는 덕을 도덕적으로 우수한 품성(品性·character), 즉 도덕적으로 훌륭한 사람, 또는 인간을 선하게 하고 자신을 잘 알고 행동하는 성품이라고 주장했다. 아리스토텔레스는 이처럼 그는 덕의 근거를 인간의 기능에서 찾으면서, 인간의 고유한 기능을 이성적 원리를 따르거나 이성적 원리를 내포한 정신활동으로 보았다. 따라서 아리스토텔레스는 "인성은 덕을 기준으로 이성적인 활동을 가장 완전하게 행사하는 삶이며, 그것은 심사숙고하는 삶이다."라고 하였다. 또한, 아리스토텔레스는 인성을 완전한 덕의 실천적 지혜 없이는 획득될 수 없다고 주장하는 한편, "실천적 지혜는 덕 없이는 완전하게 발전할 수 없다[22]."라고도 말하면서 다산 정약용[23]과 같은 맥락에서 도덕을 바라보았다. 따라서 아리스토텔레스는 덕은 무엇보다도 성품의 상태로 말했으며, 덕은 어떤 종류의 감정도 아니고 어떠한 능력도 아닌 어떤 특정한 성품인 성향으로 보았다. 그러면서 덕을 '어떤 특징을 가지는 어떤 종류의 성품의 상태인가?'라는 물음에 덕은 행위 선택에 있어서 과도와 부족을 피하고 중용을 선택하려는 성향을 가진 성품의 상태라고 정의하고, 인성교육을 위해서 타고난 자연과 교육적 노력에 의한 태도, 습관이 조화를 이룰 때 인성교육이 성공할 수 있다고 하였다[24].

22_ 아리스토텔레스 지음. 최민홍 역. 윤리학. 민성사(서울). 1994
23_ 다산 정약용은 조선말 실학자로서 덕(德)을 인륜(人倫)관계에서 구체적 실천을 통해서만 완성할 수 있는 윤리적 가치라고 주장했다.
24_ 박호서(2000). 아리스토텔레스의 성향으로서 덕이 가지는 도덕교육적 의미. 청주교육대학교 교육대학원. 석사학위논문

근세 비판철학자로 알려진 칸트는 '인간이란 무엇인가?'라는 정형화된 질문에서 인간학을 통해 인간의 성격을 실용적 관점에서 포괄적으로 보고, '자연적 성격'과 '도덕적 성격'으로 구분하였다. 자연적 성격은 감각을 가지고 있는 것을 말하는 것으로 자연 존재로서의 인간을 드러내는 차별 특징을 말한다. 도덕적 성격은 자유가 부여된 이성적 존재자로 본 것이 특징이다[25]. 다시 넓은 의미의 인간의 성격 개념을 구체적으로 '소질' 개념에 의거하여 전자에는 자연적 소질로서 천성, 감성 방식에 해당하는 기질로 보았으며, 후자에는 도덕적 소질 혹은 사유(思惟) 방식을 포함시켜 인간의 성격을 두 가지로 분류하였다. 한마디로 칸트가 주목하고 있는 인간은 인간의 다양한 성격을 종합적으로 담고 있다고 본 것이 특징이다. 이와 같은 인간의 성격은 선의지(善意志)에 따라 감각적(생물학적) 또는 도덕적으로 나타난다고 보았다. 이러한 인간의 의지는 이성적 사유를 통하여 완성해야 한다는 의미로 받아들일 수 있다. 즉 칸트에 의하면 "이 세계 안에서, 아니 더 넓게 이 세계 밖에서도 우리가 무제한적으로 선하다고 볼 수 있는 것은 오직 선의지뿐이다[26]."라고 하였다. 다시 말하면 선의지는 '최고의 선'으로서 '그것 자체'가 목적적 가치라는 것이다. 오히려 선한 것들로서의 통속적인 선의 본래적 선인 선의지에 의해서만 그 가치가 규정될 수 있다는 것이다. 따라서 칸트의 인간론은 인간이 이성을 지닌 존재임을 전제로 하여 이성적인 인간이 인성교육을 통해서 최고의 선에 도달할 수 있는 인성을 갖춘 인간일 수 있다는 사상이다[27].

25_ 칸트 지음. 이남원 역. 실용적 관점에서 본 인간학. 울산대학교출판부. 1998
26_ 칸트 지음. 최재희 역. 도덕철학서론. 실천이성비판. 박영사. 1975
27_ 이상준(2011). 인성교육에 있어서 철학교육의 역할(칸트의 도덕철학을 중심으로). 대구 가톨릭대학교 교육대학원. 석사학위논문

태권도와 인성

01
태권도 인성이란?

태권도는 몸의 수련을 통하여 정신적 깨달음, 즉 태권도수련을 통하여 어떠한 생각과 행동을 하는 것이 나와 사회를 이롭게 하고, 국가에 공헌하는 것인가를 알도록 하는 것을 말한다. 태권도는 격투 무술이지만 사람다운 사람으로 거듭날 수 있도록 내면을 키우는 교육의 한 과정인 까닭에 어린이와 청소년들의 필수 과목으로 인식되고 있다. 현재 대부분의 학부모들은 태권도장에 자녀를 보내는 이유로 건강과 인성교육을 말한다. 우리나라 공교육이 인성교육보다 진학을 위한 지식 채움의 인큐베이터로 전락하면서 인간의 가장 기본적인 소통과 배려, 극기와 도전성을 배울 수 있는 곳은 태권도장밖에 없다. 인간은 동물성을 가지고 있다. 동물은 활동을 전제로 한다. 동물은 활동하면서 감각을 통해 느끼고 배운다. 인간 또한 배우는 과정이 다를 바 없으며, 어리면 어릴수록 머리로 이해하는 것이 아니라 감각의 느낌을 통해서 배우고 익힌다. 따라서 태권도수련도 같은 원리로 몸을 통해서 익히고 깨우침을 갖게 한다. 이 과정에서 몸을 통해 느끼는 깨우침과 지성으로 알아가는 깨달음이 도덕성(인성)의 기본이 된다.

태권도란 명칭(단어)은 인성교육을 내포하고 있다. 태(跆), 권(拳), 도(道)란 단어의 의미는 한문으로 풀이해보면 아주 쉽게 알 수가 있는데, 태

(跆)는 발을 의미하는 글자로 '밟다', '뛰다', '차다'의 뜻을 내포하고 있고, 권(拳)은 손을 의미하는 글자로 '주먹'의 뜻을 내포하고 있으며, 도(道)는 사람이 반드시 지키고 행동하며 가야 하는 길을 뜻한다. 이 단어의 뜻을 풀이해보면 손과 발을 사용한 무술 수련을 통하여 사람이 지키고 따라야 하는 도덕성의 길로 바르게 가라는 뜻으로 풀이할 수 있다. 다시 말하면 태권도를 수련한 사람은 반드시 사람으로서 지키고 행해야 할 도리에 어긋나지 않게 행동해야 한다는 것이다. 이것이 태권도가 가지고 있는 단어의 의미이며, 태권도정신의 근간이 된 도덕성이라고 말할 수 있다. 그렇다면 도리에 어긋나지 않는 사람이란 어떤 사람인지에 대한 정의가 필요하다.

1) 태권도인의 도리

도리(道理)란, "사람이 어떤 입장에서 마땅히 행해야 하는 바른길[01]" 이라고 적혀있다. 사람이라면 마땅히 행해야 하는 바른길을 도리라 했다면, 어떤 길이 바른길인가에 대한 통찰이 필요하다. 중국 춘추전국시대 노자와 공자 두 사상가가 있었는데, 이 두 사람에 의해 도에 대한 철학적 의미가 정립되기 시작하였다. 노자는 도(道)를 이 세상 만물의 운동법칙의 근본으로 보고 인간이 인위적으로 만들어 갈 수 없는 자연의 이치로 보았으며, 자연의 이치에 순응하는 것이 인간의 도리라는 철학적 개념을 내세웠다. 노자의 도는 인간중심사상을 탈피한 우주와

01_ NAVER 어학사전

자연계를 모두 포괄하는 철학적 개념을 가지고 있었다. 그러나 공자는 도(道)를 인간중심사상의 근본으로 보고 도(道)가 바로 서야 세상이 바로 설 수 있다고 하였다. 세상이 바른 세상으로 설 수 있는 것은 인간의 마음 안에 있는 인의예지(仁義禮智)의 도덕심이 밖으로 잘 드러날 때, 도가 바로 설 수 있다고 하였다. 인의예지의 인(仁)은 측은지심(惻隱之心)으로 어렵고 힘든 사람을 돕고자 하는 마음이고, 의(義)는 수오지심(羞惡之心)으로 옳지 못한 행동을 하였거나 보았을 때 부끄러움을 가지는 마음이고, 예(禮)는 사양지심으로 겸손함으로 나보다는 남을 배려하는 마음이고, 지(智)는 시비지심(是非之心)으로 옳고 그름을 가릴 줄 아는 지혜의 마음이다. 이러한 마음을 갖고 타인과 사회관계를 해 나간다면 도(道)가 바로 설 수 있으며 밝고 맑은 사회가 될 수 있다고 하였다. 도리(道理)의 리(理)는 '다스린다', '이해한다', '판단한다'라는 뜻의 문자로 명사로 쓰일 때와 동사로 쓰일 때, 조사로 쓰일 때에 따라 해석이 달라진다. 도리에서의 리(理)는 도(道)를 도와주는 조사로서 리(理)를 해석해야 된다. 도(道)를 '이해한다', '판단한다'라고 해석할 수 있다. 도(道)를 동사로 해석할 때에는 도(道)가 행위를 나타내는 의미를 가진다.

앞서 해석한 태권도인의 도리를 그대로 해석해 보면 '태권도', 즉 몸의 수련을 통하여 도덕성을 길러 도(道)에 어긋나지 않도록 판단하고 행동하는 것, 그것이 바로 태권도의 도리(道理)라 할 수 있다.

2) 태권도의 인성가치

요즘 대한민국 교육의 화두는 인성교육이다. 왜 이 시점에서 인성교육이 국가적인 이슈로 등장하고 있는가? 그렇다면 '지금까지 대한민국에서는 인성교육이 없었는가?'라는 의문을 가지게 한다. 이러한 의문에 답하고자 한다면 현재 대한민국에서 어떠한 일들이 벌어지고 있기에 인성이 대두될 수밖에 없는가를 알아야 하고, 대한민국 정부수립 이후 교육정책이 어떻게 변화되어 왔는가를 점검해 볼 필요가 있다.

대한민국은 세계에서도 찾아보기 힘들 만큼 빠른 경제성장을 지속해 왔다. 1960년대 1인당 국민소득이 100달러에 불과했다. 그러나 60년도 안 되어 3만 불을 목전에 두고 있다. 이러한 눈부신 경제성장에도 불구하고 국민이 생각하는 행복지수는 OECD 국가 중 최하위이고, 청소년들의 행복지수 또한 최하위수준이다. 전 세계를 통틀어 하위권에 속한다. 이와 같이 국민이 느끼는 행복 체감 수준이 하위인 것은 무한경쟁시대에 오직 1등, 경쟁에서 반드시 이겨야 한다는 잘못된 인식과 사회구조에서 비롯되었다고 본다.

해방 이후 우리나라 교육은 시대 상황에 따라 단편적인 지식교육에 편중된 목적 지향성을 가지고 있었고, 인성의 포괄적 개념보다 도덕과 윤리라는 개념, 즉 앎(知)과 정의(義)를 통해 행동으로 귀결시키고자 했다. 먹고 사는 문제가 시급했던 시기에 포괄적 인성의 개념보다 사회적 규범 안에서 해석함으로써 건전한 사회인으로 육성하고자 하는 목적 지향적 교육에 중심을 둔 교육이었기 때문이다[02].

02_ 김민수(2014). 인성교육 담론에서 인성개념의 근거. 교양교육연구. 제8권 4호

현재 대한민국은 OECD 국가 중 청소년 자살률 1위라는 불명예도 가지고 있다. 청소년들이 자살이란 극단적 행동으로 삶을 포기하는 청소년이 세계에서 가장 많다는 것이다. 그렇다면 왜 청소년들이 자살하고, 자살을 할 수밖에 없었던 이유가 무엇이었는지를 알아야 한다. 앞서 밝힌 바와 같이 대한민국의 청소년들은 개인의 취향과 성격은 무시된 채 성적순에 따라 청소년들을 평가하는 잘못된 사회구조와 인식이 청소년을 극단적 비행의 늪으로 빠져들도록 하였다. 특히 청소년기 불안전한 정서 상태를 극복할 수 있도록 도와야 하는 가정은 바쁜 일상과 개인주의 발달에 의해 가족 간의 지지력이 약화되어 청소년들의 위기를 돕지 못하고 있다. 청소년기는 다양한 경험, 즉 성공과 실패를 통하여 소통하고 지식을 활용하는 방법을 배울 수 있도록 해야 한다. 청소년기의 학습을 지식의 암기가 아니라 몸으로 체득한 산 지식이 지혜로 거듭날 수 있도록 해야 한다는 것이다. 성장기 청소년들은 인간의 삶 기간 중 가장 급격한 정신적, 신체적 변화를 겪는다. 이러한 변화로 신체는 어른에 가깝지만 인간관계를 풀어나가는 의식 수준은 성숙하지 못하여 여러 갈등과 스트레스를 경험하게 된다. 이때 갈등과 스트레스를 어떻게 극복해 가는가에 따라 성인기 삶의 성숙도가 달라진다.

청소년기 내·외적 갈등과 스트레스를 극복하는 데는 운동보다 좋은 처방은 없다. 권형일 외(2014)[03]의 연구에서 스포츠를 참여한 청소년들은 긍정적 태도와 자기희생 부분의 인성교육 효과가 있다고 하였고, 이규형(2002)[04]의 연구에서 태권도를 수련한 초등학생들이 태권도

03_ 권성호·전형수·이근철(2014). 한국형 운동선수 인성의 개념구조 및 척도 개발. 한국심리학회지

04_ 이규형(2002). 초등학교 아동의 태권도수련과 인성 발달의 관계. 계명대학교 대학원 박사

를 수련하지 않은 수련생보다 인성의 발달이 좋게 나타났다고 보고하고 있다. 신근우(2017)[05]의 연구에서도 태권도수련이 자기조절 자기효능감 및 학교생활 만족도가 높다는 연구결과가 있다. 그 외, 이강문·정찬수(2007)[06], 한만규·남윤제(2005)[07], 최승식·김현정(2015)[08], 김경지 외(2010)[09]의 연구결과에서도 인성과 관련된 자기조절, 자기효능감, 학교생활 만족에서 모두 긍정적 영향을 미치는 것으로 나타났다. 이렇듯 스포츠와 태권도는 인성에 긍정적 영향을 미친다. 특히 태권도는 신체수련을 통한 정신적 가치를 높여 인성 함양에 도움을 준다. 즉 태권도수련은 심신수양(心身修養)에 도움을 줄 것이다. 심신수양(心身修養)을 글자 그대로 풀이한다면 몸과 마음을 수양한다는 뜻이며, 수양(修養)이란 '닦고 길러 높은 경지에 오른다[10]'의 뜻으로 '도(道)를 닦고 덕(德)을 기른다'로 해석될 수 있다. 원불교에서는 '닦고 기른다'의 의미를 안으로 분별성[11]과 주착심[12]을 없애며, 밖으로 산란한 경계에 끌리지 아니하여 뚜렷하고 고요한 정신을 양성하는 것이라고 해석하고 있다. 따라서 태

학위논문

05_ 신근우(2017). 태권도수련이 자기조절 자기효능감 및 학교생활 만족도에 미치는 영향. 부산대학교 대학원 박사학위 논문

06_ 이강문·정찬수(2007). 초등학생의 태권도수련이 인성에 미치는 영향. 체육연구 제3권, 제2호, pp.1-9

07_ 한만규·남윤제(2005). 태권도수련이 초등학생의 인성에 미치는 영향. 한국초등체육학회지 제11집 2호 pp.111-122

08_ 최승식·김현정(2015). 태권도 중심 신체활동 프로그램이 유아의 자아존중감과 인성 발달에 미치는 영향. 대한무도학회지, 제17권, 제4호, pp.79-95

09_ 김경지·전승한·곽정현(2010). 태권도수련생의 효에 대한 인식이 인성 발달에 미치는 영향. 한국무예학회 : 무예연구. 제4권, 제2호(통권-제6호), 59-76

10_ 네이버 어학사전

11_ 분별성: 무엇이든 나누는 습성으로, 있고 없고, 작고 크고, 옳고 옳지 않고 등의 이분법적 판단 습성으로 열등 쪽을 무시하고 업신여기는 습성

12_ 주착심: 어느 한 곳에 치우쳐 집착하는 마음

권도 심신 수양이란 태권도수련과정에서 지키고 실천해야 도(道)를 닦음으로 깨닫고, 덕(德)으로 사랑하고 봉사하는, 즉 인성을 완성해 가는 것이라고 말할 수 있다.

태권도는 무도로써 격투기적 본질에서 야기될 수 있는 폭력성을 줄이기 위해 태권도 원로들은 태권도수련 시 행동강령으로 규범을 엄격히 하여 지키도록 하였으며, 이것을 태권도정신으로 승화시켜 태권도의 근본 덕목으로 삼아 인성의 완성으로 삼았다. 태권도정신에는 극기, 용기, 인내, 예의, 염치, 정직, 백절불굴, 공평무사, 홍익인간 등을 근본정신의 규범으로 삼고 이를 통하여 인격의 완성을 추구하였다. 이러한 태권도정신은 각 관(무덕관, 송무관, 오도관, 지도관, 청도관)에 따라 약간씩 다르게 적용되기도 하였지만, 근본 취지만큼은 같다고 볼 수 있다. 현재는 국기원에서는 태권도 정신을 극기, 홍익인간으로 통일하고 이를 바탕으로 태권도인의 도덕성과 인격을 높이고자 하고 있다.

"태권도 도장은 인성의 도장이다." 이 말에 큰 이의를 제기할 사람은 많지 않을 것으로 본다. 2020년 현재, 국내에는 약 1만5천여 개의 태권도 도장이 운영되고 있으며, 이곳에서 수련하는 어린이와 청소년이 어림잡아 750,000명 이상이 될 것으로 추정한다. 2016년 청소년(9~24세) 인구는 18.5%, 학령인구(6~21세)는 16.9% 차지한 것으로 통계청 자료[13]를 통해 확인할 수 있었는데, 그렇다면 우리나라 인구 중 학령기 인구를 태권도수련층으로 볼 때, 약 9%가 태권도수련을 하고 있다고 생각할 수 있다. 태권도수련을 하고 있는 학령기 청소년들은 대부분 부모님이 자녀의 건강과 인성 함양을 위해 태권도 도장에 등록하

13_ 2016년 5월 2일 통계청 보도자료

는 것으로 국기원 연구결과[14] 나타났다. 현재 학령기 청소년을 둔 대한민국 부모들은 태권도수련의 긍정적 효과를 인정하고 있으며, 인성교육의 장으로 적합하다고 인식하고 태권도장을 선택하는 것으로 국기원 연구보고서에서 나타나고 있다.

14_ 국기원(2014). 태권도 교육 통계조사 보고서

02
태권도수련과 인성

태권도는 60여 년의 짧은 역사에도 불구하고 전 세계 200여 개국 약 8,000만 명의 수련생과 900만 명의 유품·단자를 확보하고 있다[15]. 이러한 태권도의 발전은 전 세계의 스포츠역사에서 그 유래를 찾아볼 수 없는 쾌거이며 전무후무한 일이다. 태권도가 이토록 짧은 역사에도 불구하고 급성장할 수 있었던 배경에는 전 세계 스포츠 대축제인 올림픽 정식종목이라는 이미지 효과도 있었겠지만 궁극적으로 태권도는 무도로써 바른 인성, 즉 사람다운 사람을 만드는 교육적 가치가 높았기 때문으로 본다. 그러나 지금까지 발전을 거듭해 온 태권도가 앞으로도 지속적인 발전을 할 수 있을 것이라는 낙관은 힘들어 보인다. 지금까지는 올림픽 특수효과와 교육적 가치에 편승하여 태권도가 발전을 거듭해 왔지만, 저출산 고령화와 세계경제의 불확실성에 따라 수련 인구의 감소 추세는 태권도 발전에 걸림돌로 작용하고 있다.

현재 자녀들에게 태권도수련을 시키는 대부분의 부모들은 건강과 인성 함양이 태권도수련의 주된 목적이다. 그러나 대부분의 지도자는 과거부터 내려오는 수련방법, 즉 태권도 기능 또는 기술 위주의 수련방법

15_ 국기원 2018년 통계

또는 상업마케팅에 치중하여 지도하고 있어 학부모들의 기대에 부흥하지 못하고 있다. 특히 태권도는 인성교육을 위한 최고의 교육프로그램이란 사회적 인식에 부합하지 못하고 고착된 수련프로그램을 고집하여 안일하게 지도하는 일부 지도자들이 있어 학부모들로부터 점차 외면당하고 있는 실정이다. 이러한 지도자들의 단편적 수련프로그램의 운영은 개인의 문제일 수도 있으나 태권도 전문인을 육성하는 대학, 또는 국기원의 사범지도자 교육과정이 가지는 총체적 문제일 수 있다. 각 대학과 국기원의 교육과정에는 인성교육, 또는 인간의 심리에 관한 교육과정이 매우 미흡하게 설정되어 있거나 아예 없는 실정이다. 그나마 대한태권도협회 인성교육을 위한 워크북이 마련되어 일선 지도자들의 인성교육에 도움을 주고 있으나 수련생들을 위한 워크북 형태로 되어있어 지도자의 인성학에 대한 깊이 있는 전문지식을 얻기에 부족함이 많다. 그럼에도 불구하고 태권도수련프로그램에 인성덕목을 삽입하여 숙지하고 행동할 수 있도록 워크북을 만든 것은 대한태권도협회뿐이다. 이후 국기원에서도 인성지도지침서와 인성지도자교육을 진행하기도 하였으나 민간자격증 등록논란으로 현재 중단된 상태이다.

대한태권도협회(KTA)에서 인성덕목을 24개로 분류하고 그에 따른 지도방법을 제시하고 있다. 대한태권도협회에서 인성덕목을 24개로 정한 이유는 4품까지 약 7~8년간의 인성교육을 급별, 띠별로 나누고 그에 따라 학습할 수 있도록 하기 위하여 인성덕목을 24개로 분류하였다고 본다. 대한태권도협회에서 제시한 인성덕목은 3개의 영역(자기가치 영역, 대인관계 영역, 사회정의 영역)으로 구분하고 하위 24개 덕목으로 구성하고 있다. 자기가치 영역은 예의, 정직, 인내, 책임감, 성실, 절약정신, 자신감, 자기존중, 신중, 용기, 주도성, 열정으로, 대인관계 영역은 배려, 우정, 용서, 신뢰, 존경, 리더십, 사랑, 공평, 사회 영역으로는 협동심, 준법정신, 애국심, 정의로 구분하고 있다[16]. 3개의 영역과 24개의 덕목으로 구성하여 급별, 띠별 수련프로그램과 연계할 수 있도록 한 인성덕목들은 나름의 의미를 가지고 있지만, 수련 기간의 띠별·급별 과정에 맞추다 보니 인성덕목개념이 중복되거나 유사하여 그 영역과 경계가 모호하여 지도자의 명확한 해석과 지도역량이 필요하다.

태권도는 수련과정의 신경반응을 통하여 뇌가 인지하고 유사시 수련 상황과 유사한 상황 발생 시 수련을 통해 익힌 반응이 자동으로 표현될 수 있도록 하는 시스템이 기본적인 수련 시스템이다. 즉 반사 운동 메커니즘(Mechanism)인 것이다. 이러한 수련 시스템은 인성덕목을 표현할 수 있도록 하는 데 일부 도움을 준다. 그러나 수련생 본인이 덕목의 의미를 깨우쳐 행동으로 이어질 수 있도록 하는 데에는 다소의 한계점을 가지고 있기 때문에 이 또한 지도자의 인성지도 역량이 중요하다.

태권도수련의 인성교육은 도장의 문을 들어서게 되면서 자연스럽게 시작된다. 들어설 때 국기에 대한 예의는 국가에 대한 충(忠)과 예(禮)이고, 도장 사범님께 하는 깍듯한 목례는 스승에 대한 존경이고, 친구들과 정감있게 건네는 인사는 우정의 예의이고, 집에 돌아가 부모님께 '잘 다녀왔습니다.'라고 하는 인사예절은 부모님에 대한 효(孝)의 예의고, 운동 시 반드시 지켜야 하는 규정과 규칙은 사회질서와 법규를 판단하고 지킬 수 있는 지적 능력이고, 도장 선배에 대한 존중의 예의는 문화체계의 승인이고, 승패 결과에 승복할 줄 아는 겸허함은 겸손

16_ 대한태권도협회(2013). KTA 태권도 인성교육. 에니빅출판사

의 극치이고, 태권도 기술 연마를 위하여 어려움을 극복하고 도전하는 것은 인내와 극기 도전정신이고, 태권도를 통하여 사회와 소통하고 봉사하는 것은 홍익인간의 완성이다. 이미 태권도수련과정에 포함된 인성의 도덕성 개념들은 도장의 문을 들어서면서 자연히 수련과정에 녹아 있다. 다만 그 도덕성에 대한 수련생의 반사적 행동이 아니라 수련생이 스스로 도덕성의 이치를 이해하고 행동할 수 있는 능력을 갖추도록 돕는 것은 지도자의 교육 수준에 달려있다. 따라서 태권도지도자는 도덕과 인성, 심리에 관계된 다양한 이론과 실천방법에 대한 지식 습득은 물론 자신의 도덕성을 위한 부단한 성찰의 노력이 필요하다.

현재 대한태권도협회 워크북에 따라 하는 도덕성 교육이 나름의 인성 교육적 가치를 가지고 있다. 하지만 수련생 스스로 생각하고 깨우쳐 행동할 수 있도록 하는 데에는 한계점이 있다. 심리학자 콜버그(Kohlberg)에 따르면 도덕성이란 무엇이 옳은지 그른지, 무엇이 마땅히 해야 하거나 하지 말아야 하는지, 그리고 그렇게 판단하는 이유는 무엇인지를 판단하는 능력을 도덕적 사고력과 판단력이라고 규정하고 있다. 따라서 콜버그의 인지적 이론에 따르면 도덕성 발달은 구체적인 내용이나 행동을 주입하는 것이 아니라 사고의 틀을 형성하도록 돕고 판단방식의 보편성, 공평성, 공정성의 원리가 적용될 수 있도록 돕는 것이라고 하였다. 또한, 도덕성 교육에 있어 도덕개념을 이해하고 받아들이는 수준이 연령과 관계가 있기 때문에 연령과 도덕성 수준에 따라 도덕성 교육이 이루어져야 한다고 하였다. 그러나 현재 대한태권도협회의 인성덕목들은 띠별 수준만 맞추어져 도덕성 교육이 이루어지도록 되어있다. 대한태권도협회의 인성덕목 교육이 틀린 것은 아니지만 연령을 참고하여 띠별 프로그램을 보완한다면 더 좋은 인성교육이 이루어질 것으로 본다.

03
태권도지도자의 인성

✏ 지금까지 우리는 인성교육 대상자인 수련생의 인성교육을 위한 도덕성만을 강조하며 그에 맞는 프로그램 구성 및 교육방법 등을 연구하고 제시하였다. 그러나 교육에 있어 가장 중요한 위치에 있는 사람은 다름 아닌 인성을 교육하는 지도자다. 정작 인성을 지도하는 지도자의 인성과 인성교육자로서 그에 걸맞은 도덕성에 관련된 교육 이수 여부, 또는 자격 여부 등의 문제에 대해서 소홀하였다.

2016년 국기원에서는 인성교육을 위한 연구모임이 발촉하여 2017년 유소년을 위한 인성지도자 양성 교육지침서를 만들었고, 이후 2017년 국기원에서 발행하는 인성 3급 자격과정을 개설하였다. 3일간의 기초과정을 마치고 나면 3급 인성지도자 자격을 가지고 일선 현장에서 인성지도자로서 활동할 수 있도록 하기 위한 제도였으나 국기원의 준비 미흡으로 교육이 제대로 이루어지지 못하였다. 대한태권도협회(KTA)에서는 2003년 도장 활성화의 일환으로 태권도경영 위원회가 발족하여 태권도를 통한 인성교육을 목표로 인성교육 워크북을 만들어 일선 도장에 제공하였으나 워크북과 관련된 전문교육은 지속해서 이루어지지 않았다. 특히 전문지식을 교육하는 대학 태권도학과에서도 인성이란 과목 자체가 없다. 이러한 실정에서 태권도지도자라고 하여 인성과 관련된 교육을 하는 것이 과연 타당한 것인지, 워크북 하나로 인성교육을 지도할 수 있도록 하는 것이 과연 제대로 된 인성교육 효과성을 보장할 수 있는지에 대한 깊은 고민이 필요해 보인다.

과거 무도 무술은 아무런 제약과 규제 없이, 아무런 검증 없이 개인에서 개인으로, 집단에서 집단으로 전승되어 왔다. 오직 학습자의 필요조건에 의해 판단되고 검증될 뿐, 사회적 승인이나 학문적 승인은 무시되어 왔다. 그러나 사회문화의 발전과 지식 문명의 발달은 공공성을 강조하게 되고 사회적 승인과 학문적 검증이 뒷받침 될 때 비로소 교육으로서 그 가치를 인정하게 된다. 태권도 또한 같은 맥락에서 태권도지도자가 인성교육자로 거듭나기 위해서는 사회적으로 승인될 수 있는 자격요건을 갖추는 것은 매우 중요한 과정이라고 말할 수 있다.

어린이와 청소년들은 세상의 모든 현상을 가장 예민하게 받아들이고 학습한다. 그들의 눈에 비친 사범님의 모습은 하나의 교과서이다. 교육이란 반드시 훈육(訓育)을 통해서만 이루어지는 것이 아니라 사범의 말과 행동, 느낌, 태도 등의 비교육적 모델링(Modeling) 과정을 통해서도 학습이 이루어진다. 따라서 지도자가 가지고 있는 인성역량은 매우 중요한 덕목 중의 하나이다.

태권도에서 지도자를 사범이라 칭한다. 사범이란 모범된 행동을 통하여 제자가 보고 배울 수 있도록 하는 스승을 지칭한다. 인성은 가르쳐주는 것보다 보고 배울 수 있도록 지도자 자신이 솔선수범하여 행동으로 모범이 되는 것이 수련생에게 학습효과를 더 높이는 것이기 때문에 지도자의 인성은 매우 중요한 인성덕목 중 하나이다.

04
태권도정신과 인성

✎ 태권도 정신이란? 태권도를 수련하는 수련생들이 갖추어야 하는 기본 소양으로 수련생 내면(정신)의 의지와 도덕성, 그리고 실천적 윤리의식을 말한다. 이러한 태권도수련생의 도덕성과 윤리의식, 그리고 수련생 자신의 굳은 의지를 강조하는 이유는 태권도가 격투무술로써 극한 훈련과 상대와의 겨룸, 승자와 패자가 공존하기 때문에 나타날 수 있는 스트레스를 슬기롭게 극복하기 위함일 수 있고, 자칫 타인에게 해를 입히거나 생명을 앗아갈 수 있는 위험성을 내포한 무술이기에 더욱 엄격한 도덕성을 요구하는 것이라고도 할 수 있다.

태권도는 격투기적 행위의 본질뿐만 아니라 수련과정에서 얻어지는 깨우침[17]과 깨달음[18]을 중요시하는 무도로서 사람에게 유익하고 사회에 공헌할 수 있도록 하는 사상과 이념을 지녔다. 하지만 현재의 태권도는 무도스포츠 또는 무도체육으로 발전하면서 태권도가 추구하는 본연의 정신적 가치보다 현 사회의 문화와 융합된 스포츠맨십에 가깝게 변형되고 있다. 스포츠맨십이란 공평, 정직, 존중을 통한 경기자세를 말한다. 정신과 스포츠맨십은 유사하나 본질적으로 다르다. 간단히

17_ 깨우침: 감각을 통해 뇌가 판단하고 이해하는 것. 글과 말로 설명이 가능함
18_ 깨달음: 마음으로 느껴 감동하는 것. 오묘한 느낌의 감동을 글과 말로 표현하기가 쉽지 않음

정리하면, 정신은 반드시 행동을 담보로 하지는 않지만 스포츠맨십은 행동을 담보로 한다. 따라서 스포츠맨십은 스포츠 현장에서 행동 결과로 판단한다. 그러나 태권도정신은 가치와 의미를 내포한 실천적 실체로써 우리의 삶 속에서 긍정적 변화를 이끌어낼 수 있는 수단이기 때문에 반드시 행동의 결과만을 담보로 하지는 않는다.

태권도정신에 대한 징의는 학자와 태권도원로, 각 관의 계파마다 다소 다른 의견을 가지고 있다. 이는 태권도 정신을 규범의 틀로 볼 것인지, 철학적 사변을 통한 인격도야로 볼 것인지, 사상과 이념의 틀 속에서 볼 것인지에 따라 다소 해석의 차이가 있다. 국기원은 각 관의 유파(流波)에서 주장하는 태권도 정신과 학자마다 주장했던 태권도정신을 보다 명료하게 정의하고자 노력하였고, 그 결과물로 극기(克己)와 홍익인간(弘益人間)이란 두 단어로 함축하였다. 이 두 단어에는 앞서 말한 바와 같이 규범적 요소와 철학적 사변의 인격도야, 태권도가 추구하고자 하는 사상적 이념을 모두 내포한 의미가 있는 핵심적 요소라고 할수 있다. 사실 태권도는 태권도란 단어 안에 태권도정신과 사상, 이념이 모두 포함되어 있다.

태권도란 명칭의 시작은 1955년경 오도관의 창설자인 최홍희 장군에 의해 처음 사용하게 되었고, 전국체전 정식종목 채택을 위한 각 관의 노력으로 1959년 대한태권도협회가 처음 탄생되었다. 이후 1961년 다시 대한태수도협회로 명칭변경을 하였다가, 1965년 대한태권도협회로 명칭이 개정되면서 지금까지 태권도란 명칭이 사용되고 있다. 태권도라는 명칭이 사용되기까지는 여러 역사적 의미가 있지만, 우리가 보고자 하는 것은 역사적 의미보다 문자가 내포하고 있는 특징적 의미를 중심으로 태권도정신과 연계하여 풀어서 이해하는 것이 태권도 단어가 함축하고 있는 정신적 가치를 보다 명확하게 할 수 있을 것이다.

1) 태권도의 도(道) 개념

태권도란 명칭은 앞서 밝힌 바와 같이 명칭의 단어 하나하나에 고결한 뜻을 내포하고 있다. 명칭이 담고 있는 뜻대로 태권도를 풀이해 보면, 태(跆)는 발을 의미하는 글자로 '밟다', '뛰다', '차다'의 뜻을 내포하고 있고, 권(拳)은 손을 의미하는 글자로 '주먹'의 뜻을 내포하고 있으며, 도(道)는 사람이 반드시 지키고 행동하며 가야 하는 길을 뜻한다. 풀이해 보면 태권도란 몸의 수련을 통하여 자신 내면의 욕구와 욕망, 감정을 절제하고 바른 품성으로 행동하라는 의미를 갖고 있다. 이러한 의미는 누구도 이해할 수 있으나 어떠한 욕구와 욕망, 그리고 어떤 감정과 어떠한 품성으로 어떻게 절제하고 행동하라는 구체적 내용은 언급되어 있지 않기 때문에 수련자 나름의 생각대로 해석하고 있다. 그러나 태권도라 명칭을 지을 때 이미 그 세부적 의미까지도 포함하고 있었음에도 후대의 태권도인들은 각자 나름의 해석을 통하여 태권도를 해석하고 있다. 태권도라는 명칭에서 가장 핵심적 의미를 갖고 있는 것은 바로 도(道)이다. 태권(跆拳)의 의미는 이미 수련과정에서 손과 발을 사용한 기술의 정수를 달성하기 위하여 충분히 학습이 되어있었을 것이나 도(道)의 의미에 관한 설명은 아마도 배울 기회가 없었을 것으로 판단한다. 따라서 도(道)에 관한 부분만 짚어보기로 하겠다.

(1) 동양의 도(道) 개념

도(道)의 철학적 개념을 정립한 사람은 춘추전국시대의 노자와 공자다. 도(道)가 등장하게 된 역사적 배경에는 중국 역사의 시대적 흐름과 관련이 있는데, 그 많은 이야기를 하기에는 어려움이 있고, 다만 중국 역사에서 도(道)라는 철학적 개념이 등장하게 된 배경에 관하여 간략하게 소개해 보겠다. 고대 농경사회에서 가장 신성시되었던 절대적 대상은 하늘[天]이었다. 하늘이 내려주는 빛과 공기, 그리고 물이 있어야 만물이 생명을 유지할 수 있다고 판단했었기 때문이다. 인간은 그 하늘[天]의 뜻을 받들고 백성을 다스릴 수 있는 사람을 천자(天子)로 삼아 나라를 다스리게 하였다. 천자(上帝)는 하늘의 뜻[天命]을 받들어 인간 삶의 질서를 관장하는 위정자로 하늘을 대신하였으나, 위정자의 문란한 행위로 인한 정치적 도탄, 전쟁, 폭동 등이 잦아지면서 하늘[天]에 대한 믿음이 점점 의심을 받게 된다. 그로 인해 정치권력에 대한 불신은 깊어지고 민중의 봉기가 시작된다. 그로부터 인간은 하늘[天]이 인간에게 더 이상 행복한 삶을 주지 못한다는 것을 깨닫게 되고, 하늘[天]의 천명(天命)으로부터 독립을 시작한다. 인간은 점차 인간과 사회, 자연현상을 하늘[天]에 의지하지 않고 인간의 자주적 의지와 사고로 자연을 재해석하기 시작하면서 하늘[天]을 대체할 명분으로 도(道)를 정립한다. 도(道)가 실존적 존재로 재정립될 때 하늘[天]로부터 독립의 명분을 세울 수 있기 때문에 매우 보편적이고 객관적이며, 투명하고 일관성 있는 개념으로 도(道)를 세운다. 또한 도(道)를 하늘[天]을 대신하는 이상적 개념으로 확장하기 때문에 도(道)를 삼라만상의 중심사상으로 세계관을 정립한다. 이때가 바로 중국 역사에서 가장 혼란한 시기인 춘추 말 전국 초기의 시기이다.

　노자와 공자는 도(道)를 서로 다른 세계관으로 도(道)를 해석한다. 노자는 도(道)를 자연과 우주 근본 원리로 보았으며, 공자는 도(道)를 인간 중심의 근본 원리로 보았다. 노자는 도(道)를 세계를 구성하는 근원적 존재이고, 우주의 힘의 원천이고, 세상 만물의 운동법칙의 근본으로 보았다. 노자는 도(道)란 물질적 존재가 아닌 이 세상을 이루는 근본적 힘의 원천으로 언제, 어느 곳에서나 존재하는 에너지의 원천이라고 하였다. 따라서 도(道)는 인간이 정의할 대상이 아니고 자연의 질서 속에 내재된 유·무형의 에너지원이라고 하였다. 따라서 도(道)는 인간이 인위적으로 만들어갈 수 없는 존재로서 자연의 이치(理致)에 따라 순응하는 것이 도(道)의 근본이라 하였다. 그러므로 인간이 인위적으로 하는 모든 것은 도(道)가 아니라고 했다.

　노자가 말하는 도(道)는 세상이 이치(理致)에 맞도록 자연에 순응하는 것, 다시 말해서 하늘이 있으면 땅이 있고, 낮이 있으면 밤이 있고, 하늘에서 비를 내려야 땅 위에 모든 생물이 생성되고, 남자가 있으면 여자가 있고, 부모가 있어야 자식도 있고, 백성이 있어야 임금이 있듯이 모든 자연계는 이러한 이치(理致)로 형성되어 순리적으로 돌아가는 것이 바로 도(道)라고 하였다. 노자는 덕(德)에 관하여도 말하고 있는데, 노자가 말하는 덕(德)은 도(道)를 실행함으로써 얻어지는 것으로 도리(道理)에서 나타난 리(理)와 같은 뜻으로 덕(德)을 해석하였다. 노자가 말하는 덕(德)은 인간이 자신 내면의 본성인 도(道)를 자각(自覺)하여 행위로 나타나는 것이 곧 덕(德)이라 하였다. 다시 말해, 도(道)는 본질이고, 덕

(德)은 도(道)를 행함으로 드러나 얻어진 결과라고 이해할 수가 있다. 노자가 말하는 덕(德)에는 세 가지 특징이 있는데 무위(無爲), 무욕(無慾), 불쟁(不爭)이다. 이 말은 자연의 이치(理致)에 맞게 순리에 순응할 수 있도록 하면 욕심이 생기지 않고 다툼도 일어나지 않는다는 것이다. 모든 것은 인간이 순응하지 않고 인위적으로 변경하고 만들려고 하기 때문에 모든 불상사가 생긴다는 것이다. 따라서 덕(德) 또한 인간의 본연지성(本然至性)에 의해 도(道)를 실천하면 바로 덕(德)이 쌓인다는 것이다. 이것이 노자가 말하는 도(道)에 대한 인간의 도리(道理)라고 해석할 수 있다.

공자는 노자와 다른 철학적 사상으로 도(道)에 접근하였다. 공자 역시 춘추전국시대의 사람으로, 사회적으로 정쟁이 매우 치열한 시기 주나라의 제후국인 노(魯)나라에서 태어났다. 공자 또한 노자와 같이 전쟁으로 피폐해진 인간성을 한탄하며 도(道)에 대하여 나름의 철학사상을 펼쳤다. 공자는 노자의 형이상학(形而上學)[19]적 접근을 탈피하여 인간으로서 반드시 행해야 할 도덕성에 기초한 이치(理致)로 도(道)를 설명하였다. 공자는 모든 만물은 하늘이 내려준 고유의 성(性)에 따라 본연의 이치(理致)에 맞도록 살아가는 것이 하늘의 뜻이요 그것이 옳은 길이라고 하였는데, 인간의 본연지성(本然至性)의 이치(理致)란 인간다움의 이치(理致), 즉 인(仁)을 말하였다. 인(仁)이란 인간 마음의 씨앗으로 사랑, 공손, 관대, 지혜, 용기, 효, 충, 공경 등의 내용을 포괄하고 있다. 공자는 노자와 다르게 도(道)를 인간관계 중심사상을 기초로 세상을 보았으며 인(仁)의 실천을 통하여 사람다운 사람으로 거듭날 때 도(道)가 살아

19_ 형이상학(形而上學): 물질의 근원에 대한 개념을 탐구하는 학문

있는 세상이라 하였다. 공자 또한 노자와 같이 덕(德)을 중시하였는데, 덕(德)의 함축적 의미는 도(道)를 지키고 발현될 수 있도록 하는 덕목(德目)으로 강조하였으며, 이 덕목(德目)을 예(禮)로써 실천하는 사람을 군자(君子)라 하여 의인(義人)으로 추앙하였다. 따라서 공자는 도(道)는 사람이 경유하는 길로써 경유자의 주관적 밖에 있는 것이며, 덕(德)은 사람이 수득(修得)한 상태로써 주관 안에 있다고 하였다. 이 말은 도(道)는 원리나 규범 규칙으로 자연과 사람은 마땅히 지켜야 하는 일정한 순서와 법칙을 통해서 관계를 형성해야 하는 것이고 덕(德)은 도(道)의 이치(理致)를 깨닫고 스스로 각성하여 결과에 구애받지 않고 스스로 행할 때 비로소 덕(德)이 함양되는 것이라고 말할 수 있다. 이러한 도덕(道德)의 원리를 예(禮)로써 행하며, 겸손으로 말하고 믿음으로 이루는 사람이 군자(君子)라 하였다.

윗글을 통하여 노자의 도(道)와 공자의 도(道)의 의미를 살펴보았을 때, 우리가 태권도(跆拳道)라는 글자에 의미를 부여하고 이를 통하여 해석함에 있어 공자가 말하는 도(道)가 현실적으로 태권도(跆拳道)란 글이 의미하는 뜻에 가장 가깝다고 말할 수 있다. 따라서 태권도의 글자를 공자가 주장한 의미대로 풀이한다면 태권도(跆拳道)란 손(拳)과 발(跆), 즉 몸 수련을 통하여 세상의 이치(仁義禮智信忠孝)에 어긋나지 않도록 행동하여 사회의 귀감이 되는 사람으로 성장해야 한다는 것으로 말할 수 있다.

태권도란 무술수련은 궁극적으로 자신의 신체단련을 통하여 도덕심(仁義禮智信忠孝)의 정신을 수양하고 예(禮)를 행동의 표준으로 삼는 것, 이것이 태권도정신의 근본이라고 말할 수 있다.

(2) 서양의 도(道) 개념

서양에서는 동양과 달리 도(道)라는 포괄적 의미를 갖는 단어는 없다. 그러나 동양의 도와 같이 포괄적 개념은 아니지만 유사한 개념으로 도덕·덕(Morality, Ethic, Virtue, Arete)이란 용어를 사용하고 있는데, 이 단어를 해석해 볼 때, 동양의 도와 같은 맥락으로 도덕·덕(Morality, Ethic, Virtue, Arete)을 이해할 수 있다. 서양 철학자의 아버지라 불리는 고대 그리스의 소크라테스는 사람다운 사람이란 어떤 사람인가에 대한 물음에 도덕적인 사람이 사람다운 사람이라고 말하고, 도덕적인 사람이란 선(Virtue)함이 무엇인지 아는 사람이며, 그 선을 알고 행동으로 실천하는 사람이 사람다운 사람이라고 말하였다. 소크라테스는 선을 안다는 것, 아는 것을 강조하면서 알아야 선을 행할 수 있는 것이라 했다. 다시 말해 도덕이란 앎의 궁극적인 목적이며, 알지 못하거나 깨닫지 못하는 도덕은 도덕이 아니라 했다. 앎과 도덕을 동일한 것으로 취급했던 소크라테스는 알지 못하고 저지르는 죄는 죄가 될 수 없다는 주장을 하기도 하면서 세상의 어느 누구도 잘못된 것을 알면서 행동하는 사람은 없다고 하였다. 다만 잘못된 행동이 자기에게 이득을 줄 것이라는 잘못된 앎의 결과이기 때문에 잘못된 것이 어떤 것인지에 대해 바르게 앎을 교육하고 전달하는 것이 중요하다고 했다.

소크라테스의 제자 플라톤은 도덕에 대해 더욱 통찰적 사유(思惟)를 요구했는데, 소크라테스가 말한 앎을 넘어 앎의 원리, 이데아의 세계까지 이해하는 것이 가장 중요하며 그 이데아의 세계를 이해하고자 한다면 반드시 물리학적 접근과 변증법적 접근을 통해 앎의 이데아를 해석하고 이해할 수 있는 접근이 되어야 한다고 하였다. 여기에서 이데아의 세계란 이 세상에 존재하는 물질과 비물질(정신을 포함한)은 반드시 규칙과 원리를 포함하고 있는데, 그 규칙과 원리를 물리학적 또는 변증법적 사유를 통해 규명한 본질을 이데아라고 하였다. 정리하면 도덕적인 사람이란 선(Virtue)함이 무엇인지 알 수 있는 사람인데, 그 선의 본질은 인간의 본성에 대한 참된 지식이 있어야 인간이 어떻게 도덕적으로 행동하는 것이 옳은 것인가를 알 수 있는 것이다.

플라톤이 이데아의 세계를 주장하면서 과학을 전제로 물리학적 접근을 통한 사유를 강조했다면 그의 제자인 아리스토텔레스는 사유의 결과를 의지 있게 내면화하여 반복적으로 학습할 때 비로소 인간의 선인 덕이 실현될 수 있다고 하여 실천적 덕을 강조하였다.

동양과 서양에서 도에 관한 철학적 사상은 분명한 차이를 보이고 있다. 동양에서 도란 세상의 이치라고 노자가 말하고 있고, 공자와 맹자는 사람 간의 이치, 사회 간의 이치로 말하고 있는 반면 소크라테스와 플라톤, 아리스토텔레스는 동양에서 말하는 도를 도덕 개념으로 정리하면서 앎(지식)과 같은 맥락으로 정의하였다. 도(道)를 동서양의 철학적 개념에 비추어 태권도에 접목하여 풀이해 본다면, 태권도를 배우는 사람이라면 선의의 도덕적 마음으로 어려운 사람을 돕고, 자신의 옳고 그름의 행동을 반성할 줄 알며, 예로써 상대를 존중하고, 꾸준히 지식을 탐구하여 옳은 행동으로 타의 모범이 될 수 있는 의지와 정신을 갖춘 사람, 그런 사람을 태권도 도(道)인이라 정의할 수 있다.

(3) 우리 민족문화와 도(道)

우리 민족의 역사는 단군조선으로부터 시작되어 지금에 이르고 있다. 반만년의 역사 흐름 속에서 우리 민족은 나름의 사상과 철학을 바탕으로 독특한 문화를 형성하고 발전시켜왔다. 우리 민족의 사상과 철학은 고조선의 개국이념인 홍익인간(弘益人間)과 재세이화(在世理化)에 잘 나타나 있다. 홍익인간은 널리 세상을 이롭게 하라는 뜻이고, 재세이화는 세상을 도리(道理)로써 교화시키라는 뜻이다. 이미 우리 민족의 개국이념 속에 사람이 어떻게 살아가야 하고, 사회구성을 어떻게 해야 한다는 철학적 의미가 함축되어 있었다.

고조선의 개국이념 사상은 고구려의 선(仙)사상으로 자연스럽게 녹아들었으며 선배(先輩)사상으로도 자리 잡는다. 선배란 이두자[20]로 '선인(仙人)', '선인(先人)'이라 쓰였다. 선(仙)사상은 고구려의 선배제도(先輩制度)를 통하여 강성한 고구려를 만들 수 있었고, 신라는 국선(國仙) 고선도(古仙道)[21]를 부흥시켜 화랑도(花郞道)를 체계화시켜 삼국통일의 기반을 마련하였다.

양주동 박사는 선(仙)이란 순수한 우리말로 '아침에 떠오르는 태양'을 상징하며 고구려의 선배(先輩)와 조의선인(皁衣仙人), 신라의 국선(國仙), 조선(朝鮮)에서 선(鮮) 자는 모두 아침에 떠오르는 태양을 의미한다고 주장하기도 하였다[22].

20_ 한문 문장에 이해를 돕고, 읽기 편하도록 하기 위하여 구절 아래에 달아 쓰는 토를 이르던 말
21_ 고대사 또는 민족전통의 고유한 사상체계
22_ 이승호(2010). 한국 선인사상에 관한 연구. 대전대학교대학원 박사학위논문

그렇다면 선(仙)이란 무엇인가에 대한 결언이 필요하다. 선(仙)이란 우리 민족의 정체성을 대변하는 인간존중사상이다. 선(仙)은 신선(神仙)의 뜻으로 사람이 신(神)이 된 존재다. 다시 말하면 예수와 석가와 같은 성인(聖人)의 존재로 보면 합당할 것이다.

『삼국유사』에 기록된 고조선의 역사서를 보면 하늘의 아들이 땅에 내려와 곰(熊女)과 결혼하여 단군을 낳았다고 되어있다. 웅녀란 곰이 여인이 된 것을 말하며, 곰이 사람이 되기 위해 매운 마늘을 먹고 수련하여 인간이 되어 하늘의 아들과 결혼하고 단군왕검을 낳았다는 것이다. 이 말은 하늘(天·神)과 땅(熊女·人)의 결합으로 단군왕검(天人·神人)이 탄생한 것을 의미한다. 이것은 단순한 인간의 등장이 아니라 하늘과 같은 인간(天人·神人)의 등장인 셈이다. 이로써 한민족은 그 출발에서 이미 하늘을 대변하는 신인(神人), 즉 선(仙)의 주체적 사상을 내포한 인간 이상의 성인(聖人)으로 출발하게 되는 것이다.

선(仙)사상은 유교의 충효사상(忠孝思想)과 불교의 호국사상(護國思想), 도교의 무언실행(無言實行) 영향을 받으며 자연스럽게 고려의 생활 속에 자리 잡게 된다[23].

고려는 종교의 자유를 보장하고 불교를 국교로 삼았다. 고려의 불교 숭상정책과 다신교정책은 고대로부터 전해오던 선(仙)사상을 불교, 도교와 같은 종교적 색채를 갖게 하는 계기가 된다. 고려가 망하고 태조 이성계에 의해 조선이 세워진다. 조선은 고려 말기의 잘못된 국가정책을 되풀이하지 않기 위해 급진적 정책을 발표하여 개혁을 시도한다. 이때 조선이 개국의 국시(國是)로 삼은 사상이 성리학(性理學)이다. 성리학

23_ 국기원(2006). 태권도 교본

은 공자를 중심으로 발전해 온 유학을 남송시대의 주자(朱子)가 집대성한 학문으로, 태조 이성계가 국가통치이념으로 받아들이면서 조선의 성리학 시대가 열리기 시작한다. 성리학의 리기론(理氣論)은 우주의 본질과 원리(작용)로부터 인간의 심성론(四端七情)으로 연결된다. 성리학에서 본 우주론은 본질적으로 시공을 초월한 근원적 존재의 세계와 시공을 움직이는 근원적 존재의 세계로 나누어 보았다. 여기에서 시공을 초월한 근원적 존재를 리(理)라고 하고 시공을 움직이는 현상계를 기(氣)라고 보았다. 시공을 초월한 우주의 근원적 본질인 리(理)가 작용할 때 음양(陰陽)이 생성되고, 생성된 음양을 태극(太極)이라 하였다. 시공의 현상계 기(氣) 또한 작용함에 있어 음양(陰陽)의 조화에 의해 생멸(生滅)의 순환을 이어간다고 보았다. 쉽게 설명한다면 리(理)는 우주의 근원으로 형상은 없으나 우주가 생성하도록 하는 본질로 시원(始原)적 존재이고, 기(氣)는 리(理)의 조화에 의해 현상계에서 생멸(生滅)을 순환하는 에너지로 보았던 것이다.

성리학의 심성론(心性論)에 따르면 인간은 다 같은 리(理)의 마음을 하늘[天]로부터 부여받은 도심(道心)인 인의예지(仁義禮智)의 마음이고, 기(氣)는 인간의 마음 7정(喜怒哀懼愛惡慾)인 감정의 마음을 나타낸다. 인간의 마음은 하늘로부터 부여받은 도심(道心)인 인의예지(仁義禮智)와 자연성(自然性)인 7정은 끊임없이 대립의 모순을 나타내는데, 이러한 모순된 마음이 왜 생성되는지에 대하여 설명하고, 모순된 마음을 어떻게 수양함으로써 극복할 수 있는지를 알 수 있도록 한 학문이 성리학이다.

조선의 성리학은 최초 고려말 이색에 의해 연구되기 시작하여 정몽주와 정도전을 거쳐 조선조 초기 퇴계 이황과 이이를 통하여 집대성된다. 조선조 초기의 퇴계 이황과 이이가 주장한 이기론에 대하여는 앞서 언급한 바가 있기 때문에 생략하기로 하겠지만, 조선은 유학을 국가경영의 기본 이념과 사회 전반의 윤리규범으로 그리고 사람의 도덕적 행위의 근간인 도(道)의 개념으로 발전시켜 나간다. 이 시기부터 우리 민족의 선(仙)사상은 유학과 성리학에 기반을 둔 도(道)의 사상과 융합되어 나타나게 되고, 이후 성리학은 사상적 철학체계를 갖춘 조선의 선비사상으로 발전한다.

선비사상은 유학의 뿌리를 둔 성리학을 중심으로 정도(正道)와 정의(正義)를 구현하고 불의에 대한 비판적 자세로 현실적 가치를 실천함으로써 국가의 민족정기를 바로 세우고자 한 조선학자들의 주체 사상이자 정신이었다[24]. 선비란 성리학을 공부하고 실천하는 유생들을 가리키는 말이다. 조선의 선비들은 성리학을 사상이나 철학으로만 이해하지 않고 예(禮)를 수단으로 실천해야만 도(道)가 실현될 수 있다는 실천철학을 강조하기도 하였다. 조선조의 성리학은 조선의 정치·경제·문화·국방의 기틀을 다지는 데 일조하면서 성리학 문화의 꽃을 피운다. 중국인들은 유교를 중심으로 문화의 꽃을 피운 조선을 선비와 도(道)가 살아있는 동방예의지국(東方禮儀之國)이라 칭송하기도 하였다.

성리학에서 비롯된 도(道)의 개념은 우리 문화의 생활 속에 철학적 사상으로 깊게 자리 잡고 있다. 우리가 흔히 사용하는 말속에 도(道)가 많이 포함되어 있는데, 우리는 길을 도로(道路)라 한다. 도로를 나타내는 글자에는 도(道) 자와 로(路) 자가 합쳐서 도로라고 한다. 도(道)란 사람의 정신이 가는 도덕의 길이라면 로(路)는 육신의 지체인 발이 걸어가

24_ 염숙(2005). 조선조의 선비정신과 다도사상. 국제차문화학회

는 윤리의 뜻을 함축한다. 또한 도리(道理), 도덕(道德), 도의(道義) 등, 도 (道) 자가 앞에 놓일 때에는 리(理), 덕(德), 의(義)와 같은 규범을 인간이 면 누구나 마땅히 지키고 따라야 할 길을 제시한 반면, 도(道) 자가 뒤 에 놓여 천도(天道), 인도(人道), 신도(神道), 불도(佛道), 선도(仙道), 태권도 (跆拳道)라고 할 때는 고도의 정신세계 형이상학적 본질적 의미를 지닌 다[25]. 이외에도 도(道)는 우리의 일상 속에 자연스럽게 녹아 행동규범의 틀을 갖도록 한다. 이제 도(道)는 사회·경제·문화의 전 영역에서 대표 되는 사상적 철학의 기준으로 우리 문화 속에 깊게 자리하고 있다. 도 (道)는 공자와 노자로부터 그 개념이 확립되어 우리 문화 속에 자리하 고 있지만, 이제 유교, 불교, 도교, 기독교와 함께 우리 문화를 대표하 는 철학적 사상으로 자리 잡고 있다.

(4) 태권도 정신덕목과 인성

지금까지 태권도란 단어의 뜻을 가지고 태권도정신의 의미를 함축적 으로 살펴보았다면 지금부터는 태권도정신으로 정의한 덕목을 중심으 로 태권도 정신을 알아보도록 하겠다.

첫 번째로 우리 민족의 건국이념인 홍익인간(弘益人間)을 태권도정신 으로 본 이유는 홍익인간은 민족 고유의 이상을 표현한 것이면서도 협 소한 민족주의가 아니라 민주주의와 복지, 인류공영, 관용 같은 전 인 류의 이상과도 상통한다는 점에서 인본주의사상을 토대로 민족 간 차 별이 없는 평화애호사상이라고도 할 수 있다. 따라서 홍익인간은 태권 도를 통하여 국가와 종교 사상적 이념을 넘어 남녀노소 누구에게나 건

25_ 박종용(2015). 퇴계 이황의 도학연구. 성균관대학교 일반대학원 박사학위논문

강과 활력을 불어넣어 행복을 느낄 수 있도록 한다는 점에서 태권도의 가치를 높이고 정신의 이상적 가치를 부여할 수 있다. 국가에서 인성덕 목으로 하고 있는 효와 예, 소통과 협동 그리고 나눔과 봉사라는 덕목 또한 이에 부합된다고 할 수 있다.

두 번째로 태권도수련과정을 통하여 체득하는 정신, 극기(克己)와 용기(勇氣)이다. 태권도수련과정의 수많은 역경 속에서 얻어지는 태권도 정신으로 극기와 용기는 수련이란 체험을 통해서만 얻을 수 있는 깨우침이다. 극기는 뚜렷한 목표가 있을 때 가능한데, 뚜렷한 목표가 없는 사람은 힘든 여러 상황을 극복할 수 있는 의지력이 약해 수련과정을 인내하며 극복할 수가 없다. 따라서 극기는 책임감, 자기존중, 주도성과도 같은 인성의 의미로 해석할 수 있고, 용기는 자신감과 의지에서 비롯되기 때문에 열정과 자신감의 인성덕목과 일맥상통한다고 할 수 있다.

세 번째로 태권도정신의 실천 덕목을 강조하는 예의(禮意)와 공평무사(公平無私)이다. 예의는 효(孝)를 근본으로 존경과 배려를 도덕의 기본으로 하고 있으며, 성실하고 꾸밈없는 마음에 바탕을 두고 실천할 수 있도록 하고 있다. 공평무사(公平無私) 또한 어느 쪽에도 치우침 없이 공평하고 사사로움 없이 행동하라는 실천 덕목으로서 인성의 존중과 배려, 정직과 일맥상통하는 태권도 정신이다. 예의나 효, 공평무사는 나보다는 대상과 사회에 대한 배려와 존중을 강조한 이상적인 실천 개념이다. 지금까지 태권도 정신을 크게 세 가지 영역으로 나누어 논의해보았는데, 결론적으로 태권도 정신이란 홍익인간(弘益人間), 극기(克己), 용기(勇氣), 예의(禮義), 공평무사(公平無私)로 함축할 수 있고, 바로 인성의 핵심가치인 예(禮), 효(孝), 정직, 책임, 존중, 배려, 소통, 협동의 인성 8대 덕목과 일맥상통한다고 할 수 있다.

05
태권도 인성덕목 해설

 태권도의 인성덕목은 앞서 태권도의 도를 설명하는 과정과 태권도 정신을 설명하는 과정에서 인성덕목들을 설명하였기에 덕목에 대한 추가 설명은 하지 않고 덕목들과 연계된 이론과 실천방법에 대하여 설명하도록 하겠다.

1) 예의, 배려, 존경

예의란 '존경의 뜻을 표하기 위하여 행동으로써 나타내는 말투나 몸가짐'이라고 네이버 국어사전에 표기되어 있다. 다시 말하면 예의란 서로의 인격을 존중하고 존경하여 서로 간의 관계가 원활할 수 있도록 행동하는 것이라고 풀이할 수 있다. 배려는 상대를 존중하고 인정하여 예를 다하는 것이다. 존경은 상대방을 귀하고 가치 있게 여겨 존중하는 마음이다. 이러한 덕목들은 상대에 대한 존중과 배려, 존경하는 마음이 없으면 존재할 수 없는 덕목들이기에 예의의 한 영역으로 묶어보았다. 위에 제시된 덕목들은 인간관계뿐만 아니라 그 사회가 추구하는 도덕적 가치와 윤리관, 규범, 제도 더 나아가 사회정서까지도 어긋나지 않도록 언행으로 나타내는 것이 예의라고 말할 수 있다. 이 같은 예의의 도덕적 규범을 언행으로 옮길 때에는 일정한 격식과 절차가 있는데 이것을 예절이라 한다. 예절이란 강제되는 규범은 아니지만, 예의를 언행으로 표현하고자 할 때 일정한 격식과 절차에 따라 언행으로 옮길 수 있도록 한 예법이다.

예의(배려, 존경)는 자아 또는 초자아에서 비롯되는 것으로 원초아가 유연할 때 예의에 대한 행동이 자연스럽고 편안하게 발현된다. 초자아는 부모의 도덕성 교육과 사회교육의 가치가 내면화된 표상을 말하는 것으로 두 가지 측면이 존재한다. 하나는 양심이고, 또 하나는 규범과 규칙이 내면화된 자아상이다. 양심은 부모가 요구한 도덕성으로 도덕적 규범을 따르지 못했을 때 가해지는 처벌에 대한 경험이 내면화된 죄책감과 같은 것이고, 자아상은 규범과 규칙을 잘 지키고 행동했을 때 받았던 보상의 경험이 자아상으로 형성되고 이를 지속해서 추구하고자 했을 때 자아의 이상이 형성된다.

예의교육은 무의식 속 욕구나 욕망에 대한 집착이 많이 형성되어 있거나 예의에 대한 긍정적 정서가 자리 잡히지 못한 상태라면 지도자의 노력에도 그 효과는 매우 미미한 수준이 된다. 또한, 부모의 도덕성 교육에 따른 학습이 어떻게 내제되었는가에 따라 교육 효과가 나타날 수 있다. 따라서 지속적인 예의교육에도 효과가 미미한 수련생이 있다면 상담을 통해 그 수련생 내면의 기본적 욕구와 욕망, 학습된 과정을 충분히 파악하고 그에 따라 예의교육에 대한 처방이 적절히 이루어져야 한다.

태권도수련과정에서 예의를 어디까지로 한정 지어 교육할 것인가에 대한 정의가 필요하다. 자칫 선배가 시키는 일은 무조건적으로 수용하는 것을 예의로 볼 것인지, 사범님 또는 선생님이 지시하는 것을 무조건 복종하는 것이 예의인지, 부모님이 시키는 것을 무조건 따라 하는 것이 예의인지를 명확하게 구분하여 도덕적 수준을 정하고 그에 따른 도덕 판단능력도 함께 지도하여야 한다.

태권도 예의는 태권도인이면 반드시 지키고 행동해야 하는 여러 덕목 중 가장 으뜸 덕목으로 사제 간, 선후배 간, 동료 간, 가족 간의 배려와 존중뿐만이 아닌 태권도수련과정에서의 절제미, 절차, 격식 등을 포함하는 포괄적 행동 규범이다. 따라서 예의는 입관 후 수련이 시작되는 순간부터 예의교육은 시작된다. 유급자 및 연령이 어린 수련생을 대상으로 한 예의교육은 예절교육이 먼저 이루어진 다음 이루어져야 하고, 유단자 및 청소년을 대상으로 한 예의교육에서는 절차나 방법을 넘어 도덕적 마음으로부터 자연스럽게 우러나오는 도덕성을 행동으로 옮길 수 있도록 지도하는 것이 중요하다.

예의의 덕목을 지도하기 위해서 가장 선행되어야 될 것이 지도자 자신의 모범적인 예의의 실천이다. 지도자의 복장, 언어, 눈빛, 행동, 절차 등 모든 면에서 모범이 되어야 수련생들이 따라 한다. 반두라(Bandura)는 "인간은 모방을 통하여 학습한다."라는 모델링 학습이론을 말하기도 하였는데, 태권도에서 가장 중요한 덕목으로 지칭되는 예의는 학습에 의해 강화되기도 하지만 학습 환경에 영향을 받기도 한다.

(1) 지도의 핵심요소
① 지도자가 솔선수범하는 모습을 보여준다.

② 연령에 맞는 조망수용능력 예의교육이 이루어져야 한다.

③ 수련생이 가정에서 예의 바른 행동을 하는지 부모와 상담한다.

④ 평상시 수련생과 자주 대화하여 예의 실천을 하고 있는지 점검한다.

⑤ 예의의 실천방법을 수련생 스스로 정하도록 한다.

⑥ 처벌보다 관심과 보상으로 긍정성을 높인다.

(2) 지도방법

① 부모, 이웃, 학교, 선생님, 친구, 도장, 사범 및 관장님, 주거하는 아파트(마을)에서 지켜야 할 예의의 목록을 스스로 작성하도록 하고, 평가는 스스로 하도록 한다. 또한, 평가에서 우수하지 못하게 평가한 항목에 대해서는 그 이유에 대하여 간략하게 메모하도록 하고, 개선점에 대해서 스스로 작성하도록 한다. 지도자는 수련생의 평가와 개선점에 대하여 듣고, 지지와 격려만을 한다.

② 복장과 언행의 예의는 부모님께 지도받도록 권장하고 지도사범은 관심과 격려를 한다.

(3) 부정적 결과

① 지도자 앞에서만 예의를 지킨다.

② 도장 안에서만 예의를 지킨다.

③ 예의를 지킬 때와 안 지킬 때의 기복이 심하다.

④ 기분이 좋을 때만 예의를 지킨다.

(4) 예의 결핍 원인

① 부모의 일관성 없는 도덕성 교육

② 지나친 보상 위주 교육

③ 과보호

④ 부모에 대한 불신

⑤ 지나친 열등감

사람에게는 어떤 행동을 하기 전 반드시 내적동기가 작용한다. 학습된 행동을 하기 위해서는 의식적, 무의식적으로 그 행동을 하고자 하는 동기가 발동되어야 하는데, 불만, 스트레스, 태만 등의 요인에 의해 행동 동기가 긍정적으로 작용하지 않는다면 아무리 좋은 교육을 시킨다 해도 효과를 거둘 수 없다. NLP 심리코치에서는 "사람의 행동에는 반드시 이유가 있다."라고 한다. 지도자가 아무리 예의에 관하여 설명하고 예절의 절차를 알려주어도 실천하지 않은 수련생에게는 그럴만한 이유가 있다는 것이다. 우리 지도자는 그 이유에 대하여 충분히 이해하고 파악할 수 있어야 한다. 그러기 위해서는 일정한 프로그램으로 가르치는 일방적 티칭(Teaching)교육이 아니라 그 수련생이 스스로 문제를 파악하고 고쳐나갈 수 있도록 하는 코칭(Coaching)교육이 되어야 한다. 코칭이 이루어지기 위해서 가장 중요한 것이 라포(Rapport) 형성이다. 라포란, 지도자와 수련자 간 형성된 친밀감과 신뢰 관계다. 이러한 라포가 형성될 때 보다 더 효율성 있는 예의교육이 될 수 있다.

2) 정의, 정직, 성실, 준법정신

정의란 옳고 그름을 정확하게 밝히고 잘못된 것은 따르지 않는 것[26]

26_ KTA 태권도 인성교육 교재

이며, 정의란 사회적 가치 기준에 근거한 옳고 그름을 정확하게 시시비비(是是非非)를 밝히는 것이다. 정직 또한 자신의 마음을 거짓이나 꾸밈 없이 정확하게 밝히는 것인데, 정의보다는 협의적 개념으로 개인의 마음에서 일어나는 옳고 그름을 정확하게 표현하는 것을 정직이라 한다. 성실은 진실되고 거짓 없는 마음으로 행동하는 것인데, 어떠한 일을 할 경우 진실된 마음에서 우러나오는 행동으로 최선을 다하는 것을 말한다. 준법정신은 국가의 법, 사회규칙이나 규범을 어기지 않고 지키고자 하는 마음자세를 준법정신이라 한다. 이러한 정의, 정직, 준법정신의 인성덕목은 국가와 사회에서 합의된 약속을 정확하게 지키고 이행하고자 하는 목적을 가지고 있다. 이러한 정의는 활성된 초자아의 반응에 따라 나타난다. 정의를 일으키는 초자아는 영아의 욕구에 대한 부모의 일관된 대응 방법에 따라 정의의 원초적 준거 틀이 형성되는데, 4~5세경부터 정의에 대한 도덕성 발달이 시작된다. 에릭슨(Erikson)은 이 시기를 솔선성과 죄의식이 발달하는 시기로 보고, 부모 또는 선생님의 교육 과정에서 할 수 있는 것과 할 수 없는 것에 대한 명확한 구분을 알 수 있도록 일관성 있는 교육이 중요하다고 하였다. 지나친 제제나 간섭, 통제는 죄책감과 열등감을 갖도록 하는 원인이 되어 정직하지 못한 자아를 형성하게 된다고 하였다. 프로이트(Proud)는 부모나 선생님이 주는 보상과 처벌, 통제에 따라 도덕적 가치가 자리 잡게 되고 부모의 도덕적 행위가 내면화되면서 정의·정직·성실·준법정신의 싹이 자라기 시작한다고 하였다.

태권도수련과정에서의 정의·정직·성실·준법정신은 특별하게 따로 지도하기보다는 도장에서 규범과 수련시간, 약속 등 지켜야 할 규칙과 규범들을 엄격하게 지킬 수 있도록 관리하고, 특히 승급, 승품·단 상벌관리를 철저히 하는 것은 매우 중요한 정의·정직·성실·준법정신 교육이 된다.

(1) 정의(정직·성실·준법정신) 지도의 핵심요소

　① 진실을 가지고 대화할 수 있는 라포를 형성한다.

　② 지도자는 믿음을 가지고 기다리고 지지해 준다.

　③ 지지와 성원으로 목적 달성할 수 있도록 한다.

　④ 피로나 과로하지 않도록 주의한다.

　⑤ 가정과 학교, 도장에서 일관된 행동을 할 수 있도록 부모님과 함께 지도한다.

(2) 지도방법

　① 상벌을 철저하게 관리한다.

　② 승급·단 관리를 철저히 한다.

　③ 수련시간을 정확하게 지키고 관리한다.

　④ 수련생과의 약속은 반드시 지킨다.

(3) 부정적 결과

　① 하고자 하는 일에 의욕을 보이지 않는다.

　② 계획하고 노력하는 모습을 보이지 않는다.

　③ 피로함을 호소한다.

　④ 게으르다.

　⑤ 자기방어가 늘어간다.

(4) 결핍 원인

　　① 부모의 지나친 간섭 및 통제

　　② 부모의 일관성 없는 교육

　　③ 학대

　　④ 열등감

　　⑤ 불규칙한 생활환경

　학령기에 학습되어야 하는 도덕개념은 환경과 규범에 익숙해지는 것이다. 이 시기에 규범을 수용하고 승화시켜 인정받도록 지도하고, 공동체 생활에서 낙오자가 되지 않도록 각별한 주의가 필요하다. 이와 같이 주의가 필요한 이유는 수련생이 외부 환경요인이나 규범에 의해 저항감을 가지게 되거나, 공동체 생활에서 낙오자가 되면 반사회적인 성격으로 흐를 수 있기 때문이다. 도장에서 수련생이 규범에 어긋나는 실수를 했을 경우 '아직은 배우는 단계라 그럴 수 있겠지.' 하는 생각으로 대수롭지 않게 여길 수도 있는데, 이러한 실수가 반복되면 공동체 생활에 적응하지 못할 뿐만 아니라 도덕적 판단력이 부족해져 사회적 문제아로 전락할 수 있기 때문에 주의가 필요하다. 특히 도덕개념은 초등학교 시기에 가장 많이 발달하기 때문에 이 시기에는 더 각별한 주의가 필요하다.

3) 인내

인내는 어렵고 힘든 상황을 참고 견디는 힘을 말한다. 인내는 긍정적 효과에 대한 확신으로부터 시작된다. 따라서 인내의 전제조건은 믿음과 확신이다. 이 믿음과 확신에 따라 어려움을 극복하려는 의지가 생기는 것이다. 이러한 의지는 영·유아기 부모에 대한 신뢰에서부터 싹튼다. 부모와 신뢰감을 통한 애착관계가 형성된 수련생은 도장 지도자와 우호적 라포(Rapport)관계가 형성될 뿐만 아니라 수련 효과에 대한 믿음을 가지고 열심히 끈기 있게 노력한다. 그러나 부모관계에서 애착관계가 실패한 경험이 있는 수련생은 자신의 성공에 대해 지속해서 의심하고 불신함으로써 어려움을 극복하고자 하는 힘을 발휘하지 못한다. 이러한 수련생에게는 보다 더 성공의 확신을 심어주기 위해 작은 성취, 또는 성공이 있을 때마다 충분한 보상을 해줄 뿐만 아니라 그 성공 경험이 소거되지 않도록 지속적인 관심과 배려가 필요하다. 인내의 덕목은 태권도를 수련하는 수련생에게는 매우 중요한 덕목 중 하나일 뿐만 아니라 사회생활의 기초가 되는 덕목이기 때문에 지도자들의 전문적 스킬(Skill)이 요구된다.

(1) 지도의 핵심요소

① 목표를 스스로 정할 수 있도록 돕는다.

② 목표를 향해 나아갈 수 있도록 돕고 용기를 준다.

③ 목표를 설정할 때 가장 쉽고 빠르게 효과가 나타날 수 있는 것부터 시작할 수 있도록 지도한다.

④ 목표 성취를 위한 과정 중, 작은 실패를 경험할 수 있도록 한다.

⑤ 지도자가 수련자 자신을 믿고 존중하고 있다고 느끼도록 한다.

(2) 지도방법

① 승급, 승품·단 심사의 목표를 스스로 정하도록 돕는다.

② 태권도 대회의 목표를 스스로 정하도록 돕는다.

③ 승급심사에서 탈락하는 위기를 겪고 다시 도전할 수 있도록 돕는다.

④ 목표를 이루었을 때 충분한 보상을 한다.

(3) 부정적 결과

① 핑계가 많다.

② 남의 탓을 한다.

③ 쉽게 포기한다.

④ 수련에 흥미를 느끼지 못한다.

(4) 결핍 원인

① 부모의 지나친 과잉보호

② 부모의 지나친 통제

③ 목표 강요

④ 성공경험 부족

4) 용기, 열정

용기는 두려움 없는 힘차고 굳센 마음, 어떠한 일을 함에 있어 두려움 없이 씩씩하고 자신감 있게 해결하고자 하는 의지를 용기라 한다. 열정은 최선을 다하여 열심히 노력하는 의지의 마음이다. 용기와 열정은 같은 맥락으로 보는 것은 용기의 마음과 열정의 마음이 일어나는 원인은 결과에 대한 믿음과 신념이 있을 때, 마음에서 일어나기 때문에 같은 맥락으로 분류한 것이다. 용기는 두려움의 방어기제에서 발원되어 나타나지만 내재된 경험에 의해 신념화된 동기에서 작동한다. 부모가 충분한 격려와 지지를 통해 어떠한 문제를 스스로 해결하고 성취해 나갈 수 있도록 기회를 줄 때 용기(열정)의 도덕심을 가지게 된다. 그러나 결과만을 평가하고 질책하거나 남과 비교하여 자존심에 상처를 주게 되면 용기와 열정의 도덕성은 자라지 못하고, 오히려 열등감과 패배감으로 용기와 열정의 싹은 자라지 못한다. 결과적으로 훈육이란 이름으로 너무 권위적, 지시적, 평가적으로 질책하여 자기효능감을 떨어뜨린다면 용기와 열정의 싹은 자라지 못한다. 용기와 열정은 성장과정에서 성공과 실패의 과정을 스스로 헤쳐나갈 수 있는 환경을 만들어주고, 그 결과를 수용하고 지지해 주는 것이 용기와 열정의 의지를 키워나갈 수 있는 원동력이 된다.

(1) 지도의 핵심요소

　① 스스로 문제를 해결할 수 있는 환경을 만들어 준다.

　② 결과에 대해 긍정적 지지를 해준다.

③ 성공경험을 제공한다.

(2) 지도방법

① 스스로 목표를 정하도록 하고 성공할 때까지 지지해 준다.

② 목표를 위한 과정의 중요성을 깨닫도록 한다.

③ 실패의 경험을 이겨내고 성공경험을 가지도록 지도한다.

④ 실패 시 좌절감, 죄의식을 가지지 않도록 지도한다.

(3) 부정적 결과

① 결과에 집착하는 강박증이 생긴다.

② 지나친 자만심에 빠질 수 있다.

③ 문제를 회피한다.

④ 의존성 증가한다.

⑤ 변덕이 심화된다.

(4) 결핍 원인

① 결과 중심적 교육

② 강압적 교육

③ 비교교육

④ 과보호

⑤ 경험부족

5) 평등, 공평, 협동

평등은 지위 고하, 빈부 격차의 차별 없이 고르고 같은 혜택을 누리는 것이다. 평등은 모든 국가나 사회가 추구하는 기본 이념이며, 대한민국의 개국 이념(弘益人間)과 맥을 같이 한다. 평등 실현을 위한 이데올로기(Ideologie)[27] 제도는 민주주의, 자유민주주의, 사회주의, 공산주의와 같은 정치적 이념체계로 발전하기도 하는데, 인간이 사회를 이루고 살아가는 데 있어 필수적인 도덕적 가치이다. 협동은 여러 사람이 힘을 함께 모으는 것을 뜻하는데, 협동은 평등의 조건이 충족되었을 때 가장 이상적 효과가 나타난다. 따라서 평등과 협동을 같은 맥락으로 묶어 설명하고자 한다. 대한태권도협회(KTA)에서는 평등이 아닌 공평을 인성덕목으로 삼고 있으나 태권도정신으로나 대한민국의 건국이념으로 볼 때, 공평이 아닌 평등을 인성덕목으로 삼는 것이 바람직하다고 본다. 보충 설명하자면 공평은 능력과 조건에 따라 차등 분배하는 것이 공평의 기본 개념이다. 어떻게 보면 열심히 노력한 자에게 보다 더 많은 혜택이 돌아갈 수 있도록 하는 것은 당연한 이치이지만 도덕적 개념으로 접근해 본다면 능력이 다소 모자란다고 해서 배제되고 소외되는 것은 인간의 기본 가치를 존중하지 않는 비합리적 모순일 수 있다.

평등·협동은 자아와 초자아가 발달하고 원초아(id)의 힘이 약화되었을 때 반응성이 높게 나타난다. 인간의 본능, 원초아(id)는 생명유지와 발달, 생식확장을 위하여 철저한 개인 이기주의다. 그러나 초자아는

27_ 사회집단에 있어서 사상. 행동. 생활 방법을 근본적으로 제약하고 있는 관념이나 신조의 체계. 역사적·사회적 입장을 반영한 사상과 의식의 체계이다. (네이버 국어사전)

교육을 통해 발달하기 때문에 이타성 또는 공공성의 사회 도덕적 가치를 내포한다.

평등·협동은 부모의 교육 태도에 가장 큰 영향을 받는다. 엄마가 자녀를 교육할 때, 자녀를 이해하고 존중하며 다양한 접근 방법을 통해 문제해결 능력을 보여준다면 자녀는 사물을 이해하고 수용하는 능력이 우수할 뿐만 아니라 사고의 폭이 넓은 선택지를 가지게 되지만, 그와 반대로 부모가 고집스럽고 극단적 선택만을 강요한다면 자녀는 그 상황의 스트레스를 벗어나고자 본능적으로 원초아에 의지하게 된다. 그러한 것이 습관화되면 자아와 초자아보다 원초아(id)를 통해 스트레스에 대한 탈출구를 모색하게 되어 자아 및 초자아의 객관적 판단이 결여되어 감정적 판단을 하게 된다.

평등과 협동심을 기르기 위한 지도자의 교육 태도는 수련생을 그 자체로 인정하고 존중하는 것부터 시작되어야 하며, 지나친 경쟁으로 열등감을 가지도록 하는 것은 평등과 협동심 함양에 부정적 결과를 가져온다.

(1) 지도의 핵심요소

   ① 가정에서 자녀에게 선택권을 가질 수 있도록 배려한다.

   ② 수련생의 선택권을 지지하고 피드백한다.

   ③ 과도한 경쟁구도를 만들지 않는다.

   ④ 평등과 공평의 개념을 이해할 수 있도록 한다.

   ⑤ 그룹 미션 수련프로그램을 활성화한다.

(2) 지도방법

① 승패의 결과론적 보상보다 과정 및 노력에 따른 보상을 한다.

② 개인의 특질(장점)을 충분히 인정한다.

③ 승급심사 시 개인 심사보다 팀 심사를 한다.

(3) 부정적 결과

① 개인 이기주의

② 변칙성

③ 관계 기피

(4) 결핍 원인

① 과보호

② 결과 중심의 가정교육

③ 단체활동 부족

④ 스트레스

6) 자신감, 자기존중, 주도성

자신감이란 자신에 대한 믿음, 자신을 신뢰의 마음이다. 자기 자신에 대한 믿음의 확신은 자신의 성공경험으로부터 발원되고 강화되는데, 실패를 딛고 성공한 경험이 있는 사람이 보다 더 확고한 자신감을 가진다. 자기존중은 자기 자신이 가치 있다는 것을 굳게 믿고 자기를 귀하게 여기는 마음이다. 자기존중은 영유아시기 부모와의 애착관계에서 발원되고 강화된다. 주도성은 자신감과 자기존중의 마음을 가지고 흔들림 없이 자신을 이끌어 가는 힘을 말한다. 자신감, 자기존중, 주도성은 각각 다른 의미를 나타내는 것이 아니라 서로의 의미와 연결되거나 각 단어의 의미에 포함되는 요소이다.

자신감·자기존중·주도성은 영아기와 유아기, 청소년기까지 부모의 지지와 믿음 격려를 통하여 싹이 트고 발달하기 시작한다. 어려서부터 자녀에 대한 과도한 기대나 지나친 간섭, 폭력 등은 자신감·자기존중·주도성을 상실되게 하는 원인으로 작용한다. 특히 자아정체성이 발달하는 청소년 시기에 성적, 진로, 부모의 과도한 기대 등으로 스트레스를 받을 경우 자신감·자기존중·주도성 발달에 영향을 미칠 수 있다. 에릭슨(Erickson)은 청소년기를 자아정체성과 혼돈의 시기로 보고, 이 시기 자기에 대한 자문자답에서 답을 내리지 못할 경우 자아존중감에 문제가 있을 수 있다고 하였다. 특히 청소년 시기는 감성이 예민한 시기로 자기 정체성에 대해 혼란을 겪게 되면서 자기에 대한 꿈을 가지지 못하게 된다. 이러한 경우 성인이 되어도 가정과 직업, 인간관계에 대해 소중함을 느끼지 못할 수 있어 다양한 문제에 직면할 수 있다. 태권도는 아동기와 청소년기에 주로 수련한다. 이 시기는 자신감·자기존중·주도성을 가지도록 하는 매우 중요한 시기로, 지도자의 지도역량이 중요시된다. 지도자의 지도방법을 일일이 거론하기는 어렵지만, 태권도만이 가지고 있는 승급, 승품·단 심사, 경기, 현장체험, 레크레이션, 게임 등을 통하여 자신감·자기존중·주도성을 높일 수 있도록 해야 한다.

(1) 지도의 핵심요소

① 개인지도가 효과적이다.

② 수련생의 성향분석을 통한 맞춤 교육프로그램을 가지도록 한다.

③ 성공과 실패의 경험을 가지도록 한다.

④ 실패 시 의도된 피드백을 해야 한다.

⑤ 수련생이 존중받고 있다는 느낌을 받을 수 있도록 지지한다.

(2) 지도방법

① 수련생의 성향분석에 따른 개인 성향 프로파일을 만든다.

② 개인면담을 통한 수련생의 호불호(好不好)의 가치 판단 기준을 파악한다.

③ 승급심사를 통해 충분히 회복탄력성을 가지도록 한다.

④ 경기에 출전할 수 있는 기회를 자주 가지도록 하고 그 결과에 대한 개인 피드백 시간을 가진다.

⑤ 레크레이션 팀 경기를 통하여 개개인의 존재가 팀의 중요한 개체임을 상기 시킬 수 있도록 한다.

⑥ 부모 상담을 주기적으로 진행한다.

(3) 부정적 결과

① 타인에 대한 의존도가 높아진다.

② 소극적, 수동적으로 행동한다.

③ 스스로 계획하고 추진하지 못한다.

④ 변덕이 심하다.

⑤ 눈치를 많이 살핀다.

(4) 결핍 원인

　　① 부모의 지나친 간섭 및 보호

　　② 부모의 과도한 기대감

　　③ 부모의 강압 및 폭력

　　④ 성공경험보다 실패의 경험이 많음

　　⑤ 자기 결점에 대한 지나친 의식

7) 사랑, 우정, 용서

　사랑이란 진정한 감정으로 좋아하고 아끼며, 소중히 여기는 마음, 또는 어떤 사물이나 대상을 몹시 아끼고 소중하게 여기는 마음[28]이다. 사랑이란 매우 포괄적인 의미를 담고 있어 한마디로 정의하기에는 어려움이 있다. 우리 인간의 감정은 생명을 유지하기 위해 이기적 행동을 통하여 자신의 생명을 지키고 유지 발전시켜 나간다. 그러나 사랑의 감정만은 이타적이어서 대상을 위한 헌신과 봉사, 희생을 할 수 있도록 한다. 이러한 이타적 사랑은 전 세계 종교의 대표적 이념적 사상이기도 한데, 이는 사랑의 이타적 숭고함 때문일 것이다. 우정은 대상에 대한 신의와 배려이다. 특히 친구 사이에 우정은 서로를 깊게 이해하고 위하는 사랑의 마음이다. 용서는 상대의 잘못을 너그럽게 이해하는 마음이다. 이 모두의 도덕심은 이타심을 근본으로 하고 있다.

28_ 네이버 국어사전

사랑·우정·용서는 감정적으로 느껴본 사람만이 그 숭고함을 이해할 수 있다. 다시 말하면 사랑을 느껴보고, 우정을 느껴보고, 용서를 받아본 사람만이 그 진실됨을 이해할 수 있을 뿐만 아니라 타인에게 그 사랑을 다시 베풀 수 있는 힘을 가질 수 있다. 성장과정에서 부모에게 사랑과 이해, 용서를 받고 자란 사람은 이미 사랑의 에너지가 내재되어 있어 그 누구와도 사랑을 나눌 수 있다. 그러나 그렇지 못한 환경에서 성장한 사람은 학습을 통하여 도덕심을 받아들인다고 해도 감정 이입이 없기 때문에 실천에 문제가 있을 수 있다. 따라서 사랑·우정·용서의 도덕성을 지도자의 학습지도로 습득하는 것보다 수련생의 동기화된 의지로 습득될 수 있도록 돕는 것이 효과적이다.

태권도를 수련하는 수련생들은 대부분 초등학교 학령기의 학생들이다. 이미 사랑·우정·용서 등의 도덕심은 가정교육에 따라 어느 정도 학습화되고 내면화되어 있을 것이다. 이러한 수련생들에게 도장의 사범들이 하는 일상적인 주입식 도덕 교육은 의미가 없을 수 있다. 앞서 말한 내용처럼 도덕성 교육은 수련생 스스로 목표를 가지고 능동적 행동을 할 수 있도록 하는 동기를 만들어 주고, 목표를 성취할 수 있도록 돕는 프로그램을 통해 자연스럽게 도덕성 교육이 이루어질 수 있도록 할 때, 그 효과는 배가 될 것이다.

수련생에게 가장 좋은 동기유발 조건은 도장에서는 분기별 또는 매월 시행되는 승급, 승품·단 심사이다. 승급심사 또는 승품·단 심사는 급이나 단에 따라 도복 또는 띠를 승급의 상징으로 바꾸어 주는데, 이때 수련생들은 가장 행복해한다. 수련생들은 승급 또는 승품·단의 성취감을 가지고자 최선의 노력을 다한다. 그 시기 자연스럽게 사랑·우정·용서의 도덕교육을 포함한 프로그램을 진행한다면 좋은 효과를 얻게 될 것이다. 예를 들어 승급, 승품·단 심사에 부모님이 함께할 수 있도록 하고, 도덕교육과 관련된 다양한 이벤트를 도덕성 교육목적에 맞도록 진행한다면 좋은 교육 효과를 얻을 수 있을 것으로 본다. 그 외 우정을 승급심사 미션으로, 친구와 다툼이 있는 친구와의 화해를 위한 승급심사 미션 등으로 마련한다면 사랑·우정·용서의 도덕성 교육은 효과가 있을 것으로 본다. 앞서 밝힌 바와 같이 사랑·우정·용서는 학습을 통하여 의도적으로 행동할 수 있게 하는 데에는 한계가 있기 때문에 수련생 자신의 동기에 따라 감정 몰입이 될 수 있는 도덕성 교육을 준비하는 것이 매우 바람직하다.

(1) 지도의 핵심요소

① 지도자의 사랑을 의심 없이 받아들일 수 있는 라포(rapport) 형성을 한다.
② 가정환경을 파악한다.
③ 수련생을 인정하고 지지해 준다.
④ 수련생 간 다툼은 스스로 해결하도록 도와준다.

(2) 지도방법

① 부모님과 함께하는 승급심사
② 친구와 같이하는 승급심사
③ 수련장 내 교육보다 자연환경과 함께하는 수련시간 증대
④ 단체 미션을 통한 수련활동을 할 수 있는 프로그램 개발
⑤ 봉사 미션 프로그램 진행

(3) 부정적 결과

① 다툼이 잦아진다.

② 감정기복이 심한 증세를 보일 수 있다.

③ 의식적 판단수준이 높아져 시시비비(是是非非)가 잦아진다.

④ 지나친 방어기제를 사용한다.

⑤ 무기력해진다.

(4) 결핍 원인

① 애정결핍

② 과보호

③ 가정폭력

④ 부모 이혼

⑤ 스마트폰 중독

8) 리더십, 신뢰, 신중, 책임감

리더십은 다른 사람들을 이끌고 통솔할 수 있는 능력, 집단 또는 단체의 사람들을 목적을 향해 나아 갈 수 있도록 지도하고 돕는 것, 어떠한 목적 달성을 위하여 스스로 본을 보이고 헌신하여 사람들을 따라올 수 있도록 하는 것을 리더십의 정의라 할 수 있다. 리더십의 정의는 환경에 따라 그 정의가 조금씩 다를 수 있다. 그러나 남을 이끌고 선도하며 목적을 향해 갈 수 있도록 돕는 등의 기본적 개념을 변하지 않는다. 신뢰는 믿고·이해하고·존중하고·지지하는 마음이다. 신뢰는 상대와 충분한 라포(rapport) 형성이 되어있을 때 신뢰가 생긴다. 신중은 조심스러운 마음과 조심스러운 행동이다. 신중은 목적하는 바를 실현하기 위하여 있을 수 있는 일에 대비하여 조심스럽게 접근하는 것이다. 책임감은 자기가 맡은 일을 충실히 해내는 능력이다. 리더십·신뢰·신중·책임감의 본질은 성과 또는 결과에 달려있다. 리더십·신뢰·신중·책임감은 개인 도덕성이라기보다 대인관계 또는 사회생활에서 필요한 사회도덕 요소라 할 수 있다.

리더십·신뢰·신중·책임감의 사회도덕성 중 리더십은 신뢰·신중·책임감을 근본 요소로 한다. 리더십은 신뢰·신중·책임감뿐만 아니라 용기·도전·솔선수범·자기희생 등 여러 요소가 필요하지만 목적에 따라 충족요건이 매우 다양하고 광범위하다.

리더십은 부모 중 아버지의 영향을 많이 받는다는 것이 기존 학자들의 이론이다. 그러나 근래 연구논문들을 살펴보면 어느 한 부모의 영향보다 얼마만큼 부모의 양육 태도가 좋았는가가 리더십에 영향을 미치는 것으로 연구 보고되고 있다. 영·유아기 리더십 발달은 부모의 성비가 아닌 양부모의 양육 태도에 따라 좌우된다고 할 수 있다. 다만 부모가 인식하는 남·여 성차에 대한 고정관념이 높을수록 남아 또는 여아의 리더십 발달에 영향을 미치는 것으로 보고되고 있다. 반대로 부모가 남·여 성차에 비중을 두지 않을 경우 남아, 여아 모두 리더십 발달에 영향을 미치지 않는 것으로 나타났다.

결과적으로 자녀의 리더십은 가정의 교육환경과 남·여 성차에 대한 고정관념에 따라 변할 수 있다고 말할 수 있다.

리더십·신뢰·신중·책임감의 도덕성은 앞서 말한 바와 같이 부모의 충분한 격려와 지지로부터 도덕성 발달이 이루어진다. 지나친 평가와 간섭으로 자녀의 언행을 제한하거나 집착한다면 스스로 결정하고 판단하는 능력이 저하되어 자존감을 키우지 못한다. 자존감이 없는 사람은 리더십, 자신에 대한 신뢰, 언행의 신중함, 책임감 등이 발달하지 못한다. 리더십·신뢰·신중·책임감의 도덕성을 높이기 위해서는 충분한 지지와 격려가 밑바탕이 되어야 하기 때문에 부모와 지도자는 이점을 잘 알고 있어야 한다.

도장에서 리더십을 위한 교육프로그램을 진행하고자 할 때 수련생의 성향분석이 충분히 이루어진 다음, 그 성향에 맞도록 이루어지는 것이 효과적이다. 성향 분석이란 MBTI 또는 애니어그램뿐만 아니라 이고그램 등의 성격검사를 통하여 수련생의 성격성향을 파악한 후, 그에 맞도록 프로그램을 준비하는 것이 효과적이다. 태권도수련은 집단 운동 프로그램을 통하여 교육의 질을 충분히 높일 수 있지만, 도덕성 교육은 집단 교육방식만으로 효과를 거두기에는 어려울 수 있기 때문에 개별 교육방식과 집단교육 방식을 병행할 때 그 효과가 크다. 특히 가정교육을 통하여 이미 어느 정도의 도덕성 교육이 이루어진 상태의 수련생을 대상으로 도덕성 교육을 할 때는 지도자와 수련생 간 충분한 라포(rapport)가 전제되어야 효과를 얻을 수 있다.

지도자가 도장에서 리더십 향상을 위해 활용할 수 있는 프로그램 중 가장 효과가 높은 것은 품·단 이상의 유품·유단자가 본인보다 낮은 급수의 수련생을 지도할 수 있도록 하는 것이다. 이때 지도자로서 지켜야 할 신뢰·신중·책임감 등의 주의사항과 지도방법 등을 숙지할 수 있도록 하고, 수련생이 타 수련생을 지도할 때 어려운 점들에 관해 대화하고 조언해 줄 수 있는 피드백 시간을 가진다면 매우 좋은 교육 효과를 얻을 수 있을 것이다. 이 외에도 승급심사, 야외수련, 레크레이션 등을 통해 리더십을 발휘할 수 있는 프로그램을 운영한다면 좋은 효과를 얻을 수 있을 것으로 본다.

(1) 지도의 핵심요소

① 수련생을 인정하고 지지해 준다.
② 성급한 기대를 하지 말아야 한다.
③ 수련생 개개인의 특성을 고려해야 한다.
④ 공감능력을 키울 수 있도록 단체 활동을 장려한다.

(2) 지도방법

① 유급자를 지도할 수 있는 기회를 부여한다.
② 팀 미션의 리더로 활동할 수 있는 기회를 부여한다.
③ 1일 리더활동 기회를 만든다.
④ 개인 미션 과제를 성취할 수 있도록 지지하고 격려한다.

(3) 부정적 결과

① 의욕이 없으며 소극적
② 성취욕 상실
③ 피로 호소
④ 도장 회피

(4) 결핍 원인

  ① 부모의 지나친 기대 및 간섭

  ② 부모의 욕망 투영

  ③ 부모의 기대에 대한 스트레스

  ④ 지도자의 지나친 열정

9) 애국심, 절약정신

 애국심은 자기의 조국을 사랑하는 마음, 자기가 속한 나라를 사랑하고 그 사랑을 바탕으로 국가에 대한 헌신과 봉사의 마음이다[29]. 나라 사랑의 방법은 매우 다양하고 광범위하여 딱히 정의 하기는 모호하다. 나라 사랑의 방법은 개인이 가지고 있는 이념과 사상에 따라 그 방법과 범위가 다를 수 있다. 절약정신은 생활에 활용되는 물품을 귀하게 여겨 함부로 쓰지 않는 마음, 절약은 효용성을 높이기 위하여 오늘의 씀씀이를 아껴 목적에 대비하는 지혜이다. 절약을 맹목적으로 하게 되면 인색한 구두쇠가 되지만 목적에 맞도록 근검절약하게 되면 미래를 보장하는 보험이 된다. 개인의 근검, 절약정신은 국가를 건강하고 부강하게 만드는 애국심으로 발전하는 동기가 된다. 따라서 수련생에게 애국심을 함양할 수 있도록 하기 위해서 근검절약부터 시작하는 것은 좋은 교육방법일 수 있다.

29_ 네이버 국어사전

근검절약을 통하여 애국심을 내면화하기 좋은 시기는 유아기를 넘어 아동기가 시작되는 5~7세 경이 가장 좋은 시기이다. 이 시기 부모의 검소함과 계획적인 생활태도, 사회적 책임[30]과 같은 생활규범을 잘 지키는 모습을 본 자녀는 부모의 행동을 본받아 정직한 도덕성이 내면화되고 자연스럽게 애국심을 가지게 된다.

도장 수련생에게 애국심 함양은 수련생 눈높이에 맞도록 작은 실천부터 시작할 수 있게 설정하는 것이 좋으며 너무 거시적인 것은 피하는 것이 좋다. 예를 들어 수련생 자신이 태권도를 열심히 수련하는 것이 애국하는 것이라고 지도할 수 있고, 부모님께 효도하는 것, 공부를 잘하는 것, 형제를 사랑하는 것, 친구와 사이좋게 지내는 것, 어려운 사람을 돕는 것, 이웃을 사랑하는 것, 근검절약하는 것, 사회규범과 법규를 잘 지키는 것 등 이 모두가 나로부터 시작하여 가족과 가까운 이웃, 그리고 사회로 확대되어 결국은 국가를 위하는 애국이 된다는 것을 이해시키고 실천할 수 있도록 돕는 것이 중요하다.

애국을 이해시키는 일은 그리 간단한 문제는 아니다. 아직 어린 초등학교 어린이에게 애국이란 의미를 이해시키는 것은 어려움이 있을 수 있으므로 역사적 위인, 또는 올림픽 영웅을 예로 들어 스토리텔링 교육하는 것이 좋은 도움이 될 수 있다.

(1) 지도 핵심요소

① 내 행동이 애국의 시발점임을 강조한다.

② 나와 가정, 사회를 위한 책임 있는 행동을 할 수 있도록 한다.

30_ 선진화 사회에서 국가나 기업은 사회에 대한 책임을 가져야 하듯 개인 또한 이에 상응하는 사회적 책임을 갖는 것

③ 도덕적 행동과 생활규범을 잘 이행하는 것이 애국하는 것임을 알 수 있도록 한다.

④ 아나바다[31] 행동을 실천할 수 있도록 한다.

(2) 지도방법

① 애국에 관련된 역사 위인전 독후감 발표하도록 한다.

② 승단을 위한 조건으로 사회봉사 활동시간을 이수하도록 한다.

③ 도장 수련생을 위한 아나바다 벼룩시장 개설을 분기별로 한다.

④ 역사적인 날(기념일)을 기념하기 위한 기념식을 한다.

(3) 부정적 결과

① 비양심

② 무질서

③ 과소비

④ 자기중심

⑤ 비협조적

(4) 결핍 원인

① 부모의 무질서

② 원칙이 없는 가정교육

③ 가족공동체 의식 부재

④ 밥상머리 교육(가족 간 대화) 부제

⑤ 애정결핍

31_ 아나바다: 아껴 쓰고, 나눠 쓰고, 바꿔 쓰고, 다시 쓰기

승급 및 승품·단 심사와 인성

✒ 태권도의 역사가 짧음에도 불구하고 전 세계의 대표적 무도스포츠로 발전할 수 있었던 핵심은 타 무술에서 없는 정형화된 프로그램이다. 즉, 국기원이란 세계 태권도 본부를 중심으로 모든 교육과정을 일원화되도록 하였고, 태권도경기는 세계태권도연맹을 중심으로 경기 규정과 규칙이 일원화되었기 때문에 가능할 수 있었다. 다시 말하면 태권도가 추구하는 목적에 맞도록 기본 체계가 정확하고 명료하게 설정되어 있기 때문에 성장 동력을 가지고 발전할 수 있었다고 본다.

현재 태권도는 전 세계 200여 개국에서 8,000만 명이 수련하고 있다. 이렇듯 무도스포츠로 성장 발전할 수 있었던 것은 앞서 말한 바와 같이 국기원의 철학적 가치를 교육 중심으로 펼쳤기 때문에 가능했다고 본다. 특히 국기원에서 실시하고 있는 승품·단 심사는 태권도의 가치 '도(道)'를 세우는 이상적 체계로 교육적 효과가 매우 컸기 때문이다. 태권도가 추구하는 궁극적 가치 도(道)에 대한 해석은 앞 장에서 자세히 설명한 바가 있기 때문에 더 자세히 다루지는 않겠다. 그러나 태권도수련의 궁극적 목적이 도(道)의 이치를 깨닫고, 그 이치를 실천할 수 있는 교육 중심이 되어야 한다고 할 때, 그 이치를 깨닫도록 하는 핵심

프로그램은 승급심사 또는 승품·단 심사라는 것이다. 그렇다면 승급, 승품·단 심사가 어떻게 태권도의 도덕적 가치를 바로 세우는 프로그램 이라고 하는 것인지에 대해 살펴보도록 하겠다.

1) 승급심사와 인성

태권도 승품·단 심사에 응심하기 위해선 우선 각 도장에서 승급심 사가 먼저 이루어진다. 승급심사는 태권도수련이 시작되고 1~3개월 정도 후 첫 심사가 이루어지고, 이후 1~3개월마다 정기적으로 심사가 이루어진다. 승급심사를 통하여 부여되는 급은 9급부터 1급까지이다. 이 급수에 따라 도복 띠의 색도 달리한다. 심사는 일반적으로 학교에 서 치러지는 시험과 유사한 면이 있지만 여러 가지 면에서 다르다. 태 권도의 자격검정을 위한 절차는 시험이 아닌 심사라고 부른다. 시험과 심사는 같은 의미를 가지고 있으나 개념적으로 다른데, 시험은 그 사 람의 재능, 실력 등을 평가하기 위하여 치러지는 절차이고, 심사는 재 능과 실력에 한 가지 더 첨가한 '응심자 인성'도 평가한다는 것이다. 또 한 가지 다른 것은 심사에는 심사를 위한 의례가 존재한다. 의례(儀禮) 란 행사를 치르기 위해 행해지는 일정한 법식(法式)이다. 태권도 도장 또는 승품·단 심사장에서 반드시 지키고 행하여야만 하는 절차인 것 이다. 국가나 공공단체에서 경축일이나 기념일 등의 행사 시 하는 의 례나 절차와 유사하다고 보면 될 것이다. 따라서 태권도 승품·단 심사 시 시행하는 절차와 범절(凡節)은 매우 중요한 과정일 뿐만 아니라 태권도정신과 인성 함양을 위한 의례(의식)로서 중요한 의미를 가진다. 태권도인에게 가장 익숙한 단어는, 예시예종(禮始禮終)이다. 예(禮)로 시작하여 예(禮)로 끝난다는 말이다. 이 말은 예의를 중요한 의미로 받아들인다는 뜻이기도 하지만, 시작과 끝나는 과정의 절차를 말하기도 한다. 태권도 승급 또는 승품·단 심사의 엄격하고 절제된 절차는 응심자로 하여금 더 긴장할 수 있도록 한다. 이러한 긴장감은 뇌의 편도를 자극하여 오랜 기억으로 무의식 속에 깊이 각인된다.

국가나 공공기관 단체 등에서 치러지는 행사에는 그 행사의 성격에 맞는 의례(의식) 준칙이 있다. 이러한 준칙은 다소 경직된 절차에 따라 진행되기 때문에 참여자들에게 긴장감을 주기도 한다. 이러한 엄숙한 절차는 집단적인 정체성, 공동체 의식, 소속감 등의 요소를 확장시키는 암묵적 목적성을 가지고 있다.

대부분의 수련생은 난생처음 승급심사의 절차(의례)에 따라 대중 앞에서 평가를 받게 된다. 이때 심사에 응시한 대부분의 수련생은 승급심사 절차(의례)에 엄숙함, 대중 앞에 노출된 불편함 때문에 불안을 느낀다. 나이가 어리면 어릴수록 그 부담감은 더 높을 것이다. 아마도 그 순간 응심자 본인은 어떻게 심사에 응했었는지 기억하지 못하는 경우도 있을 것이다. 이와 같은 경험은 수련생 일생에 지워지지 않는 기억으로 깊게 각인되는데, 그 기억이 긍정적인지 부정적인지에 따라 수련생 일상생활이 다르게 나타날 수 있다. 그 원인은 뇌의 반응이다. 뇌는 현재를 인식하고 판단할 때, 과거 학습한 결과를 토대로 판단한다. 학습된 결과를 토대로 현재를 판단할 때, 일상적이거나 중요하지 않은 것들은 뇌에서 자동으로 소멸되고 특징적인 것들(위협, 분노, 슬픔, 기쁨, 만족,

행복 등)은 오래도록 기억한다. 이러한 뇌의 반응 결과는 수련생의 행동을 변화할 수 있도록 한다.

앞서 말한 바와 같이 사람은 현재를 보고 판단할 때, 지금 현재의 상태 또는 현상을 보고 판단하는 것이 아니라 자신이 가지고 있는 내적 경험치에 따라 현재 현상을 인지하고 판단한다는 것이다. 따라서 응시자가 승급심사에서 느끼고 받았던 정서적 감정은 뇌 지도에 그대로 각인되어 가정과 학교, 사회생활에 영향을 미친다. 앞서 말한 바와 같이 인간의 뇌는 오감을 통하여 받아들인 정보를 자신의 내적 지도를 바탕으로 인지하고 분석하여 행동할 수 있도록 하는 것이 뇌의 기본 과정이기 때문에 평소와 다른 특별한 자극이 감각을 통하여 들어오게 되면 뇌는 흥분하거나 스트레스를 받게 된다. 이러한 스트레스 상황은 뇌에 빠르게 각인되어 저장된다. 흥분되거나 불편한 스트레스 받았던 상황이 보다 빠르게 각인되는 것은, 이후 또다시 그와 유사한 상황이 일어날 경우, 보다 효과적이고 능동적으로 대처하기 위해서이다. 필자 역시 맨 처음 도장에서 승급심사를 보았던 장면의 기억을 50여 년이 지난 지금도 생생하게 기억하고 있다. 첫 승급심사의 엄숙한 분위기, 그 심사의 스트레스 상황, 상을 받았던 긍정적 상황을 지금도 잊지 않고 있으며, 그때의 긍정적 기억이 지금까지 태권도를 하도록 한 원인이 되지 않았나 생각된다. 이렇듯 첫 심사에서 자신의 마음을 기쁘게 하였고, 여러 면에서 매우 긍정적 피드백을 받았다면, 그 심사에서 이루어진 여러 상황과 절차들은 좋은 기억(내적 지도)으로 각인 되어 삶의 에너지로 활용될 것이다. 그러나 그렇지 못한 반대의 경우가 된다면 나쁜 기억으로 각인 되어 미해결과제로 남게 된다. 미해결과제에 대한 부분은 뒷장의 게슈탈트 이론을 통해 자세히 다루기 때문에 그 부분을 참고하도록 하고, 어찌 됐든 태권도장에서 치러진 첫 심사는 수련생에게는 오랫동안 간직될 경험임은 틀림없다. 따라서 이러한 경험치를 어떻게 잘 활용하여 바람직한 인간으로 성장할 수 있도록 하느냐 하는 것은 지도자의 역량에 달려있다고 본다.

　이 글을 이쯤 읽고 나면 사범님들은 어떻게 접목해야 하는지에 대한 궁금증이 증폭할 것이다. 그래서 승급심사가 어떻게 인성 함양에 도움을 줄 수 있는가에 대한 논의를 해보도록 하겠다. 현재 대부분의 태권도장에서는 승급심사는 서두에 밝힌 바와 같이 1~3개월에 한 번씩 정기적으로 실시하고, 그 결과는 모두 승급하여 띠를 바꾸어 주는 것으로 승급심사가 마무리된다. 승급심사에서 낙오자는 없는 셈이다. 이와 같이 매번 치러지는 승급심사는 특별한 의미 없이 승급을 위한 절차일 뿐, 승급심사가 추구하는 목적, 즉 승급심사를 통하여 수련생의 실기능력뿐만 아니라 인지 정도, 자각 정도 등도 측정하고, 측정 정도에 따라 개별 피드백 프로그램을 작성하여 교육에 참고자료로 활용하고자 하는 것이 심사의 목적이기도 하지만 대부분의 일선 도장은 승급을 위한 행사로 간주하여 행사를 위한 행사로 치르고 있다. 이렇듯 반복적으로 이루어지는 심사를 위한 심사는 수련생에게 아무런 교육 효과도 주지 못한다. 이러한 일상적 승급심사는 뇌가 특별히 반응하지 않기 때문에 단기 기억 속에 잠시 머물다 소멸될 뿐이다. 아마도 첫 심사 혹은 두 번째 심사는 그래도 얼마 동안 기억할 수 있으나 1~3개월마다 정기적으로 심사가 지속하면 심사의 특별한 기억들도 점차 사라질 것이다. 그리고 결국 심사에 대한 기억은 점차 지워지지 않을까 생각한다. 서두에 말한 바와 같이 뇌는 특별한 자극이 있을 때 기억하게 되고, 그 자극의 강도가 강하면 강할수록 장기기억으로 저장된다고 하였다. 따라서 승급심사에서 합격과 불합격이 불규칙적으로 일어나게 된다면 뇌는 승급심사 때마다 긴장감이 활성화되어 각성도가 높아질 것이다. 이러한 긴장감은 승급심사에 대한 집중도를 높일 뿐만 아니라 학습효과를 상승시킬 수 있다. 이때, 인성과 관련된 도덕교육을 승급심사 항목에 삽입하여 실행하게 된다면 매우 긍정적 효과를 얻을 수 있을 것이다.

(1) 승급심사와 인성덕목

유급자 승급심사에 반영할 인성덕목을 살펴보자. 유급자 승급심사에서는 개인의 가치 기준에 중심을 둔 인성덕목을 선택하는 것이 바람직한데, 그 선택은 수련생이 직접 선택할 수 있도록 하는 것이 효과적이다. 또한, 실천방법도 본인이 어떻게 할 것인지 계획하여 제출하도록 하는 것이 중요하다. 이러한 선택과 실천방법은 여러 덕목이 아닌 한 가지의 덕목으로 선택할 수 있도록 하고, 그 덕목에만 집중할 수 있도록 하는 것은 인성교육 효과를 극대화시키는 데 매우 중요한 요소이다.

자기 자신의 인성 덕성을 키울 수 있는 덕목을 살펴보면 극기, 정직, 인내, 책임감, 자신감, 용기, 근면, 절약 등이 있다. 이러한 덕성을 키우기 위한 선택은 앞서 말한 바와 같이 수련생 자기 스스로 할 수 있도록 하고, 사범님은 실천이 어려울 수 있는 부분을 파악하여 수련생과 상담하고, 부모님과도 상의하여 가정에서 도울 수 있는 방법을 제시하는 것이 좋다. 그리고 실천에 대한 평가는 지도자가 하는 것이 아니라 수련자 자신이 승급심사에서 스스로 평가할 수 있도록 돕고 지지한다. 평가방법은 도장의 특성에 맞도록 하는 것이 좋으나, 수련생이 상처받지 않도록 세심한 접근이 필요하며 수련생 자신이 스스로 찾아갈 수 있도록 돕고 지지해야 한다.

이러한 과정에서 반드시 수반되어야 하는 핵심과정이 있는데, 바로 부모님과의 라포(rapport) 형성이다. 대부분의 수련생은 자신의 욕구가 충족되지 않으면 스트레스를 받게 된다. 스트레스를 받게 된 수련생은 본능적으로 스트레스 상황을 회피하기 위한 방어기제가 발동하는데, 가장 먼저 태권도장 탈퇴를 생각한다. 이때 부모님의 역할이 중요하다. 수련생이 느끼는 스트레스를 안타깝게 생각하여 수련생 말에 동의한다면 수련생은 바로 다음 날부터 도장을 나오지 않을 것이다. 따라서 도장 지도자는 반드시 부모님과 충분한 상담을 통하여 교육목적을 위한 절차임을 인지시키고 협조를 부탁하는 것이 매우 중요하다.

쇠로 훌륭한 검을 만들기 위해서는 많은 담금질이 필요하듯 수련생이 세상의 이치를 깨닫고 올바른 인성을 기르기 위해서는 적당한 담금질이 반드시 필요하다. 그 담금질이란 것이 바로 승급심사에서 합격과 불합격을 교차 경험할 수 있도록 하는 것이며, 그 과정을 통하여 자기반성과 재도전 의식을 가지게 하여 실패는 하나의 과정임을 깨닫도록 하는 것이 중요하다. 수련생은 이러한 일련의 과정을 반복 학습함으로써 도전정신과 회복탄력성의 의미를 깨달을 수 있다. 그리고 그 경험치는 고스란히 가정과 학교 사회생활의 지혜로 작용할 것이다.

일부 지도자들은 승급심사의 과정에 있을 수 있는 성공과 실패에 대한 모델을 일일이 제시해 주길 원할 수 있으나, 그 과정을 일일이 열거하기보다는 각 도장과 수련생 특성에 맞도록 설계하여 프로그램화하는 것이 더 현실적이고 효과적일 수 있다.

2) 승품·단 심사와 인성

승품·단 심사는 승급심사와 큰 차이점이 없다. 그러나 다른 특성이 있다면 승급심사보다 비용과 승품·단 심사를 위한 시간 투자이다. 승급심사는 각 도장에서 학부모를 초청한 가운데 지도자의 평가에 의하여 진행된다. 그렇기 때문에 수련생과 학부모는 서로 간 신뢰가 형성되어 승급심사에서 탈락한다 해도 큰 문제를 제기하지 않지만, 승품·단 심사는 다르다. 승품·단 심사에서 탈락하게 될 경우, 그동안 승품·단에 응시하기 위한 절차, 진행과정, 승품·단 심사까지 심사를 위해 투자된 시간과 비용이 만만치 않아 문제가 된다. 하지만 승급심사 과정에서 이미 트레이닝 되었다면, 그 부담은 최소화할 수 있을 뿐만 아니라 앞서 승급심사 과정과 같은 교육목적으로 피드백 받을 수 있다. 그렇다 해도 승품·단 심사 탈락은 그리 간단한 문제가 아니기 때문에 보다 세밀한 프로그램의 준비가 선행되어야 한다.

승품·단 심사는 준비과정에서부터 탈락을 염두한 프로그램을 준비해야 한다. 어떻게 보면 합격을 목표로 모든 프로그램이 준비되어야 하는 것은 당연하나, 교육목적을 위하여 탈락의 경우를 대비한 프로그램 준비는 매우 중요한 과제일 수 있다.

승품·단 심사 탈락의 경우 가장 염두해 두어야 할 문제는 첫째, 승품·단 심사비 문제, 둘째, 재응심 절차문제, 셋째, 탈락의 경우 교육효과와 연결될 수 있도록 프로그램을 준비하는 것 등이다. 이와 같은 문제는 승품·단 심사 전, 심사 대상자 부모와의 상담을 통해 충분한 교감이 형성되었을 때 가능하다. 이러한 과정은 불합격 시를 대비한 것만은 아니다. 승품·단 심사에 합격되었을 경우, 효과를 더욱더 극대화하기 위한 하나의 포석이라고 생각하면 될 것이다. 이러한 일련의 절차는 승품·단 심사뿐만 아닌 다양한 수련 과정에서 있을 수 있는 모든 과정에 적용된다.

승급심사 과정에서 수련생 자신의 도덕 가치를 높이기 위한 인성덕목을 기준으로 승급심사를 진행하였다면, 유단자는 가정과 사회도덕 가치에 기준을 둔 인성덕목을 중심으로 인성덕목 프로그램을 준비해야 한다. 사회적 가치의 인성덕목은 효, 존중, 배려, 신용, 용서, 협동, 준법정신, 정의, 공평, 평등, 봉사, 사랑 등이 있는데, 승품·단 심사가 1~5년까지의 기간이 소요될 수 있다는 점을 고려하여 인성덕목을 단별 급별에 맞도록 프로그램을 준비할 필요가 있다. 프로그램은 유급자 프로그램과 동일하게 수련생 자신이 목적과 목표를 설정할 수 있도록 하고, 목적 달성을 위한 세부프로그램도 스스로 준비할 수 있도록 하는 것이 바람직하다. 이러한 일련의 절차는 시간과 기간에 구애받지 않도록 하는 것이 교육목적 달성을 위하여 효과적이다.

승품·단 심사 합격했을 경우, 인성교육 효과를 높이기 위한 프로그램으로 아래 내용을 참고할 필요가 있다.

(1) 승품·단 심사에 합격했을 경우의 예시

① 품·단증 수여식을 엄숙한 절차에 따라 부모님을 모신 가운데 진행한다.

② 품·단증 수여식을 통하여 수련자가 만족감과 행복함을 충분히 느낄 수 있도록 한다.

③ 승품·단 심사를 위한 수련 시 어려움을 극복했던 사례를 기념패로 만들고, 품·단증 수여식에서 낭독하도록 한다.

④ 승품·단 극복 과정을 생활신조 또는 강령으로 만들도록 한다.

⑤ 위 모든 과정이 잊지 못할 추억이 될 수 있도록 준비한다.

⑥ 도복 또는 도복 띠 등에 승단 표식을 달아준다.

(2) 승품·단 심사 불합격했을 경우의 예시

① 승품·단 심사 불합격은 자신의 문제임을 인식시킨다.

② 실패는 성공으로 가기 위한 과정일 뿐 실패가 끝이 아니라는 것을 인식시킨다.

③ 부모님 또한 응원할 수 있도록 상담한다.

④ 실패에 대한 원인을 자신 스스로 찾도록 돕고, 승품·단 심사의 성공을 위한 행동강령을 만들도록 한다.

⑤ 지도자는 상담코칭을 통하여 수련생 자신에게는 충분히 성공할 만한 능력이 있다는 확신을 심어준다.

이미 도장에서 승급심사에서 탈락했던 경험을 가지고 있는 수련생이라면 승품·단 심사에서 탈락은 큰 문제가 아닌 하나의 과정임을 인식하고 다시 도전할 수 있는 회복탄력성을 가지겠으나, 그렇지 못한 경우 많은 어려움이 있을 수 있다는 점을 고려하여 앞서 말한 프로그램들을 준비할 필요성이 있다.

승품·단 심사를 탈락했을 경우 아무리 좋은 프로그램을 준비하여 대비하였다 하여도 수련생의 성격성향에 따라서 받아들이는 충격의 양은 달라질 수 있다. 이러한 점을 고려한다면 다음 장 성격성향분석 방법을 활용하여 성격성향에 맞는 프로그램을 준비하는 것 또한 좋은 방법일 수 있다.

수련생의 인성교육 차원에서 승급심사에서 탈락의 위기를 겪게 하는 것은 매우 효과가 높다. 그러나 만만치 않은 저항이 있을 수 있다는 점을 고려하여 부모님과의 충분한 상담은 필수라는 것은 다시 한 번 명심해야 한다. 앞서 밝힌 바와 같이 인간은 오감을 통하여 정보를 받아들이고 해석할 때, 자극적이지 않은 정보는 빨리 폐기처분한다는 점을 잊지 말아야 하고, 만약 자극적이지 않다면 반복·숙달을 통하여 학습될 수 있도록 해야 한다는 것을 잊지 말길 바란다.

PART
3

인성 발달과 성격 형성

연령에 따른 인성 발달
성 격

01
연령에 따른 인성 발달

1) 도덕성 발달

인성은 태내기부터 시작하여 출생 후, 일생 동안 발달이 이루어진다. 전 생애에 걸쳐 인성 발달이 이루어지지만, 인성 발달에 가장 큰 영향을 미치는 시기는 영유아기다.

유아기와 아동기 아이들은 부모의 의도적 도덕성 교육에 따라 인성의 자질을 갖게 되지만 반드시 교육에 의해서만 도덕성 교육이 이루어진다고는 볼 수 없다. 유아기와 아동기의 어린이들은 부모를 모방하거나 부모와 동일시함으로써 자신의 도덕성을 성장시켜 나가기도 한다.

도덕적 사고는 부모와의 정서적 유대감, 학습, 문화의 영향에 따라 결정된다. 대부분의 심리학자와 교육자들은 도덕적 발달을 인지 발달과 일치하는 합리적 과정이라는 피아제와 콜버그의 견해를 따른다.

도덕은 동양과 서양에서 해석하는 방법이 약간 차이가 있다. 동양에서는 인간 본성의 발원에서부터 대인관계와 사회관계까지를 모두 포함한 포괄적 도덕개념을 말하고 있지만, 서양에서는 대인관계와 사회관계 안에서 도덕개념을 다룬다. 동양의 도덕적 사상은 앞서 도(道)를 다룰 때 언급된 부분이 있어 이번 장에서는 생략하기로 하고, 서양의 현대적 도덕이론 학자 피아제와 콜버그 도덕이론을 중심으로 설명하고자 한다.

(1) 피아제 도덕성 발달이론

피아제(Jean Piaget)의 인지 발달이론에 관한 연구를 보면 도덕적 성숙은 일정한 방향으로 단계에 따라 발달하게 된다고 한다. 비록 발달의 정도는 환경의 영향과 인지 발달의 다양성 때문에 사람마다 거치는 시기는 다를 수 있으나 순서는 항상 같다는 것이다. 피아제는 아동의 인지 발달과정을 연령에 따라 감각운동기, 전조작기, 구체적 조작기, 형식적 조작기로 나누고 그 시기마다 발달하는 인지적 사고의 수준이 다르다는 것을 연구를 통하여 밝혀낸 것과 동일하게 도덕적 사고 또한 연령과 지적 수준에 따라 인지 정도가 다르게 발달한다고 주장하였다. 피아제는 아동들이 가장 많이 즐기는 놀이게임의 규칙을 어떻게 생각하고, 어떻게 지키며, 어떻게 행동하는지를 분석하고자 4~13세의 아동을 대상으로 도덕적 성숙도 검증을 실시한 연구결과를 제시하였다.

도덕개념의 1단계: 전도덕기(3~4세)

관점: 이 시기의 아동은 정해진 규칙을 완벽하게 이해할 수 없고, 규칙에 맞도록 하는 것이 옳은 것인지 그른 것인지도 판단하는 것이 불가능하다. 아동들은 자신의 개인 환상이나 욕망에 따라 놀이를 수행할 뿐이다.

도덕개념의 2단계: 강제적인 도덕성·타율적 도덕성(5세~10세)

관점: 이 시기의 아동은 옳고 그름의 이분법적 사고를 통해서 행동을 평가한다. 그리고 모든 사람이 자기와 같은 생각을 하고 있다고 믿는다.

의도성: 행동 이면의 동기를 살피지 못하고 결과론적 판단을 한다.

규칙: 규칙은 두렵고 변경할 수 없는 것으로 생각한다.

벌: 엄격하고 속죄적인 벌을 좋아한다. 벌이란 행동의 잘못됨을 정의하는 그 자체로 본다.

내재적 정의: 도덕적인 법과 물리적인 법에 대하여 혼동한다. 나쁜 행동 후에 일어나는 신체적인 사고나 불행을 신이 내린 벌이라 생각한다.

도덕적 개념의 3단계: 협동도덕심·자율적인 도덕성(11세 이상)

관점: 아동은 타인의 생각을 고려할 수 있다. 판단할 때도 절대적 판단은 하지 않는다. 하나 이상의 가능성을 볼 수 있다.

의도성: 결과적 판단에서 벗어나 동기나 의도성을 판단한다.

규칙: 규칙은 사람이 만든 것이기 때문에 규칙을 변경할 수도 있다고 판단한다.

벌: 자신의 행동이 왜 나빴는지를 알 수 있도록 설명하고, 스스로 반성을 통하여 행동을 수정할 수 있도록 하는 방법의 벌을 좋아한다.

내재적 정의: 자연적인 불행과 벌을 혼동하지 않는다.

① 아동의 규칙과 실제

제1단계: 운동 활동

아동은 구슬들을 가지고 개인적인 방식으로 놀이를 한다.

제2단계: 이기주의(2~5세)

규칙에 관하여 일반적인 생각을 가지고 있으며, 규칙에 따라 놀이를 하고 있다고 생각하고 있으나 실제로는 자신만의 방식으로 놀이를 할 뿐이다.

제3단계: 협동 초기 단계(7~8세)

규칙을 지켜 게임에서 이기려고 노력하지만 여전히 게임의 규칙에 대한 확신이 없으며, 자기 나름의 해석들을 한다.

제4단계: 성문법의 단계(약 11~12세부터)

게임의 과정과 규칙을 정확하게 알고 게임을 할 수 있다.

② 규칙에 대한 아동들의 사고

1단계: 절대주의(4~7세)

규칙은 의무적이지 않다고는 생각하지만, 규칙을 변경하거나 규칙을 지키지

않는 것에 대하여 두려움을 가진다.

2단계: 강제적 도덕성(7~10세)

자신보다 나이가 많은 사람들에 대한 존중심 때문에 스스로 구속을 받는

다. 규칙에 있어서도 변화를 받아들이길 거부한다.

3단계: 협동의 도덕성(10세 이후)

규칙은 상호만족에 기인한 법칙으로 본다. 이때부터 부모나 나이 많은 사람들

에 생각을 절대적인 것으로 여기지 않는다. 자신을 타인과 동등하게 본다. 규

칙은 사람이 만들었기 때문에 규칙을 바꿀 수도 있다고 생각한다[01].

피아제는 아동들이 옳고 그름의 문제를 판단할 때 인지 발달의 영
향을 받고 있다고 보았으며, 논리적 추론 능력이 발달하기 전 아동은
권위 있는 어른과 사회로부터 습득된 규칙을 맹목적으로 따르지만,
10세 이후의 아동들은 논리적 추론 능력이 발달함에 따라 옳고 그름
을 판단한다. 또한, 이 시기 아동은 어른의 규칙이 아닌 소속되어 있는
또래 집단과의 관계 내에서 상황을 인지적으로 판단할 수 있게 된다.
이처럼 피아제는 아동의 도덕적 판단이 규칙에 대한 타율적 수용의 단
계에서 협의를 통해 변경한 규칙에 존중심을 가지고 내재화하는 자율

01_ 주건성(2016). 인성이 미래다. 골드닷컴출판사

성의 단계로 발달한다고 보았다[02].

(2) 콜버그 도덕성 발달이론

콜버그(Lawrence Kohlberg)는 피아제의 도덕성 이론에 감명받아 독자적인 도덕성 발달이론을 구축하였다. 콜버그는 아동의 도덕 판단이 일정한 단계를 거치면서 발달된다는 피아제의 주장에 동의하면서 윤리적 행동을 기반으로 하는 도덕적 추론이 여섯 단계의 정해진 발달구조단계를 가진다고 하였다. 도덕성 발달은 각각 단계마다 도덕적 딜레마에 처했을 때, 적절한 대처를 하면서 인간의 도덕발달단계가 진행된다고 하였다.

콜버그의 도덕적 발달 6단계의 기본 개념[03]

제1수준 (현실적 개인 조망)	전 도덕적 단계 4~9세	· 외부 통제에 중점을 두고 타인의 규준이 행동 표준이 된다. · 도덕적 행동을 하는 것은 상을 받거나 벌을 피하기 위한 것이다.
	제1유형	· 자기와 타인이 다르다는 것을 이해하지 못함 · 벌과 복종 지향적이다. 벌을 피하기 위하여 타인의 규칙을 따른다.
	제2유형	· 자신이 필요한 욕망을 만족시키기는 것을 극대화하고 자신의 부정적 결과를 최소화하기 때문에 실용적 경향이 강함 · 도구적 목적과 교환의 행동을 한다. (네가 주었으니 나도 준다)
제2수준 (사회구성원 조망)	인습적 (사회관습) 단계 10~13세	· 타인을 기쁘게 해주고자 한다. 아직 타인의 기준을 따르기는 하지만 이타적 도덕성이 어느 정도 내면화된다.
	제3유형	· 상호관계와 타인을 인정한다. · 타인의 의도를 파악할 수 있고, 착한 사람이 어떤 사람이라는 것에 대하여 자신의 생각을 발달시킨다.
	제4유형	· 사회적 제도에 관심을 가지고, 의무를 이행하고, 권위를 존중하고 사회질서를 유지하는 사회적 질서에 관심을 가진다.

02_ 권기선(2018). 피아제 도덕성발달 이론에 대한 개혁주의 교육학적 비평, 총신대학교 교육대학원 석사학위논문

03_ 주건성(2016). 인성이 미래다. 골드닷컴출판사

	자기수용적 원리의 도덕성 14세~성인 초기	· 도덕성을 완전히 획득한다.
제3수준 (사회 선행 조망)	제5유형	계약과 개인의 권리, 민주적으로 수용된 법칙의 도덕성, 다수의 의지와 사회복지에 가치를 두면서 합리적 사고를 한다. 인간의 법 사이에는 갈등이 있을 때가 있다는 것을 인식하지만, 법을 준수하는 것이 결국에는 좋은 사회를 만든다는 것을 믿는다.
	제6유형	최상의 윤리의식과 도덕성으로, 제도나 법의 제약보다 인간의 도리에 가치를 두고 옳다고 생각하는 것을 행동으로 실천한다.

콜버그 도덕성 발달단계 모형

콜버그는 인간이 도덕적으로 성숙해감에 따라 인지적 재구조화와 재질서화가 일어난다고 했다. 이 말은 콜버그 도덕적 발달단계 상위자극에 따라 갈등을 해결하는 과정을 통하여 기존 도덕개념의 인지구조를 발달시켜 나간다는 것이다. 그러나 차상위 단계보다 더 높은 단계 논증으로부터는 도덕적 추론의 자극을 받지 못한다는 것이다. 다시 말해 도덕적 발달단계 바로 위 단계의 자극에는 인지구조를 발달시켜 도덕

개념을 재구조화하지만 그 이상의 위 단계에서는 도덕개념을 재구조화하지 못한다. 따라서 나이와 수준(콜버그 발달단계)에 맞는 도덕교육을 했을 때 도덕교육의 효과를 기대할 수 있다.

콜버그의 도덕적 발달 6단계

콜버그의 도덕성 발달단계		
	1단계 ➡	야단맞지 않음
	2단계 ➡	원하는 걸 함
	3단계 ➡	착한 아이
	4단계 ➡	사회질서, 권위복종
	5단계 ➡	민주적 법률
	6단계 ➡	보편적 가치

콜버그는 위와 같은 장면을 가정하고 도덕 판단력이 출현했을 때, 딜레마를 가지고 고민하는 것이 바로 도덕 판단의 과정이며 여기에서의 결론이 바로 그 사람의 도덕 판단 능력의 수준이 되는 것이라고 하였다. 아래 딜레마 장면을 '하인즈 딜레마'라고 명명하고 이런 상황에서 연령별 아동에게 도덕적 판단을 하도록 요구하고 그렇게 판단하게 된 이유를 물어서 도덕적 근거로 삼았다.

"유럽에 특수한 종류의 암을 앓아 죽음이 임박한 하인즈 부인이 있었다. 의사가 그 부인을 구할 수 있는 단 하나의 약이 있었는데, 그 약은 최근에 그 마을의 약제사가 발견한 라듐 종류였다. 그 약을 만드는 데에도 값이 비싼 편인데 약제사는 제조비 대가로 열 배나 더 요구하였다. 그는 라듐 재료에 200달러, 그리고 거기에다 그 약 한 알에 2,000달러를 더 요구하였다. 하인즈 부인의 남편 하인즈는 아는 사람을 모두 찾아가 돈을 빌렸으나 약값의 절반인 1,000달러밖에 구하지 못하였다. 그는 약제사에게 가서 아내가 죽어가고 있으니 그 약을 싸게 팔거나, 뒷날에 갚게 해달라고 부탁했다. 그러나 약사는 "안돼요. 나는 오랜 세월 매우 힘들게 이 약을 발견했으니 돈을 벌어야겠소."라고 말했다. 그러자 하인즈는 절망하게 되어 마침내 약방을 부수고 들어가 아내를 위해서 약을 훔쳤다. 하인즈는 과연 그렇게 해도 되었을까[04]?"

콜버그는 위 상황을 전제로 아이들에게 하인즈가 한 행위에 대하여 도덕적 문제를 말하도록 하였다. 만약 1단계에 인지적 도덕성을 갖고 있는 아동이라면 하인즈가 한 행위는 무조건 하인즈가 약을 훔친 것은 나쁘다고 한다. 그 이유는 "법에 어긋나니까", "훔치는 것은 나쁘니까" 더 자세히 물어본다면 훔치는 것은 "벌 받을 것이기 때문에" 나쁘다고 했다. 2단계 도구적 상대주의 도덕성을 가진 아동들은 "하인즈는 아내를 구하기 위하여 약을 훔친 것이 정당하다고 하겠으나, 약제사의 입장에서는 나쁘다고 생각할 수 있다."라고 말한다. 즉 각자의 욕구와 쾌락에 따라 상대적 쾌락주의로 결정한다. 이 단계는 기본적으로 '내 것'부터 챙기고 그다음 상대를 살핀다는 것이다. 1단계와 2단계를 구별해 보면 1단계는 아동에게 옳음은 고통을 회피하는 개념으로 이해하고, 2단계 아동은 이익을 따르는 긍정적인 결과로 이해한다. 3단계에선 도덕이란 타인과 좋은 관계를 유지하는 것으로 칭찬받고 싶어 하고

04_ 박보라(2011). 콜버그의 인지적 도덕발달 이론에 대한 비판적 분석. 중앙대학교 교육대학원 석사학위논문

타인을 기쁘게 해주고 도와주려는 방향으로 생각하고 행동한다. 이 단계에서 행동은 동기에 의해 판단되는 경우가 많다. 규칙과 역할의 목적을 이해하고, 행동의 결과와 그 행동의 의도를 잘 이해한다. 예를 들어 아동들은 "하인즈는 생명을 구하려고 애썼다", "아내를 사랑했다", "절망적인 것은 도둑질을 하게 된 유일한 이유이다."라고 강조한다. 이 단계의 아동은 착한 소년·소녀를 지향하는 단계로 감정이입이 되는 단계이기도 하며, 개인보다는 집단적 인습 수준에 의해 판단한다. 4단계에서 아동은 "하인즈는 아내를 사랑했으나 매우 곤란하여 약을 훔쳤으면 약값을 치르고 감옥에 가야 한다. 그 이유는 법은 사회조직의 결정이기 때문에 존중되어야 하기 때문이니까."라고 대답했다. 4단계 아동들은 사람은 사회구성원의 한 사람으로 보고 모든 사람은 법에 따라야 한다고 생각하여 사회 도덕적 의무와 갈등을 일으킬 때 법 준수가 더 중요하다고 생각한다. 5단계 아동들은 사회적 관계에서 개인의 권리가 존중되어야 하며 법이란 상호 합의에 의해 만들어진 것이기 때문에 변화될 수도 있다고 생각한다. 따라서 하인즈는 아내를 살리기 위하여 한 행위이므로 법적으로는 문제가 될 수 있으나 도덕적으로는 문제가 되지 않으며, 법은 사람을 위한 법으로 하인즈가 처해있던 상황을 이해할 필요가 있다고 말한다. 6단계는 양심의 결단으로 정의된다. 6단계 수준의 아동은 하인즈는 아내를 위해 도둑질할 권리는 없지만, 보다 상위의 도덕적 권리를 가지고 있다고 말한다. 즉, 모든 개인은 절대적 가치를 가지고 있고, 모든 생명은 나름의 고유의 가치를 가지고 있기 때문에 존중되어야 하고, 그 고유의 가치는 보편적 원리로서 누구에게나 적용되어야 한다고 말한다. 6단계의 도덕적 가치 기준은 종교

인, 철학자, 정신적 지도자들에게서나 가지는 도덕적 가치로서 일반적
이지 않다[05].

도덕성 발달에 대한 피아제와 콜버그의 연구는 인성교육현장에서 많
은 시사점을 가지게 한다. 일선 도장에서 수련하는 수련생 대부분은
유치원생과 초등학생이 대부분이다. 이러한 저연령대의 수련생을 대상
으로 인성과 관련된 도덕성 교육을 하고자 할 때, 수련생이 받아들일
수 있는 수준의 도덕성 교육이 되어야 한다는 것이다. 앞에서 설명한
이론들의 단계들을 참고하여 아동의 인지 발달 수준에 맞도록 교육하
는 것이 인성교육의 핵심이다.

(3) 도덕적 행동의 동기

도덕은 개인마다 추구하는 가치가 다르다. 어떤 사람은 자신을 우선
시하고, 어떤 사람은 가족을, 어떤 사람은 소속집단을 먼저 생각한다.
이러한 가치 기준은 도덕적 행동과 판단의 기준을 다르게 적용하는 요
소로 작용한다. 다시 말해 도덕의 가치 기준을 정하는 내적 동기를 어
디에 두는가에 따라 행동이 다르게 나타날 수 있다는 것이다. 동기는
매우 다양한 의미를 함축하고 있기 때문에 도덕적 동기의 기준을 어디
에 둘 것인가가 중요하다. 도덕적 동기의 기준은 나와 남, 그리고 우리
라는 구도를 넘어 공정과 공감에 두어야 한다. 도덕이라는 것은 나와
남, 우리라는 구도를 넘어선 기준으로서 그 가치는 공정함은 물론이고
우리 모두가 공감해야 하는 기준으로 동기화되었을 때 그 가치가 인정

05_ 박보라(2011). 콜버그의 인지적 도덕발달 이론에 대한 비판적 분석. 중앙대학교 교육대학
　　원 석사학위논문

받을 수 있기 때문이다. 따라서 지도자는 도덕교육에 있어서 공정을 기준으로 공감을 이끌어낼 수 있는 도덕교육의 가치를 세워야 한다.

(4) 도덕적 행동과 인성

도덕적 인성은 자신이 하고 있는 옳은 행동으로 그 가치가 나와 남, 우리를 위하여 의미 있는 행동이라는 신념을 잃지 않고 행동으로 옮기는 용기일 것이다. 도장의 수련생 연령이 어리다면 앞서 피아제와 콜버그의 도덕 발달이론에서 보았듯이 인지능력의 미확장으로 스스로 판단하기는 어려우나 사범의 지속적인 도덕성 반복학습 과정을 통하여 신념을 가질 수 있도록 깨우침을 주는 것은 도덕적 인성을 완성하는 길이다.

도덕교육이 자칫 형식에 그쳐 칭찬, 격려, 보상을 위한 과정으로 전락해서는 안 된다. 일부 도장에서는 도덕적 행위 또는 과정에 대한 보상으로 달란트제도를 사용하여 도덕적 행위를 증가시키고자 하는데, 잘못 적용하면 보상을 위한 도덕교육으로 전락하여 도덕교육의 본 취지가 소멸될 수 있다는 점을 간과해서는 안 된다.

(5) 도덕교육의 원리와 방법

도덕성 교육은 대부분 지도자가 도덕성 주제에 대하여 설명하고 해결 방법을 제시하고 따르도록 하는 고전적 방법으로 도장에서 교육하고 있다. 이러한 도덕성 교육은 교육을 위한 교육이 될 수 있어 그 상황에 직면하게 되면 적용에 문제가 있을 수 있다. 사례를 경험해 보지 못하고 개념으로 이해한 도덕성 교육은 실제적 다양한 상황에서 그 효과를 보장하기 어렵다. 또한, 앞서 말한 바와 같이 도덕적 행위를 보상 받기 위한 교육으로 전락될 요소가 많기 때문에 도덕성 교육은 사례교육을 통하여 깊이 있게 접근할 수 있도록 하는 것이 효과적이다. 이러한 사례교육은 직접 경험하는 것이 아니라 가상적 상황에서 자신이 도덕적으로 선택할 수 있는 방안을 제시하고 토론하도록 하는 것이다.

콜버그는 도덕성 교육에 효과를 높이기 위하여 앞서 말한 가상적 경험을 통해 도덕성 교육의 효과를 높이기 위하여 '도덕적 딜레마' 교육을 고안하고 시행하였다. 도덕적 딜레마는 아동으로 하여금 심각한 생각에 몰두하도록 하는 것이다. 앞서 논의한 하인즈 딜레마 상황인 것이다. 이러한 딜레마 상황은 두 개의 관련된 규범에 있어 이렇게 할 수도 있고, 저렇게 할 수도 있는 상황이다. 여러 개의 동등한 가치를 지니는 해결방안에 대한 피할 수 없는 갈등의 상황에서 갈등을 해결하기 위한 모순되고 공존할 수 없는 대안 중 선택하게 하는 것이다. 이러한 모순성과 대립성을 이해할 때 비로소 하나의 사건을 갈등상태로 인식하게 되는 것이다. 물론 이러한 딜레마 상황은 가상적인 것으로서 이야기로 들려주어 알게 한 후 몇 가지 질문을 던져 아동끼리 토론을 해보도록 함으로써 아동들이 '생각'에 몰두하도록 유도하는 것이다. 이러한 방법은 도덕성 교육 이외에도 아동으로 하여금 호기심과 사고력을 높이는 한 방법이기도 하다[06].

06_ 박보라(2011). 콜버그의 인지적 도덕발달 이론에 대한 비판적 분석. 중앙대학교 교육대학원 석사학위논문

① 딜레마 수업의 지도자 역할[07]

지도자는 도덕적 딜레마의 주제를 선정할 때 몇 가지 필수적 요소들이 존재한다.

가. **초점**: 딜레마의 상황은 아동들의 삶이나 수업내용 혹은 사회에 초점을 두어야 한다.

나. **중심인물**: 딜레마에는 딜레마가 초점을 유지하고 있는 중심인물이나 주요 집단이어야 한다. 아동들은 중심인물이 어떻게 해야 하는가에 대한 도덕적 판단을 해야 한다.

다. **선택**: 이야기 상황은 중심인물의 선택을 포함해야 한다. 딜레마 속에서 중심인물은 명확한 갈등을 나타내는 두 가지 행동 가운데 하나를 선택한다. 각 딜레마 이야기는 중심인물의 실제적 갈등을 포함해야 한다.

라. **도덕적 쟁점**: 도덕적 딜레마는 핵심이 되는 도덕적 쟁점들을 중심으로 해야 한다. 사회적 규범, 소유관계, 시민의 자유, 개인의 양심, 처벌, 권위, 삶, 진리 등이 여기에 속한다. 토의에 참여하는 아동들은 딜레마 상황에서 어떠한 쟁점에 초점을 맞추려 할 것이고, 이때 토의의 유도자인 사범은 이야기 속의 각각의 도덕적 쟁점에 관련된 적절한 질문을 하기 위한 준비를 갖추어야 한다.

마. **해결방안**: 각각의 도덕적 딜레마는 등장인물이 그러한 상황에서 '어떻게 해야 할 것인가?' 하는 특별한 질문으로 끝나야 한다. 해결방안에

07_ 김경미(2005). 콜버그의 도덕성 발달이론의 교육적 적용. 중앙대학교 교육대학원 석사학위논문

대한 질문은 딜레마 내용의 도덕적 판단을 중심으로 토의를 진행시키게 해준다.

바. **해결 실패에 대한 방안 마련**: 논쟁이 되지 못할 상황을 염두한 대안 마련을 해놓아야 한다.

위와 같은 딜레마 상황은 연령과 품·단을 충분히 고려한 내용이어야 한다는 것을 명심할 필요가 있다. 그리고 사범은 논의의 선도자로서 갈등상황에서 탐색적인 질문을 사용하여 수련생들의 도덕적 추론을 이끌고 상호 간 의견을 촉진시켜야 한다. 그리고 수련생들이 딜레마 주제에서 벗어나지 않도록 하고, 또한 중단되지 않도록 해야 한다. 교육학자 Reimer[08]는 기본적 발문 종류를 다음과 같이 정리했는데, 이것을 태권도수련생에 대입하여 정리해 보면 다음과 같다.

첫째, 도덕적 문제를 강조하는 질문으로서 보통 이 질문들은 수련생들에게 사태를 갈등의 해결, 또는 선택을 요구하는 딜레마로서 인식할 수 있도록 도와야 한다.

둘째, 이유를 묻는 질문으로 수련생들에게 그들이 문제의 도덕성을 취한 입장을 지지하는 이유를 설명할 것을 요구한다. 이러한 질문에 대답하게 함으로써 수련생들 간에 다른 입장이 있다는 것을 알 수 있도록 기회를 제공한다.

셋째, 수련생들이 동일한 대답을 할 때, 지도자는 딜레마를 보다 복잡한 상황에 직면하도록 한다.

08_ Reimer, J. "A Structual Theory of Moral Development", Moral Development, TIP, Vol. XVI, No.2, April, 1977.

넷째, 지도자는 자신의 경험을 상황에 대입시켜 아동들이 관심을 가지고 집중할 수 있도록 한다. 이런 방식은 개인적인 사례에 대한 질문과 답변으로 토의가 거듭될수록 딜레마 내용을 자신을 투영시켜 자신의 경험치를 자연스럽게 말할 수 있게 된다.

다섯째, 실제적 문제와 가설적 문제를 교대로 사용했을 때보다 더 도덕성의 확장을 가지게 한다[09].

위의 내용과 유사하지만 교육학자 허쉬(Hersh)[10]는 콜버그의 이론을 더욱 공고히 했다. 성공적 딜레마교육을 하기 위하여 지도자가 해야 할 일곱 가지를 제시하였는데, 이 일곱 가지 또한 태권도지도자에게 맞도록 적용하여 제시한다면 아래와 같다.

첫째, 지도자는 발달론적 관점에서 도덕갈등을 이해해야 하고, 연령에 따라 도덕갈등이 다르게 나타난다는 것을 알아야 한다.

둘째, 지도자는 도덕 성장을 진작시킬 수 있는 요소를 이해해야 한다. 즉, 수련생들이 갈등을 주인공의 관점에서 경험해 보게 역할 채택 능력을 자극해야 한다.

셋째, 지도자는 도덕문제를 인식하는 능력을 발달시킨다. 즉, 다양한 도덕 딜레마를 경험할 수 있도록 가설적인 딜레마와 실생활 딜레마를 고루 사용하여 수련생들이 도덕문제를 다양하게 인식할 수 있도록 하고, 또한 도덕인식을 고조시키기 위해 도장에서의 일상적 테마를 이용하는 것이 효과적이다.

09_ 김경미(2005). 콜버그의 도덕성 발달이론의 교육적 적용. 중앙대학교 교육대학원 석사학위 논문
10_ Hersh,R.H., Paobert, D.P., Reimer,J.(1979), Promoting Moral Grow, New York : LongmanInc

넷째, 지도자는 두 가지 질문 전략을 개발한다. 하나는 도덕문제를 부각시켜 이유를 묻고, 그리고 상황을 더 복잡하게 만들어 사적이면서도 자연스러운 예를 활용하여 실제적 문제와 가설적인 문제를 번갈아 사용하여 좀 더 개방적인 의견을 이끌어낼 수 있는 질문 전략을 개발하여야 한다.

다섯째, 지도자는 협조적이고 우호적인 도장 분위기를 만든다. 외형적 좌석 배치, 효과적인 그룹 조직을 통해 다른 사람의 의견을 경청하고 자신의 의견을 발표할 수 있는 분위기를 조장하여 수련생 간의 상호작용이 활발히 일어날 수 있도록 한다.

여섯째, 지도자는 실천의 어려움을 예상해야 한다. 수련생들 간에 일어나는 압력의 영향을 예상하고, 권위 역할을 검토하여 인지갈등의 효과를 이해한다. 그리고 때때로 실패를 받아들인다.

일곱째, 지도자는 수련생들과 같은 인지적 갈등을 함께 경험한다. 딜레마토론 과정에서 학생들이 인지적 갈등과 새로운 관점에 직면하는 것처럼, 지도자 자신도 이런 경험을 겪게 되는데, 이 과정에서 지도자 또한 좌절을 경험한다. 이 또한 지도자의 도덕적 인식의 통찰력을 성장시키는 계기로 삼아야 한다[11].

② 도덕적 딜레마 수업 모형

지도자는 도입단계에서 오늘의 딜레마 주제에 대하여 설명하고, 딜레마 내용을 전달한다.

11_ 육숙자(1999). 도덕적 판단수준 향상을 위한 딜레마 토론의 적용에 관한 연구. 서울대학교 대학원 석사학위논문

	딜레마 상황 예시
1	어머니가 집에 없을 때 부엌에서 먹을 것을 훔치려다 물컵 하나를 깨뜨린 영수와 부엌문 뒤에 그릇이 있는 줄 모르고 실수로 많은 그릇을 깨뜨린 영태 중 누가 더 나쁜가?
2	길동이는 형이 같은 도장에 다니는 친구의 돈을 빼앗는 것을 보았다. 친구를 위해 형의 잘 못을 부모에게 말해야 할까? 아니면 형을 생각해서 모른 척해야 할까?
3	동생의 아이스크림을 조금 빼앗아 먹어서 동생을 울도록 한 영희와 동생이 주는 아이스크 림을 한입 받아먹으려다 실수로 아이스크림을 바닥에 떨어뜨려 못 먹게 되어 동생을 울린 영식이 중 누가 더 나쁜가?
4	우리 아파트는 개를 키울 수 없다. 개를 기르게 되면 강제로 이사를 가야 한다. 그런데 영 희가 개를 너무 좋아해서 영희네 집에서 몰래 개를 키우고 있다. 그런데 개를 키우는 것을 나만 알고 있다. 영희는 나에게 누구에게도 말하지 말라고 한다.
5	친한 친구 영남이는 공부를 잘하는 편이었다. 그러나 아빠의 사업 실패로 가정형편이 안 좋아지면서 영남이 성적도 좋지 않기 시작했다. 아빠는 사업 실패로 병들어 병원에 계신 데, 상태가 많이 안 좋아 곧 돌아가실 것 같다. 그런데 아빠의 소원이 영남이가 공부를 1등 하는 것이다. 2주 후면 기말고사가 시험이 있는데 영남이는 나에게 부탁한다. 네 시험지와 내 시험지를 바꿔서 한 번만 내가 1등 할 수 있도록 해달라고.
6	친구 영순이는 나와 함께 길을 걷다 돈 50만 원을 주웠다. 영순이는 그 돈으로 나에게 맛 있는 것도 사주고 10만 원을 주면서 주운 돈에 대해 아무에게도 말하지 말라고 한다.

위와 같은 딜레마 상황을 영상, 만화, 이야기를 통하여 수련생들이 참여하고 토론할 수 있도록 구성하고, 그 상황의 딜레마를 통하여 자신의 도덕성과 타인의 도덕성을 확인하고 비교할 수 있도록 한다.

"여러분은 이러한 상황에서 어떻게 할 것인가요?", "여러분이 옳다고 생각하는 것이 무엇이고, 옳지 못하다고 생각한 것은 무엇인가요?", "이 상황에서 여러분은 어떻게 행동할 것인가요?", "위 이야기에서 중요한 도덕적 문제는 무엇이라고 생각 하나요?", "그렇게 생각하는 이유를 말해보세요." 이러한 질문을 통하여 보다 구체적인 도덕성 판단능력을 발달시킨다. 지도자는 도덕성 상황에 대한 민감성 및 판단 능력을 높일 필요성이 있다고 판단될 때에는 상황을 더 복잡하게 만들고 실제적 문제와 가설적인 문제를 번갈아 사용하여 좀 더 개방적인 의견을 이끌어낼 수 있도록 한다.

현재 도장에서 일반적으로 하는 지시적 도덕교육 또는 인성교육은 그 의미전달력이 약할 뿐만 아니라 사고력 증진에 도움을 주지 못한다. 따라서 도덕성 교육과 인성교육을 할 경우, 수련생들이 호기심을 가지고 참여하여 열띤 토론을 통하여 도덕에 대한 개념이 확실하게 확립될 수 있도록 하여야 한다.

2) 유전과 인성 발달

인간은 누구나 자신의 특성을 가지고 태어난다. 그 특성은 부모로부터 물려받은 유전자 영향에 따라 다양하게 나타난다. 그 특성이란 우리 몸 안에 있는 특별한 어떠한 형질에서 기인한다고 볼 수 있는데, 그것이 바로 우리가 늘 말하는 DNA일 것이다. 그렇다면 부모님에게 물려받은 유전형질에 인성도 포함되어 있는지가 중요한 키워드가 될 수 있다. 결론부터 말하면 '인성은 부모의 유전자 영향을 받는다'. 유전적 영향을 보면 지능, 성격, 소질, 재능, 질환 등, 부모로부터 유전적 영향을 받는데, 그중에서 가장 크게 영향을 받는 것이 뇌이다.

인간의 뇌세포는 한 번 형성되면 일생 동안 분열하지 않는다. 단 약물, 술, 마약, 암과 같은 질병 등에 의하여 손상되거나 소멸되면 다시 생성되지 않는다. 현재까지 알려진 바로는 인간의 뇌세포 수는 약

1,000억 개 정도로 추산되고 있으며, 정보전달 기능을 하는 세포 중 정서나 감정을 조정하는 것은 약 20여 종류에 속한다. 유전정보를 전달하는 가장 작은 단위는 DNA 분자이다. 그중 나선형의 형태를 취하는 DNA 분자는 염색체라고 하는 사슬을 형성하며 세포의 핵 속에 있다. 즉 DNA 분자는 유전인자를 이루고 유전인자는 염색체 내에 있다. 염색체는 세포의 핵 속에 위치하며 세포분열 시에만 뚜렷하게 보일 뿐, 다른 때에는 길고 가늘며 검게 염색되는 염색질로 존재한다. 염색체는 항상 쌍으로 존재하며 생물의 종류에 따라 그 수와 형태가 일정하다.

DNA의 한 가닥 안에 개개인의 서로 다른 특징을 나타내는 모든 정보가 들어있다. 어떤 사람은 오랫동안 건강하게 살기도 하고 또 어떤 사람은 병을 앓다가 일찍 죽기도 한다. 이렇게 본다면 사람의 건강 상태는 한 사람이 태어나기 전부터 복권번호처럼 정해져 있고, 어떤 병이 발병할 확률이 얼마만큼 되는가도 이미 준비되어 있다는 것이다[12]. 진화심리학자 스티븐 핑거는 어린 시절 부모의 양육방식 태도와 자식의 인성은 상관관계가 없다고 주장하기도 했다[13]. UCLA 브레인 맵핑 연구소의 폴 톰슨 박사팀은 지능의 유전성을 파악하기 위하여 일란성 쌍둥이와 이란성 쌍둥이 10쌍의 뇌를 MRI로 스캔한 후 대뇌피질의 밀도를 비교 연구하였다. 연구결과 일란성 쌍둥이 유전자가 100%로 동일했고, 이란성 쌍둥이는 50% 정도 같았다. 이것은 인지를 담당하는 전두엽이 상당 부분 유전된다는 것을 의미하는 것이었다[14]. 2009년 서

12_ 박태정(2005). 유전자 검사와 치료에 대한 윤리적 문제 고찰. 부산가톨릭대학교 대학원 석사학위논문

13_ http://www.jnuri.net/news/articleView.html?idxno=30967

14_ http://gall.dcinside.com/board/view/?id=stock_new1&no=2280446

울대 의학연구센터에서도 한국인 청소년 쌍둥이 765쌍을 대상으로 성격검사를 실시했는데, 연구 결과 일란성 쌍둥이가 이란성보다 성격이 비슷한 경우가 훨씬 많았다. 즉, 유전적인 요인이 성격 형성에 강하게 작용한다는 것을 방증한다고 볼 수 있다. 성격 외에도 불안증이나 정신분열증 등 정신 질환에서도 유전성이 높은 것으로 밝혀졌다[15]. 위 사례에서 본다면 사람의 인성은 유전적인 영향을 받는 것을 알 수 있으며, 유전인자는 지능, 성격, 기호, 소질, 재능 등은 물론 광범위한 인간 특성이나 특징의 변이에 영향을 미치게 되므로 인성 또한 유전의 영향이 가장 크다고 할 수 있다.

3) 영아기 인성 발달

영아기는 출생 후부터 2세까지로 보고 있다. 영아의 행동은 인지적 사고를 할 수 있는 능력이 되지 않고 모든 행동은 본능의 추동에 의해서 행동하게 된다. 영아의 인성이란 유전과 생물학적 본능의 영향에 따라 발현될 뿐, 사고의 과정을 거치지 않고 표현하는 특징을 가지고 있다.

영아기의 행동과 판단은 본능적으로 이루어지기 때문에 감정에 의해 행동이 조절된다. 감정은 뇌의 변연계가 담당하며 외부자극에 매우 민감하게 작용한다. 변연계의 민감도는 외부 자극에 의해 다양하게 발달

15_ http://snc4u.co.kr/sub/sub2_3.asp?mode=view&storeidx=&serboardsort=&page=12&idx=108&search=&searchstr

하는데, 그 자극이 긍정적인지, 아니면 부정적인지에 따라 민감도가 달라진다. 다시 말해 뇌신경 시냅스의 발달 정도가 다르게 발달한다는 것이다. 발달한 뇌신경 시냅스가 긍정성을 가지고 발달한다면 인성이 좋을 것이라 말할 수 있고, 뇌신경 시냅스가 부정성을 가지고 발달한다면 인성이 좋지 않을 것이라 말할 수 있을 것이다.

영아기의 뇌는 출생 후 오감을 통해 들어오는 정보를 바탕으로 새로운 신경망을 구성하고 그 정보를 반복 학습함으로써 신경망을 더 견고히 만들어 간다. 따라서 영아기의 오감 경험은 일생을 살아가는 과정에서 매우 큰 영향을 미치는 것으로 많은 학자가 말하고 있다. 영아기 오감에 자극을 줄 수 있는 환경은 가정이다. 따라서 부모와의 관계가 어떻게 설정되는가 하는 것이 인성 발달에 큰 영향을 미친다고 할 수 있다.

피아제는 인지 발달이론에서 정신적인 성숙은 그 이전에 존재하지 않았던 새로운 정신적인 능력을 습득하는 것이며, 지적인 능력이란 개인이 주어진 환경에 효과적으로 적응할 수 있는 능력으로 보았다. 따라서 인간의 인지 발달을 이해하는 것은 지적인 능력이 환경과의 상호작용을 통하여 변화해 가는 양상을 이해하는 것이라고 보았으며, 인간은 환경의 요구에 따라 인지구조(cognitive structure)를 끊임없이 재구성해 간다고 하였다. 신생아는 반사행동의 반복학습을 통하여 도식(scheme)[16]을 형성하고 학습이나 경험으로 형성된 기존 개념에 맞도록 새로운 자극을 이해하고 흡수시킴으로써 환경을 해석하고 조직한다는 것이다. 적응(adaptation)은 두 가지의 상호보완적인 기제인 동화

16_ 새로운 정보를 지각하고 조직하는 사고의 틀(체계)

(assimilation)와 조절(accommodation)의 통합적인 기능이다. 동화는 이미 가지고 있는 인지구조에 외부의 대상을 받아들이는 것이며, 조절은 새로운 대상에게 도식이나 인지구조를 바꾸어 나가는 것을 말한다. 그리고 마지막으로 평형(equilibration)을 갖는데, 그동안 가져온 결과물을 통하여 평형 상태의 사고 균형을 갖게 된다는 이론이다. 이 이론을 뇌 과학적으로 풀이한다면 인간의 뇌세포는 출생 이전에 완성되지만, 학습 경험이 없어 뇌세포 간 회로가 연결되지 않은 상태이나 새로운 환경과 상호작용하면서 뇌세포 간 연결회로를 만들고 조정하고 수정하면서 개인이 받아들인 환경에 맞도록 신경망을 조직한다는 것이다. 따라서 이 시기에 갖는 환경과의 상호 과정이 적절치 못하게 되면 인성 발달에 영향을 줄 수밖에 없다. 특히 프로이트는 인간에게는 리비도라는 성 충동 에너지를 가지고 있는데, 리비도는 사랑, 감정 따위를 일으키는 근원적 에너지로써 본능적인 것이라고 했다. 이 리비도의 성 충동 본능은 해결되는 것이 아니라 반복 쾌락을 추구함으로 만족 충동을 쫓아 무의식적 특정 행동으로 나타난다고 했다. 이러한 충동적 에너지가 현실 속에서 억압되면 불쾌한 감정으로 남게 되고 억압된 충동적 에너지는 무의식 속에 내면화되면서 성장과정과 성인이 된 후에도 정서에 문제를 일으키는 장애요인으로 작용하게 된다는 것이다. 따라서 영아기와 유아기에 부모와 정서적 유대가 인성 발달에 매우 큰 영향을 주게 된다.

특히 영아 시기의 대상에 대한 사랑과 믿음은 전 생애 삶의 과정에 큰 영향을 미치는 것으로 많은 학자가 말하고 있는데, 그중에서도 특히 대상과의 애착 형성은 매우 중요한 심리기능으로 인격 형성에 기초가 된다. 신생아는 2년 정도가 지나면 성인과 유사한 정서 분화(분노, 공포, 기쁨, 울음, 웃음, 애정)가 나타나는데, 시간이 지나면 정서적 감수성도 증가하고 표현방식도 발달하지만, 기본적인 정서 발현은 이 시기에 완성된다고 말하고 있다. 이러한 과정에서 가장 주목해야 할 것은 바로 엄마와의 애착이다. 애착은 생후 6개월이 지나기 시작하면서 형성된다. 이 시기 영아는 엄마와 타인을 구별하기 시작하면서 낯가림이 시작된다. 이 시기 엄마와의 애착 형성이 어떻게 형성되는가에 따라 인성 발달에 영향을 미친다.

존 볼비(John Bowlby)의 애착이론은 인간이 다른 동물과 달리 애착체계가 발달하기까지 약 6개월의 시간이 걸린다고 말하고 있다. 인간의 애착은 여러 단계를 거치면서 발달한다. 영아가 태어나서 6개월 이전은 사람을 구별하여 알아보는 능력이 없고, 접촉에 반응할 뿐이다. 약 6개월이 지나면 그 후 3개월은 애착관계가 분명해진다. 아이는 엄마를 인식할 줄 알고 반응하며, 상호작용적 행동체계가 형성된다. 3년이 지나면 부모가 자기와 분리된 존재라는 것도 알기 시작한다. 애착은 부모와 사랑의 믿음으로 맺어진 관계이다. 따라서 영아는 부모와 함께 있을 때 생명의 위협을 느끼지 않고 안전하다는 인식을 갖게 된다. 이러한 긍정적 애착은 긍정적 정서로, 긍정적 인성으로 발전한다.

영아들은 격려하고 지지하고 협력적인 엄마를 경험하고, 그리고 아빠를 경험하면 그 경험을 통해 자기 존재를 느끼고 타인의 조력을 신뢰하게 되며, 미래의 관계를 구축해 나가는 유리한 기초모형을 가지게 된다[17]. 그리고 그 경험을 통해 자신의 환경을 자신 있게 탐색하고 효

17_ 유민지(2014). 애착이론을 통해 살펴본 온전한 자아 형성에 관한 연구 (관계적 공동체 형

과적으로 대처할 수 있는 자신감을 갖게 됨으로써 자신의 능력을 더욱 신뢰하게 된다. 이러한 긍정적 경험은 인성 발달의 씨앗으로 작용하며, 성장기 인성 발달에 큰 영향을 미치게 된다.

4) 유아기 인성 발달

유아기는 3~5세까지로 보고 있으며, 이 시기는 육체적으로 정신적으로 가장 많이 발달하는 시기이다. 이 시기의 아이들은 잠시도 가만히 있지 않고 지속해서 활동하면서 주변 환경을 탐색하고 경험한다. 이러한 경험은 인지, 언어, 신경, 신체발달에 큰 영향을 미친다. 이 시기에는 영아기와 같이 급속한 발달은 이루어지지 않지만, 뇌 신경망의 확장을 통해 신체 각 기관과 유기적 발달이 이루어진다. 이러한 발달은 점차 분화되어 새로운 신체활동으로 발전하고 어휘력과 인지능력의 발달로 사물에 대한 호기심이 증가할 뿐만 아니라 대인관계가 확장되면서 사회성이 발달하기 시작한다. 이 시기부터 바른 인성을 위한 도덕교육이 시작되는 시기로 학습과정이 매우 중요한 역할을 하게 된다.

이 시기의 아동들은 독립성이 자리 잡게 되면서 고집도 세지고 자기 영역에 대한 타협이 잘 이루어지지 않는다. 이때 부모나 교사가 강압적 태도로 아동의 고집을 꺾으려 한다거나 아이의 영역을 방해하려 하면 아이는 오히려 더 거세게 저항하거나 스스로 포기하게 되면서 인격 형성에 나쁜 영향을 미친다. 이 시기의 아이들을 피아제는 '전조작기'라

성을 중심으로). 장로회 신학대학교 대학원 기독교육학전공 석사학위논문

고 명명하고, 조작적 능력이 완전하지 않아 실제와 실제가 아닌 구분이 모호할 뿐만 아니라 자신과 타인의 감정을 이해하지 못함으로 자주 고집을 부린다거나 친구들과 많은 다툼이 일어나는 시기라고 했다. 이 시기의 유아들은 상대의 감정에는 관심이 없으며, 자기의 생각만 전달하려는 일방적 소통 양식과 자기중심적 언어를 사용한다. 또한, 세상의 모든 사물이 움직이지 않는 것은 죽어있고, 움직이는 모든 것은 살아있다는 믿음을 가지고 사물을 대하기도 하는데, 연령이 증가하면서 살아있는 것과 죽은 것을 이해하기 시작한다. 이 시기의 유아들은 사물의 모양이 변하거나 여러 부분으로 나누어져도 그 속성은 변하지 않는다는 것을 이해하는 능력의 보존개념을 획득하지 못하다가 연령이 증가하면서 쉬운 개념에서부터 어려운 개념으로 보존개념을 획득하기 시작한다. 즉 수의 보존개념은 5~6세, 길이 보존개념은 6~7세, 분량, 면적, 무게의 보존개념은 7~8세, 부피의 보존개념은 11~12세에 획득하게 된다. 전조작기 유아가 보존개념을 획득하지 못하는 이유는 두 개 이상의 차원을 동시에 고려하지 못하고 하나의 차원에만 주의를 집중하는 중심화(centration)와 사물의 두드러진 지각적 특성에 의해서만 판단을 하는 직관적 사고, 정지된 상태에만 주의를 기울여서 같은 양의 물을 다른 잔으로 옮겨놓았다는 것을 인지하지 못해 나타나는 전환상태, 어떤 변화가 일어났을 때 먼저 상태로 돌려놓을 수 있는 가역성이 없는 비가역적 사고(irreversibility)를 하기 때문이다. 또한, 이 시기의 유아들은 부모의 가치나 기대, 태도 등을 기준으로 사회도덕 가치를 내면화시키면서 도덕성이 발달하는데, 피아제는 이 도덕성 발달을 타율적인 도덕성과 자율적인 도덕성으로 구분하였다. 유아기는 타율적 도덕성(external morality)이 발달하는 시기로 규칙에 일치하는 행동만을 착한 행동으로 간주하는 것으로 동기나 의도를 고려하지 않고 결과만으로 도덕성을 판단하는 것을 말한다. 타율적 도덕성은 도덕개념 1단계로 아동은 옳고 그름의 이분법적 사고를 통해서 행동을 평가하고, 모든 사람이 자기와 같은 생각을 하고 있다고 믿는다. 콜버그 또한 이 시기를 전도덕적 단계라 하고 도덕적 행동을 하는 것은 상을 받거나 벌을 피하기 위한 행동이라고 말하였다.

앞서 말한 바와 같이 시기의 유아들은 성격 형성에 매우 중요한 시기이기 때문에 도덕성 발달에 실패하면 인성 발달 또한 실패하게 된다.

이 시기 부모의 역할에 따라 자녀의 인성 발달이 달라질 수 있는데, 자녀를 이해하고 수용하는 부모는 정서적으로 자녀와 밀착되어 따뜻하고 자애로운 태도로 자녀를 대하며 인격적 존재로 받아들인다. 따라서 유아는 자기존중감과 긍정적인 사고를 하게 되며 책임감과 사교성과 협동심이 생기고 정서적으로 안정된다. 모든 인성 교육은 학교와 사회보다 가정에서 부모로부터 이루어지는 인성교육이 매우 중요한 인격 형성의 기본이 된다. 그러나 부모가 자녀를 애지중지하여 지나치게 관심을 표현하고 과잉보호하여 부모가 모든 것을 대신 해주게 되면, 유아는 독립심과 자율성을 잃게 되어 의존적인 태도를 형성하고 수줍음이 많거나 주의가 산만한 아이로 성장한다. 귀하게 기른 자녀들이 지나치게 의존적이고 학습의욕도 부진할 뿐만 아니라 사회성이 떨어지는 이유가 여기에 있다. 또한, 유아의 욕망을 무조건 수용하여 받아들이게 되면 부모는 자녀의 노예가 될 수 있다. 부모가 자녀양육에 대한 이해가 부족하여 나타나는 특징으로 유아는 순응적이지 못하고 책임감도 없을 뿐 아니라 부모의 권위를 무시하고, 공격적이고, 지배적 이어서 집에서만 폭군으로 행동할 수 있고, 밖에서는 자신감이 없는 아이가 될 가능성이 있다. 또한, 부부 갈등이나 권위적인 부모 밑에서 자란 유아는 사랑표현을 억제하고 무관심한 태도로 일관하기도 하며, 안정감과 자신감이 결여되어 무기력하고 대인 간 소통이 원활하지 못한 반사회적인 성격을 형성하기 쉽다. 그와 반대로 엄격한 부모교육과 지나친 통제교육을 받은 유아는 조심성 있고, 소심하고, 수줍고, 온순하고, 순종적이다. 이러한 유아는 자신감과 자기 확신이 부족하여 자기표현이 서툰 아이로 자랄 수 있다.

유아기의 심리발달에 영향을 주는 요인이 이것만은 아니다. 가정을 벗어나 유치원 환경과 가정 내의 출생순위 등도 주요 요인이 될 수 있다. 다만 가정에서 고려해야 할 양육방식에 대하여 주의를 환기시키고자 미시적 요인만을 강조해 본 것이다.

5) 아동기 인성 발달

아동기는 6세~12세까지로 볼 수 있다. 아동이란 일반적으로 유치원생 6세부터 초등학생 12세까지를 가리킨다. 이 시기의 아동은 신체와 정신, 사회적인 면에서 매우 빠르고 폭넓게 발달하는 관계로 편의상 아동 전기(6~9세)와 아동 후기(10~12세)로 나뉜다. 아동 전기의 아동은 그동안 잘 구분하지 못했던 좌·우측 신발을 구별하고 신발 끈도 잘 묶을 뿐만 아니라 글씨의 크기도 작게 쓸 수 있는 정교함이 발달한다.

신체적으로 소근육이 발달이 이루어지면서 보다 섬세한 동작 표현을 할 수 있어진다. 그리고 이 시기의 아동들은 인지능력 발달로 문제해결 능력도 높아진다.

이 시기의 아동들은 전조작기의 제한된 사고에서 벗어나 보다 복잡한 문제를 논리적으로 해결하려고 접근하여 '왜?'라는 말을 자주 사용하고, 사고의 융통성과 추리능력도 가지기 시작한다. 이 시기의 아동들은 보존기술능력[18]이 발달하기 때문에 사물의 외형은 변하더라도 크기와 무게가 변하지 않는다면 그것은 동일한 크기라는 것을 인지한다. 다시 말해 같은 양과 크기의 찰흙을 하나는 가늘고 길게 하나는 굵고 짧게 모양을 만들어 놓아도 그것의 크기는 같다는 것을 인지할 수 있는 수준을 말한다.

이러한 인지적 능력이 구체화되면서 아동은 스스로 자기에 대한 행동기준을 마련하고 그에 따라 행동하려는 경향성이 늘어난다. 그리고 이 시기 아동들은 학습된 지식의 결과를 믿기 때문에 무엇이든 열심히 하면 좋은 결과가 반드시 있을 것이라는 믿음으로 무엇이든 열심히 노력한다. 그리고 이러한 과정을 통하여 자신의 성취동기를 해결하려 노력한다. 이 시기 아동들의 대부분은 스포츠나 게임에 대해 매우 깊은 관심을 보이며, 스포츠나 게임을 통하여 자신의 존재감과 성취욕을 해결하려고 한다. 따라서 이 시기 수련생에게 태권도경기의 참가 또는 승품·단 심사에 참가할 수 있는 기회를 제공하고, 그 기회를 통하여 자신의 성취동기를 해결할 수 있도록 돕는 것은 아동기 인성 발달에 긍

18_ 보존: 보존(Conservation)이란 사물의 외형은 변한다고 할지라도 그것의 길이, 양, 크기 무게, 그리고 부피는 변하지 않는다는 것을 이해하는 능력

정적 효과를 갖게 한다.

이후 아동 후기로 접어들면서 불규칙한 성격패턴과 행동을 보이는 데 이것은 성호르몬의 분비가 왕성해지기 시작하는 사춘기에 접어들기 때문에 나타나는 현상이다. 이 시기의 아동들은 보다 더 통찰력과 분석능력이 높아지고 모든 감각이 예민해지면서 사회관계, 친구관계, 가족관계에 대해 깊게 고민하고, 자기 자신에 대한 정체성 고민도 깊어진다. 이 시기의 아동들은 남녀의 성(性) 차이와 자기 개념에 대한 확신을 가지고 있으며, 그동안 고민하지 않았던 자신의 미래에 대해 추상적 설계를 하기 시작한다. 이러한 추상적 설계가 어떠한 결과로 이어질 수 있다는 것과 같은 구체적 사고능력도 가지게 된다. 그러나 아동 후기의 아동들은 인지적 자기규제의 능력이 부족하여 그 설계과정을 실행하는 데에는 어려움을 겪는다. 아직은 설계된 추상적 개념을 모니터링하고 효과적이지 못한 부분을 수정하여 결과를 이끌어내기에는 인지적 능력에 한계를 보인다. 그러나 이 시기의 아동들은 그동안 경험하지 못했던 학습동기로 인해 호기심이 높아지고 능동적 활동량이 증가하는데, 이때 가족과 선생님, 사회지도자의 피드백이 매우 중요한 역할을 한다. 이 시기의 아동을 있는 그대로 수용하고 인정하며 믿고, 스스로 탐색할 수 있는 기회를 부여하면 창의성이 넘치고 활력이 있는 사람으로 성장하지만, 그렇지 못하면 소극적이고 폐쇄적인 사람으로 성장할 가능성이 크다. 따라서 이 시기의 인성 발달은 아동을 지지하고 인정하며 있는 그대로를 수용하는 것이 무엇보다 중요하다. 그리고 스스로 규칙을 정하도록 유도하고 스스로 그 규칙을 지켜나갈 수 있도록 도와주는 것이 이 시기의 인성 발달의 핵심이다.

6) 청소년기 인성 발달

청소년기(13~18세)는 발달 측면에서 사춘기의 시작이다. 사춘기(Puberty)란 생물학적으로 생식능력을 갖추는 시기로 정신적, 신체적 능력이 매우 활발하고 변화 또한 빠르게 진행된다. 이 시기는 호르몬분비에 따른 2차 성징기로 남자는 골격과 근육이 발달하고, 여자는 생식능력을 갖게 되면서 성인과 같은 신체적 능력을 가지게 된다. 사춘기는 급격한 신체적, 생리적 변화와 함께 심리적 변화 또한 큰 특징을 갖는다. 사춘기 생리적 욕구의 에너지가 증가되면서 자기과시, 자존심, 경쟁심, 이기심 등이 강해져 불안한 정서 조절과 감정기복이 심한 특징을 갖는다. 이러한 감정과 정서 조절의 실패는 가정과 학교생활에서 문제를 촉발하기도 하는데, 이를 원만히 해결하지 못하면 극단적 행동을 하여 사회적 문제로 발전하기도 한다. 따라서 이 시기를 흔히 질풍노도의 시기라고 말하기도 하는데, 그만큼 정서 조절의 실패로 감정기복이 심하기 때문에 행동 조절 또한 어려워 다양한 갈등상황에 노출이 심한 시기라고 할 수 있다. 이 시기는 인지적 사고능력 또한 많은 변화를 가져온다.

피아제는 청소년기가 되면 인지능력이 형식적 조작이 가능해져 현상에 대한 의미와 분석 그리고 미래 상황에 대해 추론도 가능하며 과거와 현재, 미래를 연관 지어 자기방식으로 해석하고 발전시켜 일을 은폐하거나 확대해석함으로써 문제를 확장시킬 수 있다고 하였다.

프로이트는 청소년기 오이디프스[19]·엘렉트라[20] 감정을 재경험하면서 청소년기는 성적 긴장 상태가 지속되는 것으로 설명하였고, 이런 긴장 상태를 벗어나기 위해 회피, 반항, 부정, 자기방어가 심해진다고 하였다. 이것은 심리적 혼돈으로부터 자유로워지고 싶은 갈망의 표출이라고 하였다. 에릭슨은 프로이트이론에 동의하면서도 이 시기는 새로운 사회적 욕구가 대두된다는 점에서 갈등과 혼란을 경험하면서 성장한다고 하였다. 그리고 이 시기의 청소년들에게 가장 중요한 과제는 자아정체감(self identity)의 획득이라고 하였다. 자아정체감이란 자신의 모습과 타인이 본 자신의 모습이 일관되게 통합된 느낌으로 현재 지위와 역할, 과거의 자신과 현재의 자신, 미래에서도 일관되게 지속될 수 있는 자신의 모습에 대해 가지는 신뢰를 자아정체감이라고 에릭슨은 말하였다. 청소년기 자아정체성을 확립하지 못하게 되면 방황하기도 하고, 너무 깊이 몰두한 나머지 생각이 너무 복잡해져 혼동을 일으켜 방황하기도 한다고 하였다.

청소년기의 또 하나의 특성으로 또래 집단과의 몰입성이다. 청소년기는 가족보다 친구들로부터 심리적 보상을 획득하고 사회적 연대를 강화해 나간다. 그러나 친구들로부터 자신의 존재감을 획득하지 못하고 열등한 관계가 지속되면 부정적 자아가 성립되어 어려움을 겪는다. 부정적 자아가 성립되어 자아정체성이 확립되지 못한 청소년은 에릭슨의 사회발달 단계의 발달과업의 4단계를 넘지 못하고 고착되거나, 피아제의 형식적 조작기에 이르지 못하고 구체적 조작기에 머문다거나, 매슬

19_ 남자아이의 어머니에 대한 성적 애착
20_ 여자아이의 아버지에 대한 성적 애착

로의 욕구 위계 성장의 욕구로 발전하지 못하거나, 콜버그의 도덕성 발달 2수준에서 고착될 수 있다. 이렇게 도덕성이 발달되지 못하고 고착될 경우 도덕성이 발전하지 못해 인성 발달에 부정적 영향을 미친다. 그러나 이 시기 가족의 지지와 동료, 선생님으로부터 지지와 존중받고 자아정체성이 확립된다면 자신에 대한 믿음과 신뢰가 깊어져 자기 삶의 목적을 명확하게 갖게 되고, 성인이 되어서도 흔들림 없이 자신이 목적하는 삶을 살아가게 된다. 인성이란 대화와 관계로부터 출발한다. 대화와 관계가 단절된 가정과 학교, 사회는 더 이상 청소년들의 인성을 발전시킬 수 없는 감옥과도 같다. 청소년들에게 병폐적 사회구조를 극복하고 바른 인성을 함양하기 위해서는 친구들과 함께 어울릴 수 있는 공간, 땀 흘리며 뛸 수 있는 공간, 자신의 미래를 위해 청소년 각자의 개성에 따라 학습할 수 있는 공간, 가족과 늘 함께 대화할 수 있는 공간을 확보하고, 언제나 자신을 믿고 정진할 수 있는 풍토가 조성되는 것이 청소년 인성을 위한 가장 시급한 과제라 할 수 있다. 따라서 태권도 도장은 친구들과 어울리며 경쟁하고 함께 땀 흘릴 수 있는 공간을 제공하고, 자신의 미래를 자유롭게 토론하고 공유할 수 있는 공간으로 환경을 만들어 가야 한다.

02
성 격

✏ 성격은 내부의 생리적 욕구, 또는 외부자극에
일관되게 나타나는 정신적 패턴이라 말할 수 있는데, 성격은 부모로부
터 물려받은 유전적 기질과 후천적 자극에 학습되어 습성화된 정신적
힘을 성격이라 한다. 인간은 즐겁고 기쁨을 주는 것은 반복하여 즐거
움과 기쁨을 극대화하고자 하고, 위험하거나 싫은 것은 본능적으로 피
하고자 하는 기제들이 반복되어 습관화된다. 이러한 기제들은 무의식
속에 내면화되면서 성격으로 발전하게 된다.

성격은 영어로 Character, Personality라고 한다. Character의 어
원[21]은 헬라어의 'charassein'에서 유래된 말로 금속 도구를 통하여 인
장으로 새긴다는 뜻이며, 중세에는 중범죄를 지은 자들 이마에 낙인으
로 찍어 일반인과 구분할 수 있도록 하였다. 얼굴에 낙인이 있는지 없
는지를 구별하여 그 사람을 판단할 수 있도록 한 데서 character가 사
람의 성격을 나타내는 단어로 사용되었다고 한다. 우리나라에서는 성격
과 인성과 혼용하여 Character를 사용하고 있다. 성격(性格)이란 단어
의 의미처럼 그 사람이 다른 사람과 구별되는 독특한 특징, 즉 심리적
특징이라 말할 수 있다. Personality의 어원은 Persona에서 나왔다.

21_ NAVER 지식백과

Persona는 가면, 탈을 뜻한다. 가면은 연극에서 다른 사람 역할을 하거나, 순간순간 겉만 바뀜에 따라 내면과 겉이 다른 모습을 나타내는 의미로 서양 중세 때부터 사용하게 되면서 사람의 성격을 나타내는 말로 사용되게 되었다.

인간이 집단을 이루고 사회생활을 하게 되면서 대인 간 갈등이 시작되었고, 그로 인하여 작게는 개인 간 갈등, 크게는 집단 간 싸움이나 국가 간 전쟁이 일어났다. 이러한 일련의 일들은 대부분 상대를 이해하기보다 자신만의 우월성, 자만심, 편향적 성격으로 인해 생긴 오해가 감정싸움으로 확대되면서 일어난 일들이다. 집단 간 싸움이나 국가 간의 전쟁은 반드시 감정싸움에서 비롯되지는 않는다. 하지만 국가 지도자의 비합리적 성격으로 인하여 전쟁과 같은 극한 상황도 발생한다. 이러한 문제의 심각성을 해결해 보고자 고대로부터 지금까지 많은 철학자와 종교인들은 사유하고 있다.

1) 성격 형성

성격 형성은 출생 후부터 형성되는 것이 아니라 태내기부터 시작된다. 우리나라는 옛날부터 임신 중 태교를 매우 중요하게 여겼다. 1800년경 사주당 이 씨는 임신 중 태교를 통하여 총명하고, 효심 깊고, 덕성이 좋은 아이를 낳을 수 있다고 하였으며, 태교에 관한 방법들을 기록한 『태교신기』를 세계 최초로 저술하기도 하였다. 사주당 이 씨는 태교신기를 통하여 "스승의 가르침 10년이 어머니의 배 속 교육

10개월만 못하고, 어머니의 10개월 교육이 아버지가 잉태시키는 하루를 삼가는 것만 같지 못하다."라고 태교의 중요성을 강조하였다. 우리 선조들은 태아가 잉태되는 순간부터 하나의 생명체로 인식하고 임신 중 아기의 인격을 위하여 태교를 시작하였을 뿐만 아니라 임신 중 태아도 출산 후 사람과 똑같은 나이를 갖게 하여 출산과 동시에 1살의 나이를 갖게 하였다. 이것은 새 생명에 대한 존엄과 인격의 예우였다. 서양에서는 만 1년이 도래되었을 때 1살의 나이를 갖도록 한 것과는 매우 대조적이다. 태아를 하나의 인격체로 존중하고 태교를 통하여 출생 후 올바른 성장발달을 도모할 수 있도록 한 조상들의 지혜가 돋보인다고 말할 수 있다. 태교가 과학적으로 연구대상이 된 것은 서양을 중심으로 19세기 이후 「임산부의 감동이 태아에게 미치는 영향」이란 연구를 통해서 처음 등장하면서 이후 많은 연구가 뒤따랐다. 성격은 사람마다 타고난 체질이 다르듯 성격 또한 다르다. 성격이 형성되는 시기는 태아기와 출생 후 영아기와 유아기에 가장 큰 발달이 이루어지고 이후에도 성격의 발달은 지속해서 이루어지지만 영유기만큼 크지는 않다. 아동기에 나쁜 성격으로 말미암아 주위로부터 비난을 받는다면 아마도 유아기 부모와의 정서적 유대에 문제가 있었을 것이고, 청소년기 문제아는 유아기나 아동기 부모와 주위 환경으로부터 좋은 정서적 유대를 갖지 못함으로 인해 나타난 결과일 수 있다. 앞서 밝힌 바와 같이 성격은 하루아침에 형성된 것이 아니고 많은 시간 동안 인과관계와 환경에 따라 내재된 것이기 때문에 한 번에 성격이 바뀌기는 매우 힘들다. 우리나라 속담에 "3살 버릇 여든까지 간다."라는 말이 있듯이 한번 형성된 성격은 좀처럼 바뀌지가 않는다.

성격 형성은 다양한 사회 환경과 인과관계에 영향을 받기 때문에 협의적 접근으로 성격을 말하기는 어렵고, 앞서 지속적으로 밝혀온 인성의 형성과정을 참고한다면 도움이 될 수 있다. 긍정적 성격과 도덕적 성격, 윤리적 성격은 인성의 근본이기 때문에 앞서 밝힌 인성과 관련된 내용, 이후 지속적으로 밝혀나가는 인성과 연계한다면 성격을 이해하는 데 많은 도움이 될 것이다.

2) 성격 성향의 분류

인간의 성격은 자신의 의지로 만들어지지 않는다. 자신의 무의식적 욕구와 욕망, 사회학습과 환경의 결과로 내재된 복잡하고 다양한 성격을 보다 객관적으로 판단하고 구분하기란 간단한 문제가 아니다. 그러나 인간관계를 보다 효과적으로 발전시키기 위해서 타자의 성격 이해는 동서고금을 막론하고 매우 중요한 연구과제였다. 현재 우리는 혈액형과 성격을 연관 지어 성격을 구분하기도 하는데, 사실 비과학적이다. 그러나 인간이 사회를 구성하고 인간관계를 지속하는 동안 타인에 대한 성격 파악은 앞으로도 계속 연구되어야 할 것이다.

고대로부터 지금까지 동양과 서양을 막론하고 성격에 관한 연구는 지속해 왔다. 따라서 학문적 의미를 갖는 성격 성향분석에 관한 이론들을 살펴보는 것은 인성교육을 위한 핵심키워드라고 말할 수 있다.

(1) 히포크라테스의 체액이론 및 혈액이론 성격 분류[22]

고대 그리스인들은 생리학적 개념을 이용하여 기질의 차이점을 설명하였는데, 그들은 사람의 정서적, 신체적, 건강은 체액이라고 부르고 4가지 액체의 균형에 달려있다고 믿었다.

· 다혈질: 온정적, 사교적, 온화함
· 담즙질: 쉽게 흥분하고 용감함
· 우울질: 예민하고 보수적임
· 점액질: 냉정, 침착, 둔함

히포크라테스의 체액이론

고대 그리스인들은 4가지로 성격을 분리하여 인간관계 소통의 도구로 활용하고자 하였다. 그러나 너무 적은 분류로 인하여 성격의 특성을 다 반영하지 못한다는 단점이 있었으나 자신과 다른 사람에 대한

22_ 다음 블로그: http://blog.daum.net/mindmove/2283

성격을 이해하는 측면에서는 그 활용가치가 있었다.

(2) 동양 음양오행론의 성격 분류

동양에서 중국 전국시대 제나라에서 민간신앙과 이론을 조합하여 오행의 철학을 정립하였다. 음행오행은 천문, 지리, 의학, 등의 학문으로도 발전하면서 자연스럽게 사람의 성격을 연구하는 학문으로도 사용하게 된다.

> **목(木)**: 키가 큰 편이고 얼굴이 긴 특징, 온순한 성격의 소유자
>
> **화(火)**: 얼굴이 붉고 턱이 뾰족한 특징, 성격이 급하고 거친 편
>
> **토(土)**: 얼굴이 둥글고 허리가 굵은 특징, 성격이 느긋하고 원만한 편
>
> **금(金)**: 얼굴이 정사각형 모양이고 얼굴색이 고운 특징, 의리를 중요하게
> 여기고 불의를 보면 못 참는 성격
>
> **수(水)**: 얼굴은 머리가 작고 턱 부분이 큰 특징, 성격은 원만하나 잔재주
> 가 많은 편

음양오행의 얼굴 특징

(3) 이재마 사상체질론의 성격 분류

　우리나라 구한말의 이재마 학자도 사람의 체질을 태양인, 태음인, 소양인, 소음인 네 가지로 분류하고 그 체질에 따라 성격을 구분하였다.

태양인: 가슴 부분이 허리 부분보다 크고 눈빛이 강력하다. 성격은 강직하고 독선적인 성향의 성격 소유자

태음인: 가슴보다 허리 부분이 발달하여 엉덩이가 크고 무게감이 있다. 성격은 너그러우며 온순하고 꾸준히 일하는 성격의 소유자

소양인: 가슴이 잘 발달되어 어깨가 크고 건장하고 힘이 있으나 엉덩이와 하체가 빈약하게 보인다. 성격은 민첩하고 명쾌하나 급하고 화도 잘 내는 편

소음인: 체구가 작고 가슴 부분이 빈약하여 움츠린 것 같은 모습. 그러나 하체는 잘 발달되어 앉아있을 때 안정감을 보임. 성격은 내성적이고 온순하며 매사에 소극적이고 우유부단한 성향의 성격

사상체질의 신체 특징[23]

태양인　　　태음인　　　소양인　　　소음인

23_ https://servicecenter.tistory.com/31

(4) MBTI 성격 분류

융(Jung 1871~1961)은 심리유형 이론을 발표하고 인간은 성격과 행동에는 일정한 패턴이 있다고 주장하고 논문을 발표하였다. 미국의 브리그스(Katharine C. Briggs)와 마이어스(Isabel Briggs Myers) 모녀가 융의 이론을 근거로 MBTI 성격유형 분석도구를 개발하였다. Briggs와 Myers는 MBTI 성격유형의 비전은 건강한 성격에서 개인차를 이해하고 인정함으로써 개인이 성장하도록 하며, 다양한 집단 사이에서 조화와 효율성을 높이는 것이라고 하였다[24]. MBTI 성격유형은 모두 16가지로 구분하였으며 외향형과 내향형, 감각형과 직관형, 사고형과 감정형, 판단형과 인식형 네 가지의 분리된 선호 경향을 중심으로 성격유형을 구분하였다. MBTI 성격성향 분석을 위한 설문지는 개인이 쉽게 응답할 수 있는 자기보고식 문항을 통해 각자가 인식하고 판단할 때 선호하는 경향을 찾아낸 후, 그 경향들이 행동에 어떤 영향을 끼치는지 파악하여 실생활에 응용하고 있다. 특히 자라나는 청소년들에게는 MBTI 성격유형을 참고로 대인 간의 갈등, 자신의 전공, 직업 등의 선택에 도움을 주고 있다. 한국에는 1990년에 도입되어 초급, 보수, 중급, 어린이 및 청소년, 적용프로그램, 일반강사 교육과정이 개발되었다[25].

한국 MBTI 연구소에서는 정기적으로 MBTI 전문 지도자를 배출하고 있는데, 국내의 관심 있는 많은 지도자가 교육을 이수하고 있다. 본인 또한 1년간 지속해 공부하여 강사 자격을 취득했고, 현재 강사활동

24_ 김정택·심혜숙(1998), MBTI Form M 매뉴얼
25_ 네이버 지식백과 MBTI [The Myers-Briggs Type Indicator]

을 하면서 많은 도움을 받고 있다. 태권도지도자들도 한 번쯤 MBTI 수업을 듣고 인성교육과 태권도 수업에 활용해 보길 권장한다.

① 4가지 선호지표

MBTI 4가지 선호지표[26]

외향(E) Extraversion	에너지 방향·주의초점 ⟷ 태도	내향(I) Introversion
감각(S) Sensing	인식 기능 ⟷ 정보 수집	직관(N) iNtuition
사고(T) Thinking	판단 기능 ⟷ 의사결정	감정(F) Feeling
판단(J) Juding	행동양식 ⟷ 외부세계에 대처하는 생활양식	인식(P) Perceiving

인간은 행동하기 위하여 5감(체각, 시각, 청각, 후각, 미각)을 통하여 받아들인 정보를 경험에 견주어 인식하고 행동을 어떻게 할 것인지 판단하고 행동한다. 이때 자신의 학습과정, 또는 경험한 사건을 바탕으로 자신만의 성격 선호 패턴을 만들게 된다. 이 패턴양식은 좀처럼 바뀌지 않지만, 생사가 달려있을 만한 충격적 사건, 매우 강한 스트레스, 열등감, 깊은 깨달음 등은 성격성향을 바꿔놓기도 한다.

26_ 김정택·심혜숙(2013). 16가지 성격유형의 특성(개정판). (주)어세스타

MBTI 16가지 선호특성[27]

외향형 E(Extraversion)	내향형 I(Introversion)
· 사람을 만나고 활동할 때 에너지가 생긴다. · 다양한 사람과 폭넓은 관계를 형성한다. · 말을 통한 의사소통 방식을 선호한다. · 생동감 넘치고 활동적이다.	· 혼자 조용히 있을 때 에너지가 충전된다. · 소수의 사람과 밀접한 관계를 형성한다. · 글을 통한 의사소통 방식을 선호한다. · 조용하고 신중하다.
감각형 S(Sensing)	감각형 N(iNtuition)
· 오감을 통해 직접 경험한 정보를 더 잘 받아들인다. · 구체적으로 표현한다. · 현재에 초점을 둔다. · 실용성을 추구하고 현실적이다. · 전통적인 가치를 중요하게 여긴다.	· 이론적이고 개념적인 정보를 더 활용한다. · 추상적으로 표현한다. · 과거, 현재, 미래를 전체적으로 살핀다. · 미래의 가능성이 중요하다. · 새로운 변화를 시도하고자 한다.
사고형 T(Thinking)	감정형 F(Feeling)
· 의사결정을 할 때 인간관계를 파악하여 객관적으로 판단한다. · 원리원칙을 중요하게 생각하고 이성적으로 판단한다. · 진실과 사실에 주된 관심을 갖는다. · 무엇이 잘못되었는지 잘 분석한다. · 목표달성이 사람들과의 관계보다 앞선다.	· 의사결정을 할 때 주관적 가치에 근거하여 무엇이 중요한지 판단한다. · 주관적 가치가 중요하고 감성적이다. · 사람들과의 관계에 주된 관심을 갖는다. · 다른 사람의 의견에 잘 공감한다. · 사람들과의 관계가 목표달성보다 앞선다.
판단형 J(Judging)	인식형 P(Perceiving)
· 조직적이고 구체화된 환경을 선호한다. · 어떤 일을 하기 전에 미리 계획한다. · 미리 준비해서 여유롭게 끝낸다. · 분명한 목적의식과 방향을 가지고 있다. · 빠르게 결정하고자 한다.	· 새로운 것에 대해 유연하고 개방적이다. · 어떤 일을 먼저 시작하고 본다. · 마지막 순간에 집중해서 끝낸다. · 목적과 방향은 바뀔 수 있다고 생각한다. · 결정을 보류하고 정보를 수집하고자 한다.

27_ 김정택·심혜숙(2013). 16가지 성격유형의 특성(개정판). (주)어세스타

② 16가지 성격유형특징

MBTI 16가지 성격유형 특징[28]

ISTJ(세상 소금형)		ISFJ(임금님 뒤편 권력형)	
장점	단점	장점	단점
· 책임감이 강하다. · 조용하고 신중하다. · 구체적이고 사실적이며 현실적이다. · 체계적이고 논리적이다. · 전통과 성실성을 가치 있게 여긴다.	· 시간과 절차에 완고해진다. · 다른 사람에게 일을 못 맡긴다. · 다른 사람을 섣부른 판단을 한다. · 비판적이 된다. · 사람들과 관계 형성에 실패할 수 있다.	· 조용하고 다정다감하다. · 실제적이고, 현실적이고, 책임감이 강하다. · 다른 사람을 고려하고 협력적이다. · 직장과 가정에서 정리정돈을 잘한다.	· 권위적이고 절차에 완고해진다. · 불평불만이 많아진다. · 과도하게 집중한다. · 편협적이게 된다.

ISTP(백과사전형)		ISFP(성인군자형)	
장점	단점	장점	단점
· 관대하고 유연하다. · 조용한 관찰자이지만 실행은 빠르게 한다. · 분석을 통해 핵심을 잘 정리하고 많은 정보를 잘 처리한다. · 원인과 결과에 민감하고 효율성을 가치 있게 여긴다.	· 냉소적이 되고 부정적인 비판을 가한다. · 결정을 미룬다. · 다른 사람의 정서적 욕구와 가치를 간과한다. · 즉각적 결정에 초점을 맞춰 장기적 안목을 못한다.	· 조용하고 다정하며 친절하다. · 자신만의 공간을 갖는 것을 좋아한다. · 자신에게 중요한 사람에게 헌신적이고 충성을 한다. · 논쟁을 싫어하고, 다른 사람에게 강요하는 것을 싫어한다.	· 사람들을 회피한다. · 과도한 자기 비판적이 된다. · 규칙과 체계들에 대해 수동적으로 저항한다. · 과소 평가받고 인정받지 못한다고 느낀다.

28_ 김정택·김혜숙(2013). 16가지 성격유형의 특성(개정판). (주)어세스타

ESTP(수완 좋은 활동가형)		ESFP(사교적인 유형)	
장점	단점	장점	단점
· 유연하고 관대한 이들은 문제해결을 위하여 실제적 접근을 한다. · 자발적으로 움직이고 다른 사람들과 활기차게 활동한다. · 감각적이고 편안한 스타일을 즐기고, 일하면서 배워간다.	· 일의 체계나 마감을 정하는데 어려움을 느낀다. · 중요한 일을 앞두고 즐긴다. · 다른 사람에게 미칠 자신의 행동을 인식하지 못한다. · 인간관계를 위한 노력이 약하다.	· 사교적이고 다정하며 수용적이다. · 일에 대해 상식적이고 현실적이며 일을 재미있게 한다. · 융통성 있고 자발적이며 새로운 환경에 빨리 적응한다.	· 마음이 산란해 지고 지나친 충동을 보인다. · 마감 시간에 대한 수용이 힘들다. · 다른 사람의 행동이나 결정을 개인화 한다. · 단기적이고 즉각적 욕구에 집착한다.

ESTJ(사업가형)		ESFJ(친선도모형)	
장점	단점	장점	단점
· 구체적, 현실적, 사실적이다. · 결정도 빠르고, 이행도 빠르다. · 일을 이루기 위해 능동적이고 효율적 성과를 위해 열심히한다. · 논리적이고 규칙적이다.	· 완고하고 독단적으로 일한다. · 남을 압도하고 전문가처럼 행동하고 남의 말을 듣지 않는다. · 참을성이 없어지고, 인간관계에 실패한다.	· 마음이 따듯하고 양심적이며, 협조적이다. · 목표를 성취하기 위해 결정권을 가지고 일한다. · 사람들과 어울려서 일하는 것을 좋아하고, 인정받기를 원한다.	· 걱정과 죄책감을 많이 받는다. · 과도하게 민감해진다. · 책임이나 절차에 대해 무비판적이 되고, 자신이나 타인에게 강요한다. · 폭넓은 가능성을 보지 못한다

INFJ(예언자형)		INTJ(과학자형)	
장점	단점	장점	단점
· 다른 사람들에 대해 통찰력을 지지고 있다. · 자신의 확고한 가치를 양심적으로 수행한다. · 자신의 비전을 위해 조직하고 결론을 잘 짓는다.	· 충분치 않은 정보를 바탕으로 판단한다. · 자신의 에너지와 통찰을 안으로 후퇴시킨다. · 분개하고 비판한다. · 비전을 추구할 때 독단적이다.	· 독창적인 마인드를 가지고 있고, 자신의 아이디어를 수행하고 목적을 성취하는 데 커다란 욕구를 지니고 있다. · 일을 잘 조직하고 포괄적이며, 독립적으로 일을 수행한다.	· 자신의 비전을 알아차리지 못하는 사람들을 비판한다. · 독단적이 되고 양보하지 않는다. · 사람들을 칭찬하는 데 실패하고, 그들의 욕구에 부응하지도 못한다.

INFP(잔다르크형)		INTP(아이디어뱅크형)	
장점	단점	장점	단점
· 자신에게 의미 있는 가치나 사람에게 충성한다. · 호기심이 많고 빨리 알아채며, 아이디어를 수행하기 위한 촉매 역할을 한다. · 적응력이 좋고 융통성이 있으며 수용적이다.	· 언어를 통해 자신에 대한 표현이 어려워지고 상황으로부터 사람을 회피한다. · 자신의 내적인 관점을 최고의 것으로 주장한다. · 자신과 다른 사람의 역량을 의심한다.	· 이론적이고 추상적이며 사회적인 상호작용보다는 아이디어에 더 관심이 있다. · 조용하고 유연성이 있으며 적응력이 좋다. · 항상 분석적이다.	· 냉소적이 되고 부정적인 비판을 가한다. · 언어적인 논쟁과 떠벌림을 한다. · 자신의 논리와 맞지 않는 것을 하찮게 여긴다.

ENFP(스파크형)		ENTP(발명가형)	
장점	단점	장점	단점
· 열정적이고 따뜻하며, 상상력이 풍부하다. · 사건과 정보를 빨리 연관 지으며, 자신감 있게 진행한다. · 자발적이고 융통성이 있다. · 다른 사람들에게 칭찬받기를 좋아한다.	· 반항적이고 극단적으로 불복종한다. · 마감 시간과 절차를 무시한다. · 자신을 지나치게 확대한다. · 자신의 영감과 결정을 논리적으로 평가하는 데 실패한다.	· 빠르고 영리하며 행동에 거리낌이 없다. · 도전적인 문제를 해결하는데 자원이 풍부하다. · 개념적 가능성을 창출하고 전략적 분석 능력이 우수하다. · 일상적 일에 지루함을 갖고 새롭게 바꾸어 일한다.	· 경솔하고 무례하며 남들과 마찰을 일으킨다. · 반항하고 투쟁하는 모습을 보인다. · 과도하고 부적절한 도전과 자극을 추구한다.

ENFJ(언변 능숙형)		ENTJ(지도자형)	
장점	단점	장점	단점
· 따듯하고 감정이입을 하며 책임감이 있다. · 욕구와 동기에 대하여 높은 관심을 갖는다. · 집단 안에서 사람들과 상호작용하며 리더십을 발휘한다.	· 걱정하고 죄책감을 느끼며 자기 자신을 의심한다. · 조화에 대한 자신의 욕망을 강요하고 통제하려 한다. · 자신의 이상을 현실화하기 위해 필요한 구체적인 것들에 대하여 과도하게 얽매인다.	· 솔직하고 결단력 있고 리더십이 있다. · 비논리적이고 비효율적인 절차와 정책을 빨리 간파하고, 문제해결 할 수 있도록 한다. · 대체로 식견 있고, 교양이 있다. · 자신의 아이디어를 강하게 표현하고, 타인에게 전달하는 것을 즐긴다.	· 비인격적으로 대우하고 과도하게 비판한다. · 경청하는 것 없이 다른 사람에게 직접 명령한다. · 대인관계에 마찰을 일으키며 언어적으로 공격하는 모습을 보인다.

③ 어린이 16가지 성격유형 특징

MBTI 16가지 어린이 성격유형 특징[29]

ISTJ	ISFJ
· 모범생. · 주변에 휘둘리지 않고, 교우관계가 좋다. · 변화무쌍한 친구의 변화에 어려워한다. · 부끄러움을 많이 탄다. · 성실하고 책임감, 정리정돈을 잘한다. · 자발성과 표현이 부족, 표정의 변화가 적다. · 순하고 온순하고 순종적이다. · 외유내강의 느낌을 준다. · 자세가 바르며, 계획을 세워서 공부한다. · 자세하고 단계적인 설명을 선호한다. · 창의성과 융통성이 부족한 편이다.	· 사람(선생님, 친구, 집)에 따라 대하는 모습이 다를 수 있다. · 주변에 관심이 많다. (최신곡, 연예계, 옷, 헤어스타일) · 은근히 멋쟁이다. · 표정이 밝고, 소그룹의 리더에 잘 어울린다. · 온순, 성실, 책임감이 강하다. · 봉사적이며, 착하고, 인내심이 많고 꾸준하다. · 소수와 깊게 사귄다. · 준비물을 잘 챙기고, 규칙적이고 계획적이다. · 신뢰감이 느껴진다. · 행동력이 부족하고 변화를 싫어한다.

INFJ	INTJ
· 나서는 것을 싫어한다. (반장선거 사양) · 조용, 침착, 책임감이 강하다. · 내면적인 욕심이 많고 잔걱정이 많다. · 또래에 비해 성숙한 사고력을 지녔다. · 민감하고 복잡한 정서를 가졌다. (근심한 얼굴) · 교사의 의도를 잘 알아차린다. · 개인적인 강화에 크게 고무된다. · 시끄럽고 복잡한 것을 싫어한다. · 학급 일에 적극적으로 임하지 않는다. · 좋아하는 것과 그렇지 않은 것의 차이가 크다.	· 속으로 승부욕이 강하다. (이길 때까지) · 흥미 있는 것을 빠르게 습득한다. · 과학, 기계 부분에 우수하다. · '애늙은이', '용'으로 표현 가능 · 외모에 무관심, 소수와 깊게 사귄다. · 고집이 아주 세고 대단히 강하다. · 이유가 타당하지 않으면 끝까지 승복하지 않음 · 이론적, 논리적으로 따지고 이유가 많다. · 공상과학 만화를 좋아한다. · 감정표현이 없으나 상처를 쉽게 받는다. · 칭찬이나 벌에 무관심하다. · 친구들이 사소한 것(옷, 먹는 것 등) 얘기하는 것에 속상해한다.

29_ 김정택 · 심혜숙(2015). MMTIC 과정 교재. (주)MBTI 연구소

ISTP

· 여러 가지(폭넓게)를 안다. (INTP-깊게 안다)
· 행동이나 말을 시작하는데 시간이 많이 걸린다. (Warming up 후 일단 시작하면 잘함)
· 말수가 적고, 표정 변화가 거의 없다.
· 의욕적, 고집 셈, 왠지 강한 구석 있다.
· 끈기 부족, 뒷마무리가 부족하다.
· 나서지는 않지만, 소그룹에서 리더를 하려고 한다.
· 친구와 잘 다투고 잘 따진다.
· 손재주가 있다.
· '고양이 같은 호랑이'

ISFP

· 조용하게 산만하며, 은근히 행동파(장난)
· 굉장히 착하고 은근히 지지도가 높다.
· 'NO!'를 못 한다. (친구 사귀는 것 점검 필요가 있다)
· 너그럽고 순함, 낙천적, 천하태평, 행동이 느리다.
· 성급한 결론을 잘 내림, 끈기 부족하다.
· 부끄러움이 많고, 외모에 관심이 많다.
· 권위적인 분위기에서 눈치를 살핀다.
· 동식물을 사육하고 기르는 것을 좋아한다.
· 가끔 과격한 행동을 한다.

INFP

· 별일 없이 늦게 자고 잠이 많다.
· 규칙적인 생활이 필요하다.
· 전체적으로 양보하나 절대 아닌 것들에는 고집(내적 자존심)이 강하다.
· 개인적인 교류 필요하다.
· 장기적인 관심이 필요하다. (1~6학년 쭉)
· 조용하고 말이 없으나 마음이 깊고 따뜻하다.
· 친구나 주변 상황에 민감한 영향을 받는다.
· 민감한 정서세계, 동정심 많다.
· 약간 느림, 꾸준하지 못함, 실천력이 부족하다.
· 칭찬과 비난에 민감하고 사려가 깊다.
· 온화하고 부드러움, 잘 잊어버린다.

INTP

· 컴퓨터 절제 필요. 피해의식이 있다.
· 잘 챙기지 못함, 빌리기는 하지만 절대 안 빌려주고, 양보를 안 한다.
· 자기 것에 대한 집착이 강하다.
· 친구와의 교류가 필요하다. (진정한 관계 경험 중요)
· 만물박사, 논리적, 주관 강함, 고집이 세다.
· 호기심 많고 자기중심적, 잔소리를 싫어한다.
· 감정이 단순, 주변 환경에 영향받지 않는다.
· 정리 정돈을 잘 못 함, 학급에서 외톨이로 많이 지낸다.
· 잘 못된 일은 꼭 지적한다.
· 잘난척하는 경향, 못하는 친구 무시한다.
· 과학영역에 관심이 많다.
· 관심 없는 영역은 하지 않는다.

ESTP	ESFP
· 비밀이 없고 의리파다.	· 재치, 적응력 좋다.
· 언행 불일치 (처음에는 매료-나중에 좀 실망)	· 있으면 시끄럽고 없으면 허전하다.
· 성격이 급하고 승부욕이 강하다.	· 활발, 천방지축, 과잉행동, 먹보, 감상적이다.
· 순간의 자제력이 부족하다.	· 언제나 놀고 싶고 표정이 밝다.
· 개방적, 활동적, 적극적, 진취적, 항상 즐겁다.	· 장난이 심함, 붙임성 있음, 단순, 솔직하다.
· 모든 일에 관심을 가지고 지나치게 참견한다.	· 목소리 크고 말이 많다.
· 끝마무리가 부족하다(용두사미)	· 뭐든지 급하게 해치운다.
· 복잡한 것을 싫어한다.	· 진지함이 부족하다.
· 대중 앞에서 강하고 욕심이 많다.	
· 과잉행동, 목소리 크고 산만하다.	
· 임기응변이 뛰어나고 호탕하다. 재치꾼	

ENFP	ENTP
· 덜렁덜렁, 겁이 많다. (권위, 변화)	· 삐딱함, 솔직함, 활발, 독창적, 상상력과 표현력이 우수하다.
· 상황변화에 부담감이 크다. (전학 시 고려)	· 말의 논리가 우수하다.
· 순진하고 순수, 기발하고 활발하다.	· 친구들과 잘 어울리나 상대방을 배려하는 마음이 필요하다.
· 변덕쟁이, 분위기 맞으면 과잉행동한다.	· 고집이 강함, 게으르고 정리정돈이 안 된다.
· 좋아하는 것과 반대의 것과의 집중력 차이가 크다.	· 개인주의적 성향, 재주가 많다.
· 칭찬에 민감, 돈 씀씀이가 헤프다.	· 다방면에 관심을 가짐, 욕심이 많다.
· 사람을 좋아한다. (친구라면 절제 안 됨)	· 쉽게 포기하는 편, 반복, 설명은 질색이다.
· 반복훈련 싫어하고 정리정돈이 안 된다.	· 자기 논리에 빠지기 쉽다.
	· 친구를 리드하려고 한다.

ESTJ	ESFJ
· 진취적, 지고는 못 산다.	· 변화무쌍, 감정표현을 잘한다. (감정을 못 숨김)
· 나중에 섭섭해하는 친구가 많다.	· 잔걱정이 많다. 기획능력이 우수하다.
· 사회 적응력 최고, 활달하다.	· 적응력, 준비성이 뛰어나다. (레크레이션 사회자)
· 역량에 맞는 성취 욕구 설정이 중요하다.	· 명랑, 쾌활, 감정 풍부, 나서기를 좋아한다.
· 모범적, 솔선수범, 책임감이 강하다.	· 교실 꾸미는 일을 잘한다.
· 정리정돈을 잘하고 웃어른 공경, 예의 바르다.	· 미리 걱정하는 경향이 있다.
· 합리적으로 생각하고 공정한 것을 좋아한다.	· 친구와 잘 어울림, 일기를 잘 쓴다.
· 친구나 주변 사람을 배려하는 리더역할을	· 왕성한 발표력(말 많음), 언어계열을 선호한다,
잘한다.	· 표현력과 리더쉽이 뛰어나다.
· 여러 친구와 두루 잘 지낸다.	· 이야기 중심의 소설류를 많이 읽는다.
· 질서와 사회적인 관습(규범)을 중시한다.	· 분명한 과제와 자세한 설명을 좋아한다.
(ENTJ-자신의 규범 준수)	
· 친절하다.	

ENFJ	ENTJ
· 일이 주어졌을 때 완벽주의 (자신이 힘들다.)	· 에너지가 많다.
· 실존에 관한 관심과 질문을 한다.	· 세분화된 일을 잘한다. (예-화장실 점검표 만들기)
· 자신이 모자란다고 생각한다.	· 공정, 공평하다.
· 너무 진지하지 않고 현재를 즐길 수 있도록	· 여자는 세밀한 것을 못 챙김 (오히려 남자에게 편
돕는 것이 필요하다.	하다)
· 온순하고 착함, 책임감, 신뢰감이 강하다.	· 원리원칙주의자(자신만의 원칙)
· 주변 상황에 영향을 많이 받는다.	· 활발하고 논리적인 언어표현을 잘한다.
· 정리정돈을 잘하고 예능 분야 좋아한다.	· 고집, 자기주장이 강함 (굽히기 힘들다)
· 딴 세계에 빠져있을 때가 종종 있다.	· 간섭을 싫어하고 철저한 준비자세가 되어있다.
· 특정 분야는 지나칠 정도로 진지하다.	· 잘못되고 부당한 것은 꼭 바로 잡고 넘어간다.
· 참을성이 많고 친구와 잘 어울린다.	· 통솔력이 있다.
· 뜻밖의 행동으로 주변을 놀라게 한다.	· 계획하고 마음먹은 것은 해낸다.
· 터질 것 같은 화산을 마음에 품고 사는 아이!	· 타고난 자신감이 강하다.

(5) 에니어그램(Enneagram)에 의한 성격 분류

MBTI와 함께 성격유형검사로 많이 사용되는 것이 에니어그램이다. 에니어그램 또한 사람의 성격을 9가지로 나누고 그 9가지의 유형에 따라 사람을 분류하고 그 성향에 따라 타인과 관계 맺는 방식과 상호작용의 고유 특성을 이해하도록 하고 있다.

에니어그램은 러시아계 구르지에프(Gurdjieff, 1887~1949)에 의해 서구에 전해졌고, 1960년대에 볼리비아 이카죠(Ichazo)에 의해 개발되기 시작하여 1970년경 미국으로 확산되었다. 에니어그램은 BC 2500년경 이슬람교도 수피(Sufis) 스승들을 통하여 구두로 전해져 왔다고 한다. 에니어그램은 머리형(5, 6, 7), 가슴형(2, 3, 4), 장형(8, 9, 1)으로 크게 3가지로 분류하고 그에 따른 각각의 유형을 설명하고 있다.

현재 한국 에니어그램 연구소에서는 정기적으로 에니어그램 전문 지도자를 배출하고 있으며, 본인 또한 여러 단계의 에니어그램 수업을 이수하고 현재 강사활동을 하면서 많은 도움을 받고 있다. 태권도지도자들도 기회가 된다면 한 번쯤 에니어그램 수업을 듣고 태권도 수업에 활용해 보길 권장한다.

① 에니어그램에 의한 성격 분류

에니어그램 9가지 유형[30]

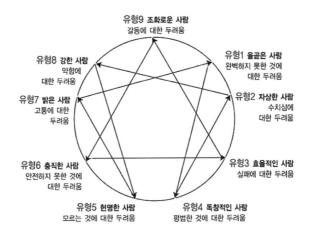

에니어그램 힘의 중추[31]

8, 9, 1 장형	소화기관과 연관됨. 힘과 정의에 관심이 많고, 분노와 관련된 문제가 있다. 체격은 보통 튼튼하며, 잘 발달된 근육이 신체적 특징으로 나타난다. 평소 하체가 발달하고, 단호한 눈매와 도전적인 표정이 있고, 평소 진지하다는 평을 듣는다. 이 유형은 규칙, 규율을 잘 지키고 담력이 있으며, 용감하고 객관적이며 원칙적인 사람이다.
2, 3, 4 가슴형	심장, 순환기 계통과 연관. 이미지와 인간관계에 관심이 많고 외로움, 수치감, 열등감과 관련된 문제가 있다. 체격은 동글동글하며 매력적인 미소를 띠고 있어 얼굴은 대개 부드러워 보기 좋은 특징이 있다. 가슴형 사람은 남들에 관한 관심으로 우정과 친밀함과 대인관계를 중시하여, 무엇을 결정할 때 인간을 매우 존중한다.
5, 6, 7 머리형	생각이 많고 두려움과 불안과 관련된 문제가 있다. 체격은 주로 편편한 가슴과 긴 몸, 빈약한 근육발달이 특징. 부끄러움을 타고, 소심함. 결정할 때 논리적이고 이성적이며 타당성이 있는지를 주로 판단함. 자신이 존경하는 이의 의견이나 그 문제에 관여하고 있는 권위자의 의견을 매우 중시함.

30_ 윤운성. 에니어그램의 이해. 에니어그램 연구소
31_ 윤운성. 에니어그램의 이해. 에니어그램 연구소

8 유형: 자기주장이 강하고 기운이 세고 힘이 넘친다.
9 유형: 평화주의자 스타일로 온순하고 느긋하고 느리다.
1 유형: 모든 일을 올바르게 하고 싶어 하며 진지하고 성실하다.
2 유형: 다른 사람을 도와주고 호감을 주고받으며 따뜻하고 상냥하다.
3 유형: 목표를 성공적으로 이뤄내어 인기를 얻고 싶어 하며 유능하고 활달하다.
4 유형: 상상력과 감수성이 풍부하고 예민하고 남다르다.
5 유형: 관찰과 혼자 있기를 좋아하고 말이 없는 편이고 호기심이 많다.
6 유형: 안전을 찾아 신중하며 의심과 두려움이 많다.
7 유형: 모험심이 강하고 쾌활하고 재빠르며 재미를 쫓아다닌다.

② 에니어그램으로 본 부모 및 자녀의 성격유형[32]

9번 유형 어린이	9번 부모
9번 유형은 어려서부터 갈등상황에 노출된 적이 없어 갈등상태를 싫어한다. 성격이 모나지 않아 어려서부터 친구들이 많고 사교적이다. 남과의 다툼을 싫어하는 편이고, 자신이 회피함으로써 어려움을 극복하려 한다. 이 유형은 어려서 부모가 많은 것을 도와주고 해결해 주었거나, 부모의 사랑을 충분히 받지 못하여 존중받지 못한 경우 또는 부모가 강압적으로 순종을 강요한 경우가 있을 수 있다. 그러나 자신을 믿어주고 지지해 주는 사람이 있으면 행동으로 보여주고자 열심히 노력한다.	9번 유형의 부모는 너그럽고 온화한 부모이다. 이 유형의 부모들은 자녀와 유대관계를 잘 유지하고 자녀들을 잘 이해한다. 그러나 자녀의 생각보다 부모의 생각대로 자녀를 위하는 마음을 갖는다. 훈육 시 정확하고 명확한 구분 없이 편한 대로 해석할 때가 많다. 9번 유형의 부모는 보다 분명하고 정확한 결정을 내리고 자녀의 생각을 존중할 수 있도록 하는 것이 좋다.

8번 어린이	8번 부모
8번 유형의 어린이는 어려서부터 독립심이 강하고 자기 할 일은 자신이 알아서 잘한다. 같은 또래 중에서 항상 앞에서 리드하는 특징을 보이고 책임감이 강하다. 또래들과의 다툼에서는 지려고 하지 않는다. 또한, 8번 유형은 자신이 옳다고 믿으면 끝까지 굽히지 않으려고 한다. 하지만 부모에게는 잘해야 된다는 자신만의 믿음이 강하여 부모 말은 잘 듣는 편이다. 어린이가 이렇게 8번 유형으로 자라나는 데	8번 유형의 부모는 자신이 힘이 있고 강한 만큼 자녀도 강하길 원하고 또한 강하게 훈육한다. 자녀가 부모와 같은 장형이면 부모의 뜻을 잘 받아줄 수 있고 부모의 모습을 본보기로 삼을 수 있지만 그렇지 않은 가슴형인 경우 부모의 훈육을 힘들어 할 수 있다. 따라서 8번 유형의 부모는 자녀의 생활을 자기 방식대로 주도하려고 하지 말고 자녀가 스스로 선택하고 경험할 수 있는 힘을 기르도록 배려하는 것이 좋다.

32_ http://blog.daum.net/hyosunla/5999832

에는 엄마와의 애정 교류가 양가적이란 원인이 있을 수 있다. 또한, 강한 모습을 보일 때 칭찬을 받았던 경험과 엄마의 사랑이 불규칙적일 때 엄마의 사랑을 의심하고 엄마의 사랑을 못 받는 자신을 미워하게 된다.

1번 유형 어린이	1번 유형의 부모
1번 유형은 똑똑하다는 소리를 많이 듣는 편이다. 어디서든 자기의 역할을 잘하고 일 처리도 깔끔하게 잘한다. 그러나 자기가 원하는 방향으로 되지 않을 땐 화를 낸다. 이 유형의 어린이는 도전적이고 성취 욕구가 강하여 항상 진지하다. 이 유형의 어린이는 엄하고 지나치게 비판적인 부모 밑에서 자랐거나 편모, 편부 밑에서 자랐거나 어려서부터 책임을 질 수밖에 없는 환경에서 자랐을 경우가 있다.	1번 유형 부모는 정확하고 정돈된 느낌이 있어 좋으나 목적 지향적이고 도전적 성향이 강하여 자녀가 힘들어 할 수 있다. 또한, 부모 자신이 원하는 모습으로 자녀가 움직이지 않을 경우 비판적이어서 자녀가 어려움을 겪을 수 있다. 1번 유형의 부모는 본인이 솔선수범하는 태도로 자녀를 선도하는 교육방법을 하는 것이 바람직할 수 있다.

2번 유형 어린이	2번 유형 부모
2번 유형은 감정이 풍부하여 누구에게나 긍정적이고 협조적이다. 그러나 자신의 욕구는 타인에 비해 크지 않다고 생각하여 무시하고 넘어가는 경향이 많으나 알아주지 않으면 실망하고 매우 불편하게 받아들인다. 이 유형은 조실부모했거나 부모의 이혼 등 평화가 결핍된 환경에서 자랐을 경우가 있을 수 있다. 아니면 부모에 대한 사랑표현을 솔선수범함으로 인정받고 표현하려는 기제이다. 남을 돕고 베풀었을 때 자기가 원하는 인정 욕구가 채워지기 때문에 헌신적이다.	2번 유형의 부모들은 대부분 자녀를 지나치게 좋아한다. 자녀에 대한 지나친 간섭과 보호는 사랑하기 때문이라 생각하여 자녀가 스스로 경험할 수 있는 기회를 주지 않고 부모가 직접 알아서 챙겨준다. 훈육 시에도 자녀의 마음이 상할까 망설이며 분명한 태도를 보이지 않는다. 9번 유형의 부모는 보다 분명하고 명확한 기준으로 자녀를 훈육할 필요가 있으며, 스스로 자기 일을 찾아 할 수 있는 기회를 주는 것이 바람직하다.

3번 유형 어린이	3번 유형 부모
3번 유형은 늘 칭찬받고 인정받기를 좋아한다. 자기는 늘 잘하는 사람으로 생각하며 열심히 노력하고 도전한다. 그래서 항상 목표의식이 뚜렷하고 진취적이다. 이 유형의 어린이는 말도 잘 듣고 일도 잘하고 칭찬도 많이 받는 유형의 어린이다. 이 유형의 어린이는 부모에게 칭찬을 많이 받고 자라서 자기가 최고인 줄 안다. 남 앞에서 인정받는 자신은 당연하다고 느낀다. 어려서 부모에게서 칭찬과 지지를 받았기 때문에 매사에 자신 있고 진취적이다. 이 유형의 어린이는 잘할 땐 일등, 못할 땐 꼴찌로 기복이 매우 심하다.	3번 유형의 부모는 자녀가 학교에서 무엇이든 잘하고 인정받는 모범생이 되길 원한다. 또한, 그러한 리더십과 모범적인 자녀가 될 수 있도록 하는 것이 부모의 역할이라고 생각하여 많은 지원을 아끼지 않는다. 자칫 부모의 성취 모델을 자녀에게 투영할 수 있는 요소가 있다. 자녀는 한 개체의 인격체로, 개인의 적성과 취미에 맞도록 스스로 길을 찾도록 돕는 것이 중요하다.

4번 유형 어린이	4번 유형 부모
4번 유형은 혼자 있는 것을 좋아하고 모든 일을 완전무결하게 해결해야 된다는 마음을 가지고 있다. 또한, 개인의 개성이 강하고 감성이 풍부하여 독창성이 뛰어나 예술가 기질이 돋보인다. 감성이 지나쳐 부모에게 사랑받지 못하는 이유는 자신에게 있다고 생각하여 자신에 대한 탓을 많이 한다. 또한, 고통스러운 상실감을 느꼈거나 그와 반대로 너무 많은 사랑을 받아 공주병 또는 왕자병으로 산 경우도 있다.	4번 유형의 부모는 자신만의 개성이 뚜렷하여 삶의 방식이 독특할 수 있다. 그러나 자녀에게는 통찰력과 따스함, 예민한 감각으로 자녀를 훈육한다. 특유의 감수성과 독특성, 개성 있게 자녀를 훈육하지만, 자녀는 그러한 부모의 감정을 부담스럽게 생각하여 자신의 감정표현을 하지 않을 수 있다. 부모의 독특한 감성으로 자녀를 돌보기보다 자녀의 독특성을 인정해 주고 지지해 주는 것이 중요하다.

5번 유형 어린이	5번 유형 부모
5번 유형은 생각을 깊게 하고 자기가 할 일에 대해 충분히 알아야 행동에 옮긴다. 어려서 질문이 많고 책을 좋아한다. 모든 면에 분석적이고 탐구하며 조심스럽게 행동한다. 이 유형은 부모와 관계가 만족스럽지 않았거나 옹색한 환경에서 자란 경우가 있을 수 있다. 이 유형은 자칫 자신이 제일 많이 알고 있는 것으로 오인할 수도 있다.	5번 유형의 부모는 분석적이고 계획적이다. 이 유형의 부모는 자기 계획안에서 모든 일이 이루어져야 한다. 따라서 자녀도 자기 계획 하에서 움직여 주어야 한다. 항상 자기 판단이 옳다고 생각하여 자녀의 이야기를 잘 들어주지 않을 수 있다. 5번 유형의 부모는 자신이 하는 일이 모두 옳다는 생각을 버리고 자녀와 대화할 수 있어야 한다.

6번 유형 어린이	6번 유형 부모
6번 유형은 어려서부터 모범생으로 질서 규칙 등을 잘 지킨다. 이 유형은 의존성이 강하고 걱정거리가 많기는 하나 친구관계가 원만하여 좋아하는 친구들이 많다. 그러나 확신이 생기면 매우 진취적이고 저돌적으로 일을 해결해 나가는 장점도 있다.	6번 유형의 부모는 엄격하고 냉정한 부모이거나 자식을 대하는 태도가 매우 변덕스러운 태도를 보인 부모 밑에서 자란 부모일 경우가 많다. 따라서 눈치를 많이 보며 조심성이 몸에 배이는 경우가 있다. 이런 까닭에 자녀는 그렇지 않도록 자라나게 하기 위하여 과보호할 수 있다. 자녀는 자신의 삶에 비교된 인생을 살지 않도록 염려하고 훈육하는 것이 아니라 단지 자녀를 인정하고 같이 있어 주는 존재여야 한다는 것을 부모는 깨달아야 한다.

7번 유형 어린이	7번 유형 부모
7번 유형은 어려서부터 꿈과 상상력이 풍부하고 즐겁게 잘 노는 특징을 가졌다. 어려서부터 말재주가 좋다는 말을 많이 듣는다. 이 유형의 아이들은 머리는 좋으나 노는 것을 즐겨서 스포츠 선수나 연예인의 꿈을 많이 꾼다. 이 유형의 형성은 부모의 강한 성격으로 부모만의 방식으로 이끌거나 부모와의 관계가 고통의 근원이었던 경우 또는 부모에게 실망하여 박탈감을 느끼는 경우 그 채워지지 않는 박탈감을 채우고자 방탕하거나 게임중독과 같이 한곳에 푹 빠지는 특징을 나타낸다.	7번 유형의 부모는 자녀와 즐겁게 함께 보내는 것을 좋아한다. 실내보다 야외에서 함께하는 것을 좋아한다. 때로는 새로운 곳을 찾아 여행을 많이 한다. 자녀에게 새로운 것을 많이 보여주고 느끼게 해주는 것이 좋은 교육이라고 느껴 함께하기를 강요한다. 새롭고 흥미로운 것에 매료되어 자주 삶의 패턴을 빠르게 바꾸는 특징이 있어 자녀에게 방탕한 느낌을 갖도록 할 수도 있다.

이 외에도 웩슬러 지능검사, 다면적 인성검사, TIC 기질 및 성격검사 등이 있다. 성격유형 검사를 통하여 100%로 인간의 성격을 진단하고 파악할 수는 없다. 그러나 이러한 도구를 통하여 인간의 심리적 사고를 통찰하고, 이를 통하여 대인관계 갈등과 사회갈등을 줄여나갈 수는 있다고 본다. 성격 분석의 핵심은 자신과 타자 간 성격을 이해하고 파악하여 갈등상황을 피하거나 조절함으로써 삶의 어려움을 극복하고자 하는 데 그 목적이 있다. 따라서 과거로부터 지금까지 연구되어 온 심

리분석 도구를 적절히 활용하는 것은 성격 분석에 좋은 방법이 될 수 있어 인성교육에 도움을 준다.

3) 뇌와 성격

성격은 정신작용으로, 뇌 안에서 일어나는 신경작용의 결과이기도 하다. 따라서 태내기와 출생 후 뇌 발달과정을 이해하는 것은 성격을 이해하는 데 큰 도움이 된다. 뇌는 임신 4주가 되면 신경관의 머리 부분인 전뇌, 중뇌, 후뇌로 나뉘어 뇌의 3중 구조가 형성되기 시작하고, 임신 12주가 되면 팔다리와 머리 모양도 갖추게 된다. 이때 뇌는 여러 가지 기능을 수행하기 시작한다. 출산 무렵인 37주가 되면 뇌는 어른과 비슷한 약 천억 개의 신경세포로 발달하게 되면서 생후 생존과 직결된 판단 기능을 갖게 된다. 뇌 과학자들은 임신 초기 6~12주 사이를 가장 중요하다고 말하고 있는데, 그 이유는 뇌의 기본이 만들어지고 신경세포가 자리를 잡는 시기이기 때문이다. 이 시기에 산모에게 과도한 스트레스나 공포, 불안정한 정서가 계속되면 신경세포에 이상이 생겨 출생 이후 성격이나 학습능력 장애가 발생할 수도 있다고 한다. 출생 시 아기의 뇌는 천억 개의 뇌세포와 50조 개의 시냅스를 가지고 태어나는데, 불과 몇 개월 만에 1천조 개의 시냅스를 갖게 된다. 이 시기의 뇌는 들어오는 오감을 통해 빠르게 새 시냅스로 증식하여 새로운 가지를 만들어 간다. 이때 오감을 통해 받아들인 정보는 성격 형성에 중요한 단초가 된다. 유아기 1~3세까지 매우 빠른 뇌 신경회로가 발달하는 시기이고, 3세가 되면 어른과 비슷한 뇌 신경세포의 수를 가지게 된다. 이 시기의 영아들은 생존을 위한 기본 반응에 민감하게 반응할 뿐, 스스로 판단하고 능동적으로 대처할 수 있는 능력을 갖지 못하기 때문에 매우 예민하고 불안정한 상태로 발달한다. 바로 이 시기 엄마와의 정서관계가 안정되고 편안하여 행복함을 느끼게 된다면 뇌는 이 세상을 안전하고 편안한 세상으로 인지하고 긍정적 뇌 신경회로를 형성하겠지만, 그와 반대로 불안전한 관계가 지속된다면 부정적 뇌 신경회로가 형성되어 불안전한 성격으로 발달한다. 유아기 아이는 세상에서 자신의 의지대로 할 수 있는 것은 아무것도 없기 때문에 불안전한 정서가 깊이 내재되어 감정이 고조되어 있는 시기이다. 이때 자신을 보호해 줄 엄마와의 유대관계는 성격을 형성하는 데 매우 큰 영향을 미친다. 따라서 엄마와의 애착관계는 뇌 발달은 물론 성격 형성에 큰 영향을 미친다.

인간의 뇌 구조를 보면 크게 뇌간, 변연계, 대뇌피질의 3층 구조로 되어있다. 뇌간은 생명중추로 수면, 호흡, 체온, 식욕 등 생명과 직결된 기능을 한다. 변연계는 감정중추로 위험파악, 공격, 도피 등 생명을 지키기 위한 본능적 행동을 담당한다. 대뇌피질은 운동 실행, 체성 감각, 시각, 청각 언어 등의 기능을 담당하고 전전두엽은 모든 운동의 인지와 정서상 행동을 계획하고 판단하는 역할을 담당한다. 특히 논리적 사고와 도덕적 판단을 하는 전전두엽은 감정 중추 변연계와 직접 닿아 있어 감정조절에 깊이 관여한다. 전전두엽이 손상을 입거나 미성숙된 경우 감정조절에 실패하여 성격표현에 문제를 일으킬 뿐만 아니라 도덕적 판단능력에도 문제가 생긴다. 실제로 ADHD(주의력결핍 과잉행동장애)를 갖고 있는 어린이의 뇌를 MRI로 확인하면 전전두엽의 이상을 발견할 수 있다. ADHD는 여러 가지 원인에 의해 발생하기도 하지만 대부분 유전자에 의한 뇌 기능의 차이 때문에 발생하기 때문에 전문의의 처방에 따라 치료하는 것이 좋다. 다만 후천적 영향에 의해 발생한 ADHD는 부모의 노력과 관계전문가의 노력으로도 치료가 가능하다.

전전두엽의 발달은 6~12세경에 발달하기 시작하는데 이 시기가 되어야 자신이 한 행동에 대하여 옳고 그름을 판단하고 잘못에 대해 반성할 수 있는 지적 능력을 가지게 된다. 따라서 6세 이전의 교육은 부모와 또래들 간의 긍정적 정서관계를 통하여 성격 형성에 도움을 주고, 6세 이후에는 도덕적 가치에 기준을 둔 교육을 통하여 성격 발달에 영향을 미치도록 하여야 한다. 성격은 뇌가 생성되는 태아기부터 출산 후 부모와의 관계, 사회학습 과정에 따라 달라지는 만큼 뇌의 발달 과정과 인지구조에 대한 충분한 이해가 선행되어야 한다.

4) 공격성 성격

공격성을 생태학적 이론에 근거하여 말한다면 동물의 생존을 위한 하나의 수단이다. 근본적으로 공격성은 선천적인 것이어서 공격성을 감소시키거나 통제할 수 있지만, 공격성을 막을 방법은 없다. 프로이트는 공격성을 인간의 욕망 중 하나로 보았으며, 누구나 인간 내부에 파괴적이고 적대적인 공격적 에너지가 있다고 하였다. 대상관계이론으로 본 아동의 공격성은 공격을 정신의 내적 위협에 대한 자아의 반응으로 보았으며, 자아의 반응은 아동을 돌보는 사람들과의 관계에서 비롯된 다는 입장을 취하였다. 즉 가족 그리고 그 외의 대상과 맺는 상호작용의 질과 관계가 있다는 것이다. 사회학습이론으로 본 공격성은 본능이 아니라 타인과의 상호작용을 통하여 학습된 행동으로 환경적인 요인에 의해 나타난다고 하였다.

공격성을 자신을 보호하기 위한 수단으로 사용하거나 자기를 나타내려는 자기과시 수단으로 나타내는 공격성을 무조건 나쁜 것으로 치부할 수만은 없다. 공격성이 가지는 긍정성(방어능력, 도전성, 진취성)을 부각시켰을 경우 공격성을 긍정적으로 평가할 수 있지만, 그 또한 자신과 타인에게 피해를 주게 된다면 공격성 평가는 부정적으로 바뀔 것이다. 현대인에게 있어 모든 공격성은 부정적 이미지를 갖고 있다. 공격적인 모든 행동은 나를 비롯한 타인에게 해를 입히게 될 개연성이 많기 때문에 나쁜 행동이고 해서는 안 되는 것으로 현대인들은 인식하고 있다.

(1) 공격성 유형

공격성의 촉발유형에는 적대적(충동적, 반응적, 감정적) 공격성과 도구적(의도적, 능동적) 공격성으로 구별할 수 있다. 적대적 공격성은 분노의 감정으로 대상에게 해를 입히려는, 적대적이며 충동적 행동으로 나타나는 공격성이다. 도구적 공격성은 어떤 목적을 이루기 위한 의도를 가지고 공격성을 통하여 얻을 수 있는 보상을 기대하는 의도적이고 능동적인 공격성이다.[33] 공격성은 내면의 정서적 분노를 표출하는 것인지 혹은 의도한 것을 성취하려는 도구적 수단의 공격성인지를 변별하기 쉽지 않다.

33_ 이정혜(2004). 아동의 공격성 유발요인에 대한 대상관계 이론적 관점. 상담학연구제 4권

적대적 공격성(충동적, 감정적)	도구적 공격성(의도적)
· 공격의 피해에 의한 경험이 내재된 공격성 · 의도 자체가 적대적인 사람을 해치기 위한 공격성 · 사전에 어떻게 해야 할지 계획을 세워서 공격하는 것	· 무엇인가를 얻기 위한 공격성 · 의도를 가진 공격성 · 사전계획과 의도가 없는 공격성

공격성의 발현형태로는 직접적인 공격과 간접적인 공격성이 있다.

직접공격	간접공격
· 직접 대면 · 감정적 분노에서 발현 · 직접 구타, 모욕 · 청소년기에 발달(가정환경 문제)	· 직접 대면이 없음 · 욕망에서 발현 · 지능적 범죄(괴롭힘, 왕따, 사기) · 청소년은 처벌을 최소화하기 위하여 사용한다.

(2) 공격성 성격의 발달과정

공격성은 연령과 성에 따라 달라진다. 나이가 어릴수록 도구적 공격성을 많이 나타내는 반면, 연령이 증가함에 따라 적대적 공격성을 많이 나타낸다. 공격성은 영아기로부터 시작하여 유아기와 아동기, 청소년기로 성장하면서 성격의 한 요소로 발전된다. 이러한 공격적 성격은 성인기까지 확장되며 약물중독, 폭력, 도박 등, 범죄 행동으로 나타난다는 점에서 그 심각성을 간과할 수 없다.

공격적 성격은 욕구를 충족시키기 위한 무의식적 행동으로부터 출발한다. 이때 부모의 세심한 보살핌은 욕구 충족으로 이어져 공격적 성격으로 발전하지 않지만, 그와 반대인 경우 불만이 쌓이게 되어 공격적 성격으로 발전한다. 불만이 공격성으로 표출되는 과정에서 부모의 사랑을 확인하고 안정감을 느끼게 되면 공격성은 소거되지만, 일관성 없는 부모의 태도가 반복될 경우 불만은 내재될 뿐만 아니라 불만을 해결하기 위한 공격성의 형태가 발달한다.

위니캇(Winnicott)[34]은 생애 초기 경험이 개인의 성격을 형성하는데 결정적 시기로 보고, 그 시기 객관적 세계를 경험하는 일에 방해를 받으면 진정성과 자발성을 상실하고 왜곡된 성격을 갖는다고 하였다. 이 말은 영아가 엄마에게 자신의 욕구를 요구할 때 엄마가 그 요구를 묵살하거나 도리어 보복적 반응을 한다면 영아는 자기효능감을 경험해 보지도 못하고 엄마의 눈치를 보며, 엄마 기분을 맞추려 노력하게 된다는 것이다. 이때 영아는 자신이 대상에게 충분히 요구하는 것을 두려워하게 되고 결과적으로 욕구와 욕망을 신경증[35]적으로 억제하게 된다고 하였다. 이후 대상에 대한 요구가 결핍되고 억제된 욕구와 욕망은 충동적 공격성으로 표출된다는 것이다.[36]

공격적 성격의 발달은 잘못된 훈육에서 비롯되기도 한다. 유아기와 아동기 훈육을 빙자한 체벌, 폭언, 강압적 행동은 부모와 아동 간 적대감을 키워 공격적 성격성향으로 발전한다. 잘못된 훈육환경에서 성장한 대부분의 아동은 '가정은 폭력으로 지켜지고, 사회는 강하고 냉정해야 살 수 있다'는 잘못된 생각을 의지와 신념으로 키운다.

공격성은 학습된다. 공격적일 때 손해보다 더 많은 이익을 가져왔던 경험들이 축적되어 있다면 공격 행동의 빈도가 높아지고 자연스럽게 성격으로 발전한다. 그와 반대로 손해를 겪었다면 손해를 보상받기 위하여 방어적 공격성을 키운다. 습관화된 공격성은 타인의 시선과 도덕

34_ 위니캇(Donald Woods Winnicott) 아동심리학자, 대상관계이론의 주류학자 중 한 사람
35_ 내적인 심리적 갈등, 심리적 긴장, 심리적 불안으로 일어나는 심리(정신)질환
36_ 이정혜(2004), 아동의 공격성 유발요인에 대한 대상관계 이론적 관점, 상담학연구제 4권

적 기준은 아랑곳하지 않는 경향이 있으며, 공격 행동을 통해 타인을 더 제압하고 통제하려 한다. 잘못 인식된 불만, 잘못된 훈육, 잘못된 학습에 의해 공격성에 노출되었던 아동들은 공격적 행동이 아니면 자신을 지킬 수 없고 늘 손해본다는 피해의식에 사로잡혀 사소한 장난도 비난과 적대적 의도로 받아들여 공격적 행동을 일삼는다. 이러한 잘못된 공격성향은 자기유능감으로 내재할 수 있으며, 인간관계와 사회관계의 실패에도 아랑곳하지 않고 자신이 유능하다고 착각하여 공격성을 멈추지 않고 반사회적 인격 장애로 발전한다.

공격성 발달은 성장과정에서 어느 한 시기에 특정적으로 발달하는 것이 아니라 영·유아기로부터 성장의 전 과정을 통하여 발달한다. 공격성이 발달하게 되는 원인은 앞서 살펴본 바와 같이 매우 다양하고 복잡한 변인이 얽혀있기 때문에 공격성 치료가 쉽지 않다. 가장 좋은 치료는 공격성의 싹이 자랄 수 없는 가정환경과 사회구조를 조성하는 것이 중요하고, 공격성이 노출된 아동에게는 지속적인 관심과 애정으로 공격성이 완화될 수 있도록 돕고 지지하는 것이 중요하다.

(3) 공격성 해결방안

공격적 성격을 바로잡기란 그리 쉽지는 않다. 공격성은 이미 학습과정을 거쳐 자신도 모르는 사이에 성격성향으로 자리 잡고 있기 때문에 의식적 노력으로 쉽게 고쳐지지 않는다. 공격적 성격성향은 무의식적으로 표출되는 경우가 대부분이어서 "하면 안 된다", "하지 마라." 등과 같은 말로 공격성 문제를 해결하기란 매우 어렵다. 그렇다고 강압적 압력이나 체벌은 오히려 반항심만 더 키워 역효과를 불러온다. 공격성이 성격의 성향으로 자리하기까지 긴 시간과 많은 오해가 더해져 나타났기 때문에 간단한 말 한마디 또는 단순한 행동수정 교육으로 공격성 문제를 해결하기란 쉽지 않다. 따라서 공격성 문제를 해결하기 위해서는 지나온 긴 시간만큼의 노력이 필요하고 강한 깨우침의 반성이 있어야 공격성 성향을 바로잡을 수 있다.

공격성 문제를 해결하기 위해서는 공격성 원인을 분석하는 것이 중요하다. 원인 분석이란 언제, 어디서, 누구에게, 어떻게(폭력 방법/폭력 수위), 왜(원인/의도) 하였는지 등을 파악해야 한다. 이렇게 파악된 공격성 원인을 기준으로 대응 처방을 준비할 때, 태권도장과 같은 제한된 공간을 중심으로 한 협의적 처방은 효과가 미약하다. 반드시 부모와 공유되어야 하고, 필요하다면 학교 선생님의 도움도 받아야 한다. 앞서 말한 바와 같이 공격성이 성격으로 내재되기까지는 많은 시간과 심리적 원인에 의해 고착되었기 때문에 간단한 행동수정 방법을 통하여 공격성 문제를 해결할 수 없음을 이해해야 한다.

공격성을 줄이는 방법으로는 첫째, 공격 행동을 통해 얻을 수 있는 이익이 없도록 단호하게 차단하여야 한다. 욕구 충족의 수단으로 공격적 행동은 잘못된 행동이란 점을 깨닫게 해주고, 역으로 친사회적 행동을 했을 때 많은 보상이 이루어질 수 있도록 하여 친사회적 행동을 강화시켜야 한다. 이 방법은 유아이거나 초등학교 저학년일 경우 더 효과적이다. 둘째, 공격성을 정화시키는 방법이다. 태권도수련을 통하여 성취감을 가지도록 하여 공격 행동을 정화시키는 것이다. 즉, 승급심사, 승품·단 심사, 경기 참가, 수련캠프, 태권도 이벤트 참여 등을 통하여 만족과 성취감을 갖도록 하여 공격적 에너지를 다른 방향으로 표출될 수 있도록 유도하는 것이다. 셋째, 공격성이 나타나기 바로 전 느끼는 감정과 신체적 느낌을 알아차릴 수 있도록 코칭하고 공격적 감정이나 신체의 공격적 느낌이 나타날 때 행동보다 말로 자신의 감정을 표현하도록 하거나 잠시 즉각적 행동을 멈추고 표출방법을 생각할 수 있는 시간을 가지게 한다면 공격성을 정화시키는 데 도움을 줄 수 있다.

인성심리학

인성심리
심리이론

01
인성심리

         ✐ 인성심리학이란? 인성을 키우기 위한 심리상
태를 학문적 접근을 통하여보다 객관적이고 과학적으로 풀어나가는
것을 인성심리학이라 말할 수 있다. 인성에 대한 올바른 접근을 위해
서 반드시 알아야 하는 것은 인간의 심리(마음)다. 인성이란 사람의 품
성(品性)을 말한다. 품성이란 물건에 품질이 있는 것과 같이 사람의 품
격과 좋은 성품을 아울러 함께 쓰는 말이다[01]. 집을 짓기 위해서 단단
한 기반공사가 필수이듯이 인성을 확실하게 알기 위해서는 심리이론의
기반이 튼튼해야 한다. 따라서 이번 장에서는 심리학의 개념과 이론을
중심으로 접근하도록 하겠다.

  심리의 단어만을 살펴보면 심리란 마음의 이치, 마음의 원리를 말한
다. 마음의 이치란 마음의 도리(善, 惡, 可, 否)를 판단하는 내적 기준, 마
음의 원리란 마음의 원인, 마음의 흐름, 마음의 유형을 말한다. 단어적
의미를 보다 더 확장적으로 풀이해 보면 마음에서 일어나는 선과 악,
옳고 그름을 구분하는 원칙적 마음이고, 마음의 원리는 마음이 생기
는 원인, 마음이 흐름(패턴), 마음의 유형(영혼, 감정, 정신, 사고, 성격, 정서, 의식,
무의식, 욕구, 욕망 등)별 가지는 특정적 의미와 개념을 말한다.

01_ 안주영(2016). 품성: 미국의 인성교육. (사)한국품성교육협회

심리학(psychology)이란 인간의 마음과 행동과정을 과학적으로 접근하여 연구한 학문으로 경험과학의 한 분야를 뜻한다. 인간에게는 행동을 유발하는 다양한 정신과정을 동반하게 되는데, 그 정신과정에 대한 올바른 이해와 답을 찾기 위해 과학적으로 접근하여 결론을 찾아가는 것이 바로 심리학이다. 심리학이라는 단어는 영혼(靈魂, Soul)이라는 뜻의 그리스어 'psyche'와 어떤 주제를 연구한다는 의미의 'logos'가 합쳐진 것으로, 초기에는 심리학을 '영혼에 관한 탐구'라고 하였다. 이것은 초기 심리학자들이 신학의 영향을 받은 것이기 때문으로 볼 수 있다[02]. 이와 같이 심리학이란 인간 내면의 정신적 활동 원인을 과학적으로 분석하고자 연구한 학문으로 그 기원은 동서양 문화와 함께 발전해 왔으며, 많은 학자가 연구한 결과물이다.

심리란 학문은 그 범위가 넓고 방대하여 많은 학자의 이론과 학문을 모두 살펴보기에는 어려움이 있다. 따라서 이 책을 통하여 개념을 이해하고, 이를 통하여 수련생들의 마음 상태를 진단하여 수련생 지도에 응용할 수 있는 정도의 개념만 다루도록 하겠다.

지금까지 대부분의 태권도지도자들은 신체적 특성 및 태권도의 기술적 특성만을 중심으로 학습하고 지도해 왔다. 그렇기 때문에 인간의 마음(심리)에 관해서는 매우 초보적인 수준일 것으로 판단하고, 너무 깊이 있고 전문적인 내용보다 기본 개념에 중점을 둔 심리영역을 중심으로 살펴보고자 한다. 따라서 우선 우리가 흔히 말하는 심리의 요소들(영혼, 감정, 정신, 사고, 성격, 정서, 의식, 무의식, 욕구, 욕망 등)의 개념을 살펴보고, 이후 심리이론을 살펴보도록 하겠다.

02_ [네이버 지식백과] 심리학 [Psychology]

1) 마음

마음을 한마디로 정의하기는 매우 어렵다. 마음은 형이상학적이고 포괄적 개념이기 때문에 한마디로 정의하기에는 매우 조심스럽고 어렵다. 그러나 우리가 일상에서 마음으로 분류하여 표현하는 단어로 영혼, 욕구, 욕망, 감정, 정서, 생각, 기분, 의식, 무의식 등을 마음으로 표현하고 있다. 마음은 원초아에 뿌리를 두고 환경과 상호작용하는 과정에서 선택되는 의식적 활동이다. 마음을 알기 쉽도록 바다와 비유하여 설명해 보면 바다의 겉표면은 늘 출렁이는 파도가 있고, 해저에는 엄청난 해류가 일정한 속도와 흐름을 유지하며 흐르고 있다. 바람에 일렁이는 파도를 생각에 비유하고 해류를 감정으로 비유하면 적절할 것이다. 바다에서 파도가 이는 이유는 보이지 않는 바람의 영향, 즉 환경의 영향과 해류의 영향이다.

과거에는 마음이 심장에 있다고 믿었다. 그러나 마음은 가슴에 있는 것이 아니라 우리가 보고 판단하고 행동할 수 있도록 하는 뇌 신경작용의 결과이다. 그렇다고 마음이 뇌, 또는 뇌신경 시냅스도 아니다. 모든 행위의 근원은 뇌신경 작용의 결과인 것은 맞지만 그렇다고 뇌신경 작용이 마음이라고 하기에는 많은 설명이 필요할 것 같다.

영어도 마음을 여러 형태의 단어로 지칭하고 있다. 'mind/spirit/soul/mood/feeling' 한글과 마찬가지로 표현하는 방식에 따라 적절한 단어를 사용하고 있다. 이처럼 마음이란 매우 형이상학적이고 포괄적인 개념이기 때문에 마음의 개념을 정리하기보다 마음으로 지칭되고 있는 단어를 정의 하는 것이 마음을 이해하는 데 도움이 될 것 같다[03].

2) 감정(感情)

인간에게 감정이 무엇인가를 이해한다면 인성을 이해하는 데 많은 도움이 될 것으로 본다. 감정이란, 외적 환경에 반응하는 인간의 정서 상태, 즉 기쁨과 슬픔, 공포, 두려움, 증오, 사랑 등이다. 인간에게 있어서 감정은 인간의 본성(욕구)에 의해 발화하기도 하고 외부 자극에 발화하기도 한다. 인간의 기본적인 본능 욕구는 모두 같은 수준의 반응을 가질 수 있으나 욕망에 따라 나타나는 감정 결과는 매우 다양하고 복잡하게 나타날 수 있다. 욕망에 의해 나타나는 감정은 조절이 가능할 수 있으나 생사와 관련된 본능적 욕구의 감정은 의식적 조절이 매우 힘들다. 인간의 두려움과 공포의 감정은 안전함을 추구하게 하고, 분노의 감정은 적과 마주함에 용기를 갖게 한다. 또한, 기쁨의 감정은 흥미를 갖고 새로운 것에 도전하도록 하고, 사랑의 감정은 이타심이 있기에 평화를 추구한다. 이러한 모든 감정은 사람에게 똑같이 반응하는 것은 아니라 정서에 따라서 다양하게 나타나기 때문에 감정을 단편적으로 이해하기는 어렵다. 정서란 감정이 발원되었을 때, 어떻게 판단하고 대응할 수 있도록 하는가를 나타낸다. 감정은 정서적 반응 결과에 따라 감정이 조절될 수 있다. 따라서 감정을 이해하기 위해서는 정서를 반드시 알아야 한다. 감정을 이해하는 데 정서의 역할이 매우 중요한

03_ 김봉환(2020). 국기원 태권도 심리론

관계로 다음 장에서 정서를 논할 때 다시 다루도록 하고, 이번 장에서는 감정의 개념만을 다루도록 하겠다.

감정을 일반개념으로 받아들여 이해하고자 한다면 생리적 원인, 심리적 원인, 사회적 원인, 문화적 원인 등으로 나눌 수 있다.

- **생리적 원인**: 생리적 원인에 의한 감정은 생리적 욕구의 영향이다. 생리적 욕구는 식욕, 수면욕, 성욕 등과 관련이 있다.
- **심리적 원인**: 심리적 원인에서 비롯된 감정은 대부분 욕망과 관련이 있다. 욕구에 따라 욕망이 원만하게 해결되지 않을 때 우울, 분노, 불안, 열등감 등과 관련이 있다.
- **사회적 원인**: 인간관계에 따라 겪는 갈등과 트라우마, 열등감 등과 관련 있다.
- **문화적 원인**: 종교, 도덕, 윤리, 가치관, 예술 등과 관련이 있다.

우리는 위와 같은 일반적 개념을 통하여 감정을 이해하고 있다. 그러나 감정을 보편적 수준에서 이해한다면 수련생의 다양한 감정변화에 긍정적 대처가 미흡할 수 있다. 따라서 보편적 이론을 근거로 접근하기보다 뇌과학적 접근을 통해 감정을 이해하는 것 또한 효과적일 수 있다.

인간의 감정 작용은 뇌 안 신경회로의 메커니즘(mechanism)에서 비롯된다. 뇌는 약 1.5kg 정도의 무게를 가지고 있으며, 포유류 중에서 크기가 가장 크고 섬세하게 이루어져 있다. 많은 포유류 중에서 오직 인간만이 그 크기가 클 뿐만 아니라 뉴런과 시냅스 수가 가장 많은 것으로 알려져 있다. 이 같은 인간의 뇌는 내적·외적 자극에 대해 다양한 감정 상태로 반응한다. 인간을 제외한 동물 또한 외부 자극에 대해 본능적인 감정을 나타내는데, 종에 따라 조금씩 다른 패턴의 양상을 보인다. 1960년대는 동물을 대상으로 연구실이 아닌 실제 현장에서 실험이 많이 이루어졌는데, 이 실험에서 동물 또한 본능적 추동에서 반응하기도 하지만 정서적 감정을 통해서 교류한다는 사실을 발견할 수 있었다. 이 연구는 다윈이 말한 인간과 동물의 감정표현이 큰 차이가 없다고 한 말을 뒷받침하고 있다. 이 연구는 인간이 가지는 감정의 뇌와 동물이 가지는 감정의 뇌 역할이 큰 차이가 없다는 것이다. 다만 대뇌의 사고과정에서 동물과 차이가 있을 뿐이다.

일반적으로 뇌를 구분할 때 3가지로 구분하는데, 1차적인 파충류적인 뇌, 2차적인 동물적인 뇌, 3차적인 인간적인 뇌로 구분할 수 있다.

뇌의 구분

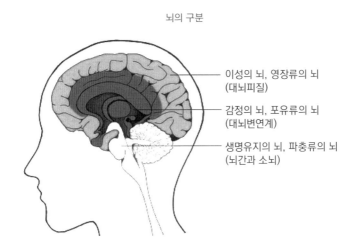

이성의 뇌, 영장류의 뇌
(대뇌피질)

감정의 뇌, 포유류의 뇌
(대뇌변연계)

생명유지의 뇌, 파충류의 뇌
(뇌간과 소뇌)

1차적인 뇌(뇌간)는 감각적인 뇌로 즉각 반응을 보인다. 즉 파충류는 매우 약한 존재이기 때문에 모든 환경의 변화는 생명과 직결될 수 있어 즉각적인 반사작용으로 스스로를 보호한다. 다시 말해 파충류의 뇌는 뇌간이다. 뇌간은 기본적인 생명현상을 관장하는 곳으로 생존과 직결된 본능적 반응만을 관장한다. 2차적 동물의 뇌는 변연계(시상, 시상하부, 해마, 편도체)로 신경전달물질과 기억, 위험감지, 감정(공포, 분노, 공격, 슬픔, 기쁨, 사랑 등)적인 것들에 매우 민감하게 반응한다. 변연계 또한 오감(시각, 청각, 촉각, 미각, 후각)의 자극에 매우 민감하며 자극에 즉각적인 반응을 보인다. 대뇌피질은 이성적 문제해결 능력, 언어표현, 사건, 사실, 기억, 판단 등을 관장하여 사람으로서 모든 행동을 능동적이고 창의적으로 할 수 있도록 돕는다. 인간이 파충류나 동물과 다른 점이라면 반사적 행동을 지연시킬 수 있다는 것이며, 본능적 욕구의 감정을 조절 또는 변형할 수 있는 능력을 가지고 있다는 것이다. 그리고 이성적 판단으로 행동의 효율성을 높일 수 있다는 것이다.

감정은 포유류 동물의 특징이다. 이미 생명이 잉태되는 순간부터 삶을 지탱하기 위하여 갖는 뇌의 기본 감정프로그램인 것이다. 인간과 동물은 감정적인 면에서 큰 차이를 갖지 않는다. 다만 앞서 말한 바와 같이 어떻게 감정을 조절하고 효과적으로 처리하는가에 따라 동물과 사람을 분리할 수 있을 뿐이다. 뇌에서 감정이 발화되는 것은 내적 자극이나 외적 자극이 큰 차이가 없다. 내적 자극(욕구)이 생리적으로 일어나게 되면 자극은 변연계를 자극하게 되고, 그 자극의 강도에 따라 감정이 일어나게 된다. 이때의 감정조절은 정서조절 능력에 따라 달라지는데, 정서란 뇌 시냅스가 감정 자극에 어떻게 반응 정도를 나타내는가에 따라 감정조절이 좌우된다. 변연계와 대뇌피질(전전두엽)을 연결하는 신경 시냅스 회로는 여러 회로가 있지만, 감정을 전달하는 회로는 파페츠 회로가 대표적이다. 파페츠 회로는 뇌간과 신경핵들이 서로 연결하여 정서적 반응과 사건 맥락들을 기억하도록 한다. 외적 자극에 의해 일어나는 감정은 내적 자극 과정과 유사하나 약간 다른 과정을 거치게 된다. 외적 자극이 오감을 통하여 들어오게 되면 오감의 정보는 각 뇌의 감각 영역으로 정보가 전달되고, 그다음 각 감각 연합영역으로 자극 정보가 전달된다. 전달된 자극 정보는 연합영역에서 과거 기억과 연합하여 다중 연합영역으로 보내지고 그다음 변연계의 편도, 해마, 시상과 교감하게 되는데, 이때 감정이 발화된다. 이렇게 발화된 감정은 파페츠 회로를 거쳐 전전두엽으로 전달된다. 전전두엽으로 전달된 감정을 어떻게 처리할 것인가는 전전두엽에서 결정하여 처리한다. 이때 전전두엽의 사고력이 약하다면 감정이 여과 없이 언행으로 나타나겠지만, 사고력이 강하면 감정을 조절하여 언행으로 나타나도록 한다.

사고의 과정

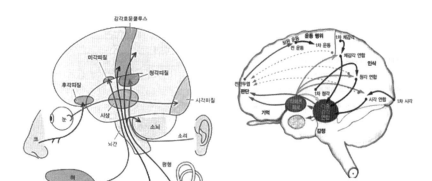

04

04_ 그림 출처: 박문호. 생각의 출현

감정은 대부분 뇌의 변연계 반응에 따라 나타나기 때문에 변연계의 반응조절 능력이 핵심이다. 우리 인간이 어떤 환경에서 어떻게 반응하고 해석해 왔는가는 그 사람이 감정에 휘둘리는 사람인지 감정을 휘두르는 사람인지를 알 수 있는 인성의 근거가 된다.

(1) 감정과 인성

사람의 감정은 앞서 말한 바와 같이 본능의 생물학적 욕구(생존, 번식)로부터 발현된다. 원초적 감정은 생존과 밀접한 관계가 있는데, 이 감정은 생존을 위하여 위험한 상황을 피하고, 먹이를 위해 공격하고, 적과 마주쳤을 때 분노하고, 번식을 위해 사랑하고, 공감하는 원초적 감정으로부터 출발하여 진화해 왔다. 그렇기 때문에 감정이란 매우 단순함으로부터 출발한다. 따라서 생물학적 욕구가 충족되면 감정은 빠르게 안정된다. 그러나 이러한 욕구가 충족되지 않거나 좌절되고 결핍되면 그 욕구를 해결하고자 노력하고 갈망하게 되는데, 이것이 욕망으로 발전한다. 욕망은 생물학적 욕구가 좌절되고 결핍되어 그 보상을 갈망하거나, 채워진 욕구를 더 연장시켜 지속하고자 하는 열망이나 기대(희망)를 추구하고자 할 때 욕망을 갖게 된다. 욕망이 좌절되거나 결핍되면 미해결 과제로 무의식 속에 내재되어 늘 보상을 원하며 감정의 뿌리를 만든다. 이러한 욕망은 욕구와 다르게 만족을 모르고 지속해서 갈망하는 특징을 갖고 있다. 이 같은 감정의 메커니즘(mechanism)은 인간 모두 다 가지고 있는데, 그 감정을 처리하는 과정은 사람마다 다르다. 사람마다 다른 것은 앞서 말한 바와 같이 학습된 정서적 경험의 결과가 다르기 때문이다.

한 살박이 어린아이가 있다고 가정하자. 이 어린아이는 꿀벌을 한 번

도 본 적이 없다. 그렇기 때문에 꿀벌이 쏜다는 것을 모를 것이다. 처음에 벌을 보고 움켜쥐었는데 벌침에 쏘여 아픔을 가졌다면 그 이후 벌과 유사한 것만 보아도 공포를 느끼고 회피할 것이다. 이 어린아이는 꿀벌에 쏘였던 아픈 기억이 깊이 각인되어 꿀벌과 유사한 것만 보아도 다시 아팠던 생각이 떠올라 공포의 감정을 유발할 것이다. 이렇게 좋지 못한 기억은 어리면 어릴수록 더 깊게 각인되어 평생 트라우마 (trauma)로 남게 되어 유사한 상황이 재현되면 트라우마가 촉발되어 나쁜 감정을 유발하게 되는 것이다. 또 다른 예를 들어보자, 할아버지만 보면 우는 영유아가 있다고 했을 때, 영유아는 할아버지에 대한 나쁜 감정이 내재되어 할아버지를 보면 울 것이다. 이때 할아버지가 영아가 좋아하는 조건을 지속해서 충족시켜주면 시간이 얼마 지나지 않아 할아버지를 좋아하게 될 것이다. 처음에는 나쁜 감정이 있었으나 지속해서 좋은 감정이 유발될 수 있는 조건, 정서가 만들어지면 나쁜 감정은 사라지고 좋은 감정이 자리 잡게 되는 것이다. 이렇듯 나쁜 감정도 긍정적 자극이 반복됨으로써 긍정의 정서가 자리 잡게 되어 감정표현이 긍정적으로 바뀔 수 있다.

감정은 옳고 그름의 판단에 의해 나타나지 않는다. 감정은 자극을 받으면 바로 나타나는데, 이때 어떻게 나타낼 것인가는 판단에 의한 것이 아니고 학습된 정서상태에 의해 무의식적으로 나타난다. 따라서 정서상태가 어떻게 내재되어 있는가 하는 것이 그 사람의 감정을 어떻게 조절하고 표현할 수 있는가를 나타내기 때문이다. 감정은 정서와 밀접한 관계를 가지고 있다. 감정이 표출될 때 정서상태에 따라 감정이 표현되는데 그 표현의 정도가 인성의 척도로 평가하기도 한다.

3) 정서(情緒)

정서란 내·외적 자극에 반응하는 감정상태를 말한다. 여기서 설명이 좀 필요한데, 내·외적 자극에 반응한 감정상태란 내적 욕구와 오감을 통해 들어온 정보를 내재된 경험 및 학습에 견주어 감정을 컨트롤(control)하여 표현될 수 있도록 하는 능력을 말한다. 정서에 대한 정의를 명확히 정의하기가 모호하여 감정과 정서를 혼용하여 쓰기도 하지만 감정과 정서는 엄연히 다른 속성을 가지고 있다. 여러 학자가 정의한 정서에 대한 정의는 조금씩 차이가 난다. 학자들이 정의한 내용을 살펴보면 리브(Reeve, 2014)[05]란 학자는 정서를 자신이 경험하는 어떤 상황, 혹은 사건에 대해 개인이 가진 특유의 생각과 방식으로 느끼는 주관적 현상을 신체적으로 활성화시켜 상황에 따라 효율적으로 작용하게 하거나 대처하게 해주는 생리적 현상이라 하였다[06]. 엔드로우(Andrew, 2005)[07]는 정서는 특정 시간과 장소에서의 느낌, 행동 평가, 욕구의 통합이라고 하였다. 정서와 혼동하는 성격은 정서 행동, 인지, 목표에 대한 시공간에 걸친 일관성 있게 나타나는 패턴이라고 성격을 설명하기도 하였다. 이를 보다 구체적으로 이해하기 쉽게 설명한다면 성격과 정서의 관계는 기후와 날씨의 관계로 설명하였는데, 기후는 어느 장소에서의 30년간의 평균 날씨 상황을 나타내고, 날씨는 주어진 시간

05_ Reeve, J. (2014). Understanding motivation and emotion. John Wiley & Sons.
06_ 이여름(2019). 무용지도자와 무용전공 대학생의 커뮤니케이션이 정서와 정서조절에 미치는 영향. 단국대학교 대학원 박사학위논문
07_ Andrew Ortony, Donald A. Norman, William Revelle(2005), "Effective functioning: A three level model of affect, motivation, cognition, and behavior", In: J. M. Fellous & M. A. Arbib (Eds.), Who needs emotion? The brain meets the machine, Oxford University Press, pp.173–202.

과 장소의 대기상황을 나타낸 것이라고 보충설명 하였다. 이처럼 성격이 어느 한 사람에 대한 총체적인 것이라면 정서는 특정 순간에 관찰되는 것이다[08]. 정서를 느낌으로 표현하는 학자도 있는데, 느낌이란 외부 자극을 오감을 통하여 느끼는 정도를 주관적, 의식적, 판단으로 느낌을 나타내는 것으로 정서와 비슷한 개념이기는 하지만 정서와는 다르다.

정서란 인간의 생존확률을 높이기 위해 외부 자극 및 환경에 적응할 수 있도록 구조화된 특성이다. 이러한 특성의 정서가 보다 더 바람직하게 인간관계와 사회생활에 구조화가 될 수 있도록 하는 것이 바로 인성교육이라고 할 수 있다.

정서의 형성은 성격과 같이 영·유아기부터 청소년 이전 시기에 거의 완성 되는데, 가장 중요한 것은 가정의 부모와 애착관계에서 시작된다. 부모와의 애착관계가 어떻게 설정되느냐에 따라 정서함양에 여러 변수를 갖게 한다. 인간은 이 세상에 태어날 때 생존과 번식이라는 두 가지 핵심 본능으로부터 출발하기 때문에 생존에 가장 큰 영향을 주는 엄마는 아기의 관점에서 볼 때, 생명을 지켜줄 최고의 지원군인 셈이다. 이러한 엄마와의 애착관계는 태아가 평안한 정서를 유지하고 발달할 수 있도록 돕는 데 큰 역할을 하게 된다. 엄마에게서 받는 포근하고 따뜻한 사랑은 행복감과 희망의 꿈을 선택하도록 하는 정서가 될 것이지만, 배고픔과 불쾌감을 주는 엄마는 자신을 지켜주고 행복을 줄 수 없는 대상이 되어 불안과 긴장, 경계와 경쟁, 공격적인 정서가 자리 잡게 된다.

08_ 함준철(2011). 정서이론 기반의 인공정서 설계와 구현. 숭실대학교 대학원 박사학위논문.

정서발달은 비단 태아기만이 중요한 것은 아니다. 성장과정에서 갖는 기쁨, 행복, 성취감, 분노, 충격, 열등감, 트라우마 등 다양한 사건에 의해 영향을 받는다. 그러나 가장 중요한 것은 이러한 사건이 보다 긍정적으로 내면화 될 수 있도록 돕고 지지해 주는 가족과 사회환경의 마련이 긍정적 정서가 확보될 수 있도록 하는 조건이 된다.

(1) 정서와 인성

앞서 밝힌 바와 같이 정서는 특정 시간과 장소, 사건에 반응하는 기분 상태, 느낌 등이라고 할 수 있는데 이 같은 조건에 반응한 정서는 일정한 패턴을 가지고 있다. 이런 일정한 패턴에 따라 반응하는 정서는 내재된 사건 또는 학습된 반응에 따라 일정한 패턴으로 반응하는 것이다. 이러한 반응 패턴은 불변한 것이 아니라 또 다른 사건, 환경변화, 학습을 통하여 패턴 방향을 다르게 구성한다. 이러한 정서에 가장 큰 영향을 주는 시기가 있는데 바로 영·유아기다. 그다음 아동기, 그다음이 청소년기이다. 이와 같이 정서의 발달은 시기에 따라 다르게 발달하는데, 그 시기에 따라 발달에 영향을 미치는 특성을 이해하는 것은 인성지도 현장에서 많은 도움을 준다.

영아기는 출생부터 24개월, 2년까지의 시기를 말한다. 이 시기의 영아는 이 세상에 대한 새로운 환경에 적응하기 위하여 뇌와 신체발달이 빠르게 발달하고 타인과의 정서적 친밀감도 빠르게 발달시켜 나간다. 이 시기는 일생의 전 생애 중 가장 예민하게 정서발달이 일어나는 시기로, 생애 첫 대면하는 부모와의 정서적 유대관계가 정서적 패턴을 만드는 단초가 된다. 정서는 앞서 말한 바와 같이 어떤 환경에 어떤 방법으로 어떻게 감정을 발원될 수 있도록 하는 가를 조절하는 것인데, 이런 학습을 할 수 있도록 하는 첫 대상이 바로 부모인 것이다. 영아는 출생 순간부터 생명 유지를 위해 프로그래밍(Programming)된 본능대로 행동한다. 생명 유지를 위한 본능에는 식욕, 배설욕, 성욕, 수면욕 등의 본능에 속하는데, 그중 가장 큰 비중을 차지하는 욕구가 식욕이다. 이 식욕의 본능을 해결해 주는 대상과의 관계 형성은 정서발달에 큰 영향을 준다. 이러한 과정에서 본능적 욕구를 해결해 나갈 때 형성되는 부모와의 애착은 정서의 씨앗으로 작용한다. 이러한 정서적 영향에 따라 성격 또한 발달하는데, 이를 깊이 있게 연구한 학자가 바로 정신분석의 대가 프로이트이다. 프로이트는 인간의 기본 본능을 발원할 수 있도록 하는 신체의 감각기관 발달 및 그를 통한 욕구의 해결방법에 따라 성격이 형성된다는 이론을 발표하였다. 프로이트가 말한 신체 감각기관은 구강, 항문, 성기로 보았으며, 이 대표적인 감각기관 충동의 만족이 성격발달에 영향을 준다고 하였다. 프로이트는 성격발달의 단계를 5단계 중 영·유아기의 구강기(0~18개월)로 입 빨기로 생존에 필요한 영양뿐만 아니라 빨기를 통한 욕구 충족을 한다고 하였다. 이러한 욕구 충족이 적당히 이루어지면 탐욕적이거나 충동적인 공격성이 완화 될 뿐만 아니라 대인관계가 원만한 정서가 자리 잡게 된다.

대상관계이론에서도 영·유아기 타자를 통해 자기를 확인하고, 타자와의 관계를 통하여 인간관계를 인식하고, 타자를 통하여 세상을 판단한다. 이때 타자와의 관계에 대한 경험이 내면화되어 정서발달에 영향을 미치고 성인이 되었을 때에도 사회생활과 인간관계에 영향을 미친다. 여기에서 말하는 타자는 엄마와 아빠로부터 가족으로 이어지는데,

특히 영·유아기는 엄마와의 관계가 어떻게 형성되는지가 정서발달에 매우 중요한 역할을 한다.

애착이론에서도 영·유아기 양육자와의 애착[09]형성이 어떻게 이루어지는가에 따라 정서발달에 영향을 받는다. 영·유아기 부모와 안정된 애착이 형성된 영아들은 타인을 신뢰할 줄 알고, 도움도 줄 수 있다. 자기 자신에 대해서도 신뢰나 사랑으로 자신을 믿고 의지하는 정서를 갖게 되어 성장하면서 사회생활에 긍정적이지만, 그와 반대되는 애착을 형성한 영아들은 타인을 불신하고 자신을 믿지 못하는 내적 정서가 자리 잡게 되어 모든 면이 부정적이거나 배타적인 면을 보인다.

영아기의 정서는 인간의 기본욕구 해결을 돕는 대상과의 감정 교류 패턴에 따라 정서발달도 달라질 수 있다. 유아기는 3~6세경의 연령에 속하는데, 이 시기의 유아들은 가족과 가족 간의 대화와 행동을 통해 정서를 학습한다. 또한, 또래들과 어울리며 사회생활의 법칙을 이해하고 문제해결능력을 기를 뿐 아니라, 옳고 그름에 관한 판단을 이해하면서 그 상황 상황에 대한 정서를 발달시킨다. 피아제(Jean Piaget)의 이론에 따르면 이 시기의 유아들은 전조작기의 시기로 타인도 자신과 동일한 생각을 하는 것으로 생각하는 자아중심성이 발달하고, 무생물도 살아있다고 생각한다. 이러한 자아중심적 사고는 타인과 타협을 불허하고 자기주장만을 고집한다. 이때 부모의 지지와 설득으로 이 시기를 잘 극복한다면 타인과 관계 정서가 좋게 형성될 수 있으나 그렇지 못한 경우 의기소침하고 쉽게 포기하는 정서가 자리 잡게 된다. 또한, 에릭슨은 프로이트와 다르게 가족의 환경과 문화의 영향으로 정서가 발달

09_ 애착: 대상을 향해 강한 감정적 유대를 갖는 것

한다고 하였다.

유아기가 지나고 아동기(6~12세)에는 인지능력이 발달함에 따라 또래 친구들과 사귀는 방법, 적절한 성 역할, 도덕의 가치관, 사회집단에서의 역할 등을 배우는 과정을 통해 정서를 발달시킨다. 이 시기의 아동들은 환경의 영향에 따라 신체적으로 정신적으로 개인차가 크게 나타난다. 또한, 가정과 학교 또래 영역에서 여러 시행착오를 거듭하면서 학습되는 경험을 통해 자신의 영역을 발달시킨다. 이 시기는 학습을 통해 사회의 윤리, 도덕, 전통적 관념, 사회제도와 가치관 등의 사고 개념의 기초지식을 배울 수 있도록 하고 사회현상의 실질적 체험을 할 수 있도록 도와 자기 개념의 영역을 넓혀주어야 한다. 또래 관계에서도 서로 간의 실질적 행동을 통해 옳고 그름과 관계 형성 패턴을 어떻게 이어나가는지를 알 수 있도록 해야 한다. 그러나 이런 과정이 미비하여 또래들과의 정서 공유의 실패가 반복되거나 집단에서 자기 위치와 존재를 갖지 못하게 되면 열등감으로 인한 자신감 상실로 도전 정신과 리더십, 협동심을 촉발시킬 수 있는 정서가 자리 잡지 못하게 된다. 따라서 성장기에는 가족의 지지보다 또래 또는 사회집단으로부터 긍정적 피드백을 받지 못 하므로 발생하는 부정적 정서가 많다. 이 시기의 아동에게는 아동들끼리 단체운동을 할 수 있는 여건을 만들어주는 것 또한 긍정적 정서함양에 매우 좋은 방법 중 하나이다.

청소년기는 13~20세 시기로 사춘기에 해당한다. 이 시기는 기본적인 사고가 형성되어 가족과 사회생활에서 나름의 독특성(개성)을 가지고 적응해 간다. 피아제는 이 시기를 형식적 조작기라고 명명했으며 이 시기의 특징으로 가장 두드러지는 것은 자신의 지각이나 경험보다는 논리적 원리에 따라 추상적 사고가 가능하기 때문에 경험하지 못한 사건에 대해 가설적이고 추상적인 합리화를 통하여 과학적 사고를 할 수 있게 된다[10]. 이러한 지각적 사고는 정서발달의 확장성과 유연성을 갖게 하는 데 도움을 준다. 또한, 청소년기의 가장 두드러진 특징 중 하나가 성호르몬의 증가에 따른 신체적 정신적 변화이다. 이 시기는 사춘기로 성격이 민감할 뿐만 아니라 과격해져 자기제어가 쉽지 않은 특징을 가지고 있다. 이 시기의 정서는 발달보다 조절이라 표현이 적절하며, 가족 간의 대화와 이해 또래집단과의 소통이 정서조절에 많은 도움을 준다. 이 시기의 정서조절은 집단 활동을 통해 극복할 수 있도록 하는 것이 좋으며, 특히 스포츠나 체육 활동 참여를 통해 정서를 조절하는 것이 매우 긍정적 효과를 나타낼 수 있다.

4) 생각

생각은 결론을 얻으려는 관념의 과정, 또는 목표에 이르는 방법을 찾으려고 하는 정신활동을 말한다. 지각이나 기억의 활동만으로는 충분하지 않은 경우에 어떻게 이해하고 행동해야 할 것인가를 헤아리는 의식적 활동을 생각이라 말할 수 있다[11].

생각이란 사물의 이치를 헤아리고 판단하는 것으로 의견, 인식, 지각, 자각, 판단, 사고, 사색, 분별, 의지, 상상 등으로 일컬어지기도 하

10_ 권중돈(2014). 인간행동과 사회환경. 학지사
11_ 위키백과, 생각

는데 사고(思考), 사념(思念) 등을 대신해 생각이란 말을 쓰기도 한다. 생각은 인식하기에 따라서 지각(知覺)으로 지각에서 자각(自覺)으로, 자각은 통찰(通察)로 진화되어 상용되기도 한다. 따라서 생각은 대상과 사물을 있는 그대로 헤아리고 기억하고, 새롭게 창조하는 상상의 힘을 가진다.

그러므로 생각은 살아있음이고, 순간순간 반응하는 깨어있음이고, 가슴속은 물론 내 몸 전체를 기반으로 하여 머릿속에 생겨난[生] 깨달음[覺]이다[12].

생각은 지문처럼 개개인이 다르고, 국가와 종교, 동서양에 따라서도 다르다. 이러한 결과는 자란 환경, 문화, 학습이 다르기 때문에 생각의 차이가 있는 것이다. 생각의 차이를 동양과 서양으로 크게 분류해 보면 이해할 수 있다.

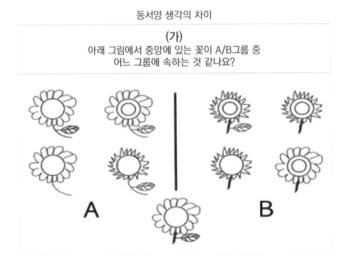

동서양 생각의 차이

(가)
아래 그림에서 중앙에 있는 꽃이 A/B그룹 중
어느 그룹에 속하는 것 같나요?

A   B

12_ http://blog.daum.net/511-33/12370330

위 (가)의 꽃 그림 선택과정에서 동양인은 대부분 A를 선택하였고, 서양인은 B를 선택하였다. 동양 사람은 유사성을 고려하여 A를 선택하였고, 서양 사람들은 줄기를 직선인 이유를 들어 B를 선택하였다. (나)의 동물과 바나나 선택과정에서 동양인은 대부분 관계적인 면을 고려하여 원숭이와 바나나를 선택하였고, 서양인은 동물적 맥락에서 곰과 원숭이를 선택하였다. (다)의 소와 닭, 풀 중 관계있는 것을 묶을 때 역시 동양인은 대부분 소와 풀을 선택하였고, 서양인은 소와 닭을 선택하였다[13]. 동양 사람은 대부분 사회적이고 상호 의존적인 인간관계를 중시하는 반면 서양은 개체의 속성과 특징에 중심을 두과 사물을 판단한다. 생각은 개인의 학습과정에 따라 생각을 달리할 수도 있지만, 역사와 문화에 따라 생각의 차이가 생길 수 있다.

사람의 생각은 성격과는 구별된다. 성격은 내·외적 자극에 일관되게 반응하는 정신작용이고, 생각은 인식과 판단 과정의 분별력을 나타내는 정신작용이다. 생각은 학습화된 기억을 바탕으로 판단하는 정신작용으로 뇌의 기능에 대한 충분한 이해가 필요하다.

인간은 생존을 위해 필요한 모든 것은 외부에서 취득한다. 모든 생명체가 갖는 공통점이다. 모든 생명체는 이러한 프로세스를 거스를 수 없다. 인간은 필요한 에너지를 외부로부터 제공받아야 생명을 유지할 수 있다. 따라서 모든 생명체는 외부 에너지가 존재하는 쪽으로 행동한다. 이것이 바로 동물의 행동이 목적 지향성인 이유다. 목적 지향을 위한 행동이 일어나기 위해서는 뇌에서 어떠한 작용이 일어나야 하는데, 그 작용이 바로 의식, 생각의 과정이다. 생각은 언어라는 상징체계로 구성되어 뇌에 기억된다.

생각은 언어를 매개로 하여 고차의식이 생성되면서 현재가 연속적으로 흘러가 미래가 생기고 저장된 기억을 불러내어 새로운 입력에 대응할 때 과거라는 의식이 생긴다. 그리고 과거의 정보가 쌓여 이루어진

13_ https://m.blog.naver.com/PostView.nhn?blogId=lotteria30&logNo=140165837203&proxyReferer=https%3A%2F%2Fwww.google.com%2F

상태가 바로 현재이다. 현재의 자극 입력을 뇌가 처리한다는 것은 과거의 기억을 현재와 대조한다는 것이 의식이고, 생각이다.

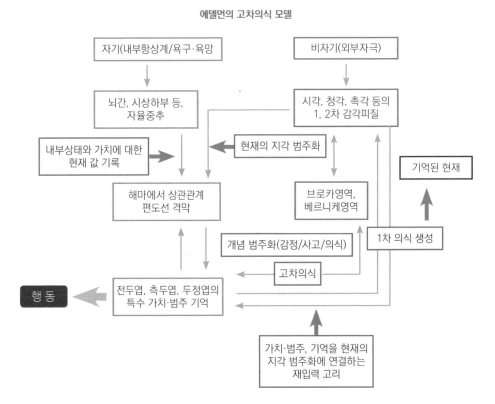

에델먼의 고차의식 모델

02
심리이론

1) 프로이트

　정신분석을 이해하기 위해서 프로이트 학문은 반드시 이해할 필요성이 있다. 자칫 오해의 여지가 있을 수 있는 학문이긴 하지만 인간의 원초적 본능과 무의식을 이해하는 데 있어 매우 중요한 학문이기도 하다.

　프로이트(S. Freud, 1956~1939)는 오스트리아에서 태어났다. 그는 인간의 정신세계를 구체적으로 연구한 정신과 의사로 20세기 정신분석의 성격이론에 큰 영향을 준 인물이다. 또한, 그동안 일반적 통설로 내려오는 사람의 성격을 과학적으로 체계화하려고 노력하였다. 프로이트는 인간의 마음을 빙산으로 비유하고 물 위에 드러나 있는 부분을 의식으로 표현하고, 물속에 잠긴 부분을 무의식으로 표현하였다.

인간의 마음 구조[14]

14_ https://brunch.co.kr/@symriro/194

프로이트는 인간의 마음을 복잡한 에너지로 결집된 정신역동체로 보면서, 인간의 심리에는 의식(consciousness), 전의식(preconsciousness), 무의식(unconsciousness)의 정신세계가 있다고 주장하였다.

(1) 의식 수준

의식이란 자신이 주의를 기울이는 순간에 곧 알아차릴 수 있는 정신세계의 일부로 현재 인식하고 판단하는 범위 내에 있는 정신세계를 말한다. 그리고 시간이 흘러 주의가 바뀌게 되면 의식은 전의식이나 무의식으로 들어가 잠재된다고 하였다. 전의식이란 의식과 무의식 사이에 존재하는 정신세계로 현재 의식화되지는 않았지만 쉽게 의식화될 수 있는 것들로 구성된 정신세계라 하였다. 즉 의식화하기 위해 집중하고 노력하면 바로 의식화될 수 있는 정신세계를 말한다. 전의식은 개인이 그 정신세계를 의식하지 못하기 때문에 무의식이라고 생각할 수 있으나 무의식세계와는 다른 정신세계이며, 의식과 무의식의 중간과정에 존재하면서 두 정신세계를 연결해 주는 역할을 해주기도 한다. 무의식이란 의식과는 다른 존재의 정신세계로 인간의 기본적인 욕구와 감정, 욕망, 트라우마, 열등감 등이 잠재되어 있는 곳이다. 무의식은 자신이 인식하지 못하는 정신세계로 의식적 억압이라는 기제를 통해 무의식화되면 자기도 인식하지 못한 사이에 행동으로 표출되기도 한다. 무의식의 정신세계에 존재하는 내용은 자신도 영원히 알지 못할 수도 있다. 인간이 살아가는 동안 억압되거나 잠재된 것들이 생물학적 충동이나 어떤 일과 연관되어 나타나면, 그것은 정신적 불안을 유발하고 자기방어적 행동으로 나타나거나 수용이 불가능할 경우 다시 억압되어 무의식 속에 자리하게 되면서 병적인 갈등을 유발하기도 한다[15].

프로이트는 인간의 모든 행동에는 반드시 원인과 결과의 법칙이 존재한다고 믿는 결정론자였다. 또한, 인간의 행동과 심리적 작용에는 우연히 일어나는 것이 아니기 때문에 그 원인의 발로를 설명할 수 있다고 하였다. 프로이트는 인간은 외부 환경과 상호작용에 따라 성격의 분화가 일어날 뿐만 아니라 내부에서도 서로 역동성을 가지고 서로 상호보완하거나 반복하면서 상호작용한다고 보았다. 이러한 정신세계를 원초아(id)와 자아(ego), 초자아(superego)의 세 구조모형으로 제시하였다.

(2) 성격의 구조

원초아(id)란 생물학적 본능으로 구성된 정신세계로 두 가지 특성을 가지고 있는데, 첫째는 일차적 사고과정(primary process)이 일어나고, 둘째는 쾌락의 원리(pleasure principle)에 지배된다는 것이다. 일차적 사고과정은 비합리적이고 비논리적인 방법으로 욕구를 충족시키려는 비현실적인 방법을 말한다. 원초아는 전적으로 무의식세계에 존재하며 현실 의식과의 접촉이 없다. 일차적 사고과정은 일시적 위안을 가져오지만, 실제로 욕구 자체를 만족하게 하지는 못한다. 쾌락원리(pleasure principle)는 그 충동을 지연시키지 않고 즉각적으로 만족시키고자 한다.

15_ 이정서(2010). 인간행동과 사회환경. 동문출판사

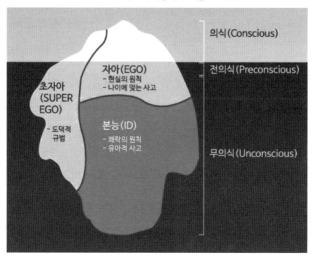

프로이트의 지형학적 모형[16]

의식(Conscious)

전의식(Preconscious)

자아(EGO)
- 현실의 원칙
- 나이에 맞는 사고

초자아
(SUPER
EGO)

- 도덕적
규범

본능(ID)
- 쾌락의 원칙
- 유아적 사고

무의식(Unconscious)

자아(ego)란 원초아가 욕구충족을 위해 현실과 타협이 필요할 때, 자아가 그 역할을 담당하게 된다. 즉 자아는 사회규범, 도덕, 규칙, 관습과 같은 현실성을 고려하여 논리적이고 합리적인 방법을 통해 원초아의 욕구와 욕망을 진정시킨 뒤, 현실적인 방향으로 욕구를 충족시키도록 조정하고 행동을 결정한다.

초자아(superego)는 3~6세 사이에 나타나기 시작한다. 자아가 현실을 고려하는 데 비해 초자아는 도덕적 측면으로 현실보다는 이상을 나타내며, 쾌락보다 자기통제와 완전성을 위해 노력하는 부분이다. 즉 부모의 훈육에 따라 점차 발달하여 간다. 초자아는 도덕성에 기초를 둔 양심과 이상적 자아, 두 가지 하위체계로 이루어져 있다. 양심은 잘못된 행위에 대해서 생기는 죄의식과 관련되며, 이는 부모와의 동일시를

16_ http://blog.naver.com/yhs5752/70177256769

통하여 부모의 도덕 규범이 내면화된 처벌적이고 비판적인 부분이다. 이상적 자아는 자아에 대한 열망들로 구성되며 이상적인 열망들은 부모로부터 보상받은 경험 등이 기초가 된다[17].

프로이트는 성격 형성에 중요한 시기를 5세 이전으로 보았고, 그 기간 안에 중요한 성격 형성이 완성된다고 보았다. 특히 영·유아기의 어떤 경험을 했는가에 따라 성격의 구조가 형성되며 이러한 성격 구조는 성인이 되어서도 변하지 않는다는 불변론적 법칙을 주장하면서 많은 저항을 받기도 하였다. 또한, 영·유아기의 경험은 무의식 속에 내재되어 정신구조와 삶을 결정하는 중요한 기제로 작용하는데, 이 시기에는 원초적 본능 행동인 구강의 빨기로부터 만족과 쾌락을 얻는다.

이 시기에 유아는 생존과 쾌락의 획득을 입(구강)을 통해 해결하면서 빨기와 삼키기가 긴장과 쾌락을 주는 성감대로 발전한다. 이 단계에서 구순적 욕구가 적절히 충족되면 타인과 적절한 친밀관계가 형성되고 공격적이거나 탐욕적인 행동을 하지 않는다. 그러나 구순기에 적절한 만족을 느끼지 못하면 성인이 되어도 극도의 의존성, 대인과의 원만한 관계 실패 등의 문제를 일으킬 수 있다. 구순기를 지나면 항문 영역으로 옮겨간다.

이 시기의 유아는 신경계발달이 매우 활발히 일어나는 시기로 자신의 의지로 배변을 조절할 수 있는 단계로 성장한다. 이 단계에서 배변훈련은 부모와 자녀 사이의 통제문제로 발전하고, 자녀와 부모 간 적절한 타협과 통제로 배변 활동이 원활하게 되면 유아는 균형 잡힌 존경심과 배려를 배우게 된다. 그러나 이 단계에서 부모와의 관계가 불협화

17_ 이정서(2010). 인간행동과 사회환경. 동문출판사

음으로 고착되면 성격이 난폭해지고 타인에 대한 배려가 없는 성격으로 발전한다. 항문기를 지나면 성기기로 옮겨지는데, 이 시기의 유아는 자신의 성기에 관심이 많아 관찰하고 부모에게 성기에 대해 질문한다. 또한, 유아는 부모에 대한 무의식적 이성 감정을 가지게 되고, 동성 간의 부모를 성적 경쟁자로 인식하기도 한다. 이 시기에 여아와 남아 모두 외상적 갈등(traumatic conflict)을 성공적으로 해결할 경우 성인이 되어서 성적 욕망을 슬기롭게 해결할 수 있고, 충성심, 효도, 헌신, 사랑 등과 같은 도덕성 조절을 원만이 할 수 있다.

그러나 이 시기를 불만족하게 보낸 남아는 성인이 되어서도 경솔하고 과장이 심하며 야심적으로 성격이 형성될 수 있다. 여성의 경우, 경박하거나 결백해 보이나 난잡하고 야심이 큰 슈퍼우먼처럼 행동할 수도 있다[18]. 또한, 프로이트는 방어기제에 대하여 말하고 있는데, 방어기제란 인간이 마음의 평안을 원하지만 원초아와 초자아의 요구와 현실의 압력이 통제하거나 제어하기 어려운 요구가 너무 많으면 자아가 이를 감당하지 못하여 불안을 느끼게 된다. 이때 자아는 불안을 처리하기 위해 충동이나 주위 환경의 요구에 비현실적인 방식으로 대처하게 될 때, 방어기제가 주로 사용된다.

프로이트의 이론에 가장 위대하고 핵심적인 것은 무의식을 발견하였다는 것이다. 무의식이란 앞서 말한 바와 같이 인간의 원초적 본능과 감정, 정서, 열등감, 트라우마 등, 의식화 단계에 초자아의 간섭으로 의식화되기 어려운 것들이 모인 곳이다. 이러한 무의식 속 열망들은 사회 규범 또는 사회 도덕적 가치에 의해 그 열망을 분출하지 못하고 지속

18_ 권중동(2014). 인간행동과 사회환경. 학지사

해서 쌓이고 압축되어 있는 곳이다. 이렇게 압축된 무의식의 공간에서 어느 순간 폭발하게 되면 그 상황은 엄청난 폭발력으로 사회 범죄적 파장을 불러일으킨다.

프로이트 이론에 따른 무의식 속 인간의 원초적 본능(성욕·승부욕·열등감 등)은 태권도수련을 통하여 해결할 수 있다. 특히 영유아기 구강기·항문기·성기기에 충분한 보상을 받지 못함으로써 내재된 자기방어의 행동들은 태권도장 지도자의 지도 방법에 따라 극복할 수 있다. 특히 무의식적으로 습성화된 행동들이 잘못된 행동이라는 것을 적절히 깨닫게 하고, 긍정적 행동으로 변화시켜 줄 때는 충분한 시간을 갖고 수련생이 진심으로 깨우침을 갖도록 돕고 적절한 보상과 칭찬으로 보상하게 되면 그동안 습성화되었던 영유아기 미해결과제를 조절할 수 있을 뿐만 아니라 바람직한 인성으로 자리 잡게 된다. 따라서 태권도지도자들은 수련생들의 행동을 이해하고, 그 원인 분석을 통하여 해결할 수 있는 지식을 갖는 것은 매우 중요한 문제다.

(3) 방어기제

방어기제는 자아가 불안에 처하여 합리적인 방법으로 불안을 해결하지 못할 때, 현실을 부정하거나 왜곡하면서 무의식적으로 나타나는 심리기제다[19]. 우리는 무의식적으로 자기 합리화를 위하여 방어기제를 사용한다. 그러나 방어기제를 사용하는 본인은 어떻게 방어기제를 사용하고 있는지 의식하지 못한다. 방어기제를 언제, 어느 때, 어떤 형태로 사용하는지를 관찰하면 그 사람의 성격을 파악하는 데 도움을 받

19_ 이정서(2010). 인간행동과 사회환경. 동문출판사

기도 한다. 그러나 방어기제를 지나치게 많이 사용하는 사람은 정신이 건강하지 못한 사람으로 볼 수 있다. 모든 사람은 살면서 불안을 감소시키기 위하여 무의식적으로 다양한 방어기제를 사용함으로써 긍정적 피드백을 받기도 한다.

① 방어기제 특성
- 불안을 피하려고 노력하므로 방어적이라고 함
- 불안으로부터 보호하기 위해 방어기제 사용함
- 방어기제가 무분별하고 충동적일 때 병리적이 됨
- 방어기제는 현실의 부정 또는 왜곡의 특성이 나타남
- 무의식적으로 작동되는 특성이 있음
- 방어기제: 억압/ 합리화/ 투사/ 부정/ 반동형성 / 전위/ 승화/퇴행 등

② 방어기제를 사용하는 수련생
- 거짓말을 잘하는 수련생
- 핑계를 많이 대는 수련생
- 남의 탓을 많이 하는 수련생
- 지나친 수용적 태도를 보이는 수련생
- 갑자기 나이에 맞지 않게 어리광을 부리는 수련생
- 이중적 인격체를 가지고 있는 수련생

방어기제는 수련생뿐만 아니라 지도자에게도 나타난다. 지도자는 수련생을 지도하면서 자신도 모르게 작동하는 무의식적 언행에 대해 스스로 관찰하고 그 원인의 동기를 파악하고 스스로 정화될 수 있도록 노력해야 한다.

2) 분석심리학 융(Jung)

융(C. Jung, 1875~1961)은 프로이트와 함께 정신분석 연구를 함께 진행하면서 프로이트의 이론에 심취해 있었으나 프로이트의 성적결정론에 이견을 보이며 결별하고 독자적 연구를 통하여 분석심리학을 완성한다. 그러면서 융은 정신을 세 가지로 분리한다. 융이 분리한 세 가지 정신은 자아(ego), 개인 무의식(personal unconscious), 집단 무의식(collective unconscious)이며 이 세 가지는 상호작용하는 체계로 이루어졌다고 보았다.

자아(ego)는 의식적인 마음을 의미하는데 지각, 기억, 사고와 감정으로 구성되어 있어 자신에 대한 의식뿐만 아니라 외계에 대한 지각을 통찰하게 된다고 하였다. 이 자아는 자신이 의식하는 세계에 대한 태도가 합리적이냐 혹은 비합리적이냐를 결정하는데, 합리적인 기능은 사고와 감정, 비합리적인 기능은 감각과 직관이 담당한다고 하였다. 개인 무의식(personal unconscious)은 본질적으로 의식에 남아있지는 않지만 쉽게 의식으로 떠오를 수 있는 저장고로써 프로이트의 전의식과 유사하다. 전의식에는 상실된 기억이나 억압된 불쾌한 여러 표상 등, 의식 위에 올라가지 않은 내용이 포함된다. 집단 무의식(collective unconscious)은 집단적 또는 전승된 무의식의 개념으로, 융의 성격이론 가운데 가장 독창적이고 논쟁을 불러일으킨 특징 중 하나다. 집단 무의식은 인간의 조상 대대의 과거로부터 물려받은 잠재적 기억의 저장소인데, 그 과거란 개별 종족으로서의 종족적인 역사뿐만 아니라 인간

이전의 동물 조상으로서의 종족적인 역사도 포함한다는 것이다[20]. 인간은 이러한 무의식의 영향으로 민족의 정체성과 가족의 정체성을 갖고 독특한 문화를 만들어 가기도 한다.

융의 이론 가운데 또 하나의 중요한 이론은 페르소나이다. 페르소나(persona)는 인간이 사회의 전통적 인습과 사회환경의 요청에 부응하여 채택된 가면이다. 즉 페르소나란 자기 자신을 다른 어떤 것으로 표현하기 위해서 쓰는 가면을 말하는 것으로, 페르소나는 남에게 뚜렷한 인상을 주려고 하거나 삶에서 자신의 의지와 상관없이 갖는 직위, 직책 등의 자기 표상일 수 있다. 따라서 인간의 페리소나(가면)는 어떠한 환경에서 자신을 어떻게 표현하는가에 따라 페리소나가 바뀔 수 있다. 인간은 페리소나가 자신으로 착각하며 살아가는 사람도 있고, 때로는 그 사람의 본성을 감추는 도구로 사용하는 사람도 있다. 그러나 대부분 인간은 자기성찰을 통해 자기 내면을 보지 못하고 자기가 사용하는 페리소나가 자신 것으로 착각하며 살아간다. 이 페르소나는 태권도 고단자들에게서 많이 나타나는데 고단자가 될수록 자신의 단 숫자에 함몰되어 단의 상징적 가치가 아닌 단의 숫자가 주는 권위의 페르소나가 자신으로 착각하는 경우가 있다. 고단자가 아니어도 수련생들에게서도 나타나는데 수련생이 남보다 우월한 부분에서 그 모습을 자신이라 착각하여 자신보다 열등한 수련생을 업신여기고 함부로 대하는 수련생도 마찬가지다.

융의 또 하나의 이론 아니마와 아니무스(anima & animus)가 있다. 인간이 태어날 때 본질적으로 양성 성(性)을 가지고 태어난다는 양성론

20_ 이정서(2010). 인간행동과 사회환경. 동문출판사

적 입장을 취한다. 이러한 성(性)의 원형은 각 성(性)의 특징을 잘 나타나게 할 뿐만 아니라 이성(異性)에 반응하고 이성을 이해하도록 동기화시키는 집단적 심상(心象)으로 작용한다고 하였다. 남자 안에 여성성, 여자 안에 남성성은 사회 문화적 역할론에 의해 강한 페르소나를 갖게 한다. 이러한 억압의 결과가 잘못 표출되면 동성애적 사랑을 꿈꾸기도 한다. 융은 그림자(shadow)이론도 발표하였는데, 이 그림자는 인간의 내면 깊은 곳에 있으며 가장 강력하면서도 잠재적 원형이다. 이것은 동물 본능을 포함하고 있기 때문에 인간의 원초적인 동물적 욕구와 욕망에 기여하는 원형이다. 이 그림자 원형은 의식적으로 행동하기에 불쾌하고 사회적으로 비난받기 때문에 원초적 감정을 일으키는 원인으로 작용한다. 그림자는 사회적 윤리와 도덕에 비추어 수용되기 어려운 것들, 또는 가장 열등한 자신의 모습들이다. 그러나 사회적으로 수용되기 어렵고 열등한 자신의 모습이라고 하여 그림자의 역동성을 부정하거나 강하게 억압하고 비난해서는 안 된다. 그림자는 강력한 힘의 뿌리를 인간 내면에 깊숙이 박혀 있어 폭발할 경우 많은 문제를 발생시킨다. 따라서 그림자는 있는 그대로 인정하고 수용하여 압축되지 않도록 하는 것이 중요하다.

인간에게 이러한 원형들은 누구에게나 있다. 이러한 원형을 억압과 회피만으로 극복할 수 없기에 그림자와 직면하면서 사회에서 수용 가능한 형태로 전환한다면 또 다른 생명력과 창조적 에너지로 작용한다는 점을 이해할 필요가 있다.

융은 집단 무의식 내에 작용하는 선천적 핵심원형으로 자기(self)에 대한 이론도 발표하였다. 자아가 일상적 나 '경험적 나'라면, 자기는 본래의 나 '선험적 나' 자기 성격의 주인으로서 의식과 무의식을 포괄하고 둘 사이의 균형을 유지하며 모든 부분에 통일성과 일체성을 부여하는 주체[21]로서 나를 자기(self) 보았다. 융은 이러한 전인적인 사람이 되기 위해서는 훈련과 인내, 지속성 등 많은 고된 노력과 시간이 필요하다고 하였고, 전인적인 자기는 중년층을 넘어서야 비로소 이루어질 수 있다고 하였다[22].

이와 더불어 융은 성격유형을 분리하여 설명하기도 하였는데, 사람이 사회 환경과 상호작용하는 관계에서 정신적 에너지를 어떻게 쓰는가에 따라 외향성과 내향성으로 분류할 수 있다고 하였다. 내향성은 정신적 에너지를 내부로 향하게 하는 정신활동을 함으로써 자기만의 세계를 갖고 외부와 관계를 맺고, 외향성은 정신적 에너지 방향이 외부로 향해 있기 때문에 외부 환경과의 조화를 통해 자기 세계를 만들어 간다. 또한, 융은 정신기능을 직관, 감각, 사고, 감정이라는 네 가지 기능을 통해 외부세계와 내부세계를 정보를 파악하고 행동한다고 하였다. 즉, 자신이 선호하는 성격유형에 따라 행동양식이 달라진다는 것이다. 이 이론에 근거하여 Briggs와 Myers 모녀가 발표한 성격유형 이론이 바로 MBTI란 심리검사 도구이다.

융의 이론은 태권도지도자들이 수련생들을 이해하고 지도하는데 많은 유용성을 제공한다. 특히 MBTI 성격유형검사는 수련생 개개인의 성격성향을 파악하고, 그 결과를 참고하여 수련생을 지도했을 때 보다 더 좋은 공감대를 형성할 수 있을 뿐만 아니라 교육 효과도 극대화할

21_ 권석만(2012). 현대 심리치료와 상담이론: 마음의 치유와 성장으로 가는 길. 학지사
22_ 이정서(2010). 인간행동과 사회환경. 동문출판사

수 있다. 또한, 가면(persona)과 그림자(shadow)이론은 수련생과 학부모의 문제 상담에서 유용하게 활용할 수 있는 이론이다. 이외 이론들은 전문성이 요구되기 때문에 일선 지도자들이 접근하기에는 무리가 있을 수 있다. 그러나 이러한 이론을 토대로 수련생과 학부모, 지도자와의 관계에 라포(Rapport)가 형성된다면 긍정적 교육 효과를 얻을 수 있을 것이다.

3) 개인심리학 아들러(Adler)

아들러(Adeler, 1870~1937)는 심리이론에서 우연성이나 결정론은 있을 수 없는 것이라는 점을 강조하면서 인간의 행동은 목적론적이라는 사회 심리적 관점에서 접근하였다. 아들러는 인간은 창조적인 능력이 있기 때문에 그들이 인생목표를 스스로 정할 수 있고 스스로 결정을 내리며 그 목적과 일치되는 여러 삶의 방식을 선택할 수 있는 합리적 존재로 규정하였다. 또한, 아들러는 인간은 본질적으로 사회적 존재로서 인간의 행동은 사회적 충동에 의해 동기화된다고 보았으며, 인간의 모든 행동은 미완성을 극복하여 완성에 도달하려는 힘에 의해 동기화된다고 보았다.

아들러의 가장 핵심적인 개념은 열등감에 대한 보상이다. 아들러는 "인간이 된다는 것은 자신이 열등하다는 것을 느끼는 것을 말한다."라고 할 정도로 열등감 개념을 중시하였다. 인간은 태어나면서 본인의 의지대로 할 수 없고, 부모의 도움으로 세상을 살아가야 하는 열등한 존재로서 성장하게 된다. 그 열등함을 극복하기 위하여 노력하고, 그 열등감을 극복했을 때, 인간으로서 사회적 존재가 되는 것이다. 개인에 의한 상상이든, 사실적이든, 목적성을 갖고 열등감을 극복하려는 것은 인간 본연의 성장발달 본능의 동인(動因)에서 비롯된다고 하였다.

아들러는 병적 열등감에 이르기 쉬운 자녀양육 환경을 세 가지로 보았는데, 신체의 열등, 버릇없는 응석받이, 방임이라고 보았다. 그와 반대로 과잉보상으로 인해 병적 우월감을 갖는 사람도 있다고 하였다. 병적 우월감을 가진 사람은 과장되고, 건방지고, 자만하고, 이기주의적이고, 풍자적이며 남을 업신여김으로써 자신이 권력이 있는 존재라는 인상을 남기려는 행위를 과잉 열등에 대한 보상심리로써 병태라고 말했다.

아들러는 사람의 생활패턴은 개인의 열등감과 이를 보상하려는 노력에 의해 형성된다고 하였다. 모든 개인은 어릴 때 상상이든 실제든 열등감을 경험하고 어떤 방법으로든 보상받으려 한다. 이러한 과정에서 생활양식과 습관이 형성된다고 하였다. 이 같은 생활양식과 습관은 4~5세경에 거의 형성되며 이후 커다란 변화는 일어나지 않고, 어릴 때 정착된 기본구조의 개정이나 확대만 이루어진다고 하였다.

아들러의 개인심리학이론의 치료적 절차는 문제가 있는 내담자로 하여금 자신의 역동성과 삶에 대한 잘못된 신념을 확인하고 자신의 부적응 정서와 행동을 야기하는 잘못된 생각과 신념을 변화시키도록 돕는 것이다[23]. 아들러는 이러한 심리이론을 기초로 다양한 치료기법을 고안하여 정신적 문제로 힘들어하는 환자들을 치료하였다.

태권도수련생 또한 많은 열등감을 갖고 도장을 찾는다. 그러한 열등

23_ 권중동(2014). 인간행동과 사회환경. 학지사

감은 지도자와 부모로부터 지지받고 동기화될 수 있도록 돕고, 그 결과가 긍정적으로 학습화 될 수 있도록 돕고 격려하는 것이 중요하다. 학습화된 긍정적 경험은 열등감을 극복할 수 있는 동력으로 작용하며, 사회생활에서 수련생 스스로 노력하고 도전할 수 있도록 하는 원동력으로 작용한다. 프로이트의 결정론적 이론과는 다르게 현재 수련생이 가질 수 있는 긍정성을 최대한 이끌어내어 스스로 열등감을 극복하고 도전할 수 있는 기회를 갖도록 함으로써 스스로의 문제를 해결해 나갈 수 있도록 하는 것이 아들러 이론의 핵심이다.

4) 자아심리학 에릭슨(Erikson)

에릭슨(Erikson, 1902~1994)은 독일 프랑크푸르트에서 태어났으며 프로이트의 지나친 무의식적 동기와 성적 추동, 생후 6~7세 이전에 모든 성격이 결정된다는 결정론을 비판하면서 새롭게 이론을 정립하였다. 에릭슨은 인간을 창의적이고 합리적인 존재로 보았으며, 인간행동이 의식 수준에서 통제가 가능한 자아에 의해 동기화가 가능하게 된다고 보았다. 에릭슨은 인간이란 가변성을 지닌 존재로 각 개인이 타고난 유전적 영향과 부모의 양육 태도, 학교에서의 경험과 사회 경험 등을 통해 끊임없이 발달과업을 이루어 간다고 하였다. 또한, 인생의 전환점에 직면하면 새롭고 더 나은 자아를 획득하기 위해 노력하는 존재라고 하였다.

프로이트는 인간은 무의식적 성적본능과 공격본능에 의해 성격 형성이 결정된다고 보았다면, 에릭슨은 성격 형성을 사회와의 관계에 초점을 두었다. 인간은 사회 속에서 자신만의 자율성을 갖고 적극적 자세로 활동을 조절하는 것을 말한다. 하지만 인간의 성격은 개인의 집합적 과거(collective past)가 자아로 작용하며, 자아의 뿌리는 개인에게 있는 것이 아니라 사회조직에 뿌리내리고 있다고 강조하였다. 따라서 인간의 성격 형성 발달에서 자아의 환경 또는 사회와의 관계를 성격 형성에 있어 중요한 요소로 보았다. 이러한 인간의 성격 형성은 어린 시절의 초기경험으로 결정되는 것이 아니라 일평생을 두고 지속해서 형성되며, 비록 초기경험에 상처가 있는 사람도 후에 좋은 환경과 사회적 관계를 맺으면 수정이 가능하다는 점을 피력한 것이다. 에릭슨은 정체감 형성이 전 생애를 통해 발달한다고 보고 삶의 단계를 심리 사회적 위기에 따른 발달적 활동을 통하여 단계를 아래와 같이 나누었다[24].

에릭슨의 심리사회적 발달 8단계[25]

단계	시 기	심리사회적 위기	특 징	프로이트 심리성적 단계
1	영아기 출생~2세	신뢰감 대 불신감	따뜻하고 반응적인 돌보기에 의해 영아는 신뢰감을 획득하며, 불신은 위안을 얻으려는 영아가 너무 오래 기다리거나 거칠게 다루어질 때 형성된다.	구순기
2	유아기 2~4세	자율성 대 수치/의심	유아는 스스로 선택하고 결정하기를 원한다. 자율성은 부모가 합리적인 정도의 자유로운 선택을 허용하고 강요하거나 모욕을 주지 않을 때 획득된다.	항문기

24_ 신종우·윤경원·이우언 공저(2012). 인간행동과 사회환경. 동문출판사
25_ 장휘숙(2016 중판). 아동심리학. 박영출판사

3	학령전기 4~6세	솔선성 대 죄의식	어떤 일을 솔선해서 수행하는 선도성은 부모가 아동의 의도와 방향감각을 지원할 때 발달한다. 지나친 자기통제나 죄책감을 유발한다.	남근기
4	아동기 6~12세	근면성 대 열등감	학교에서 다른 사람과 함께 일하고 협동하는 능력이 발달한다. 열등감은 가정이나 학교 혹은 또래와의 부정적 경험에 의해 형성된다.	잠재기
5	청소년기 12~22세	자아정체감 대 역할 혼란	내가 누구이고 무엇을 할 수 있는지에 대한 의문에 답하려고 노력한다. 스스로 선택한 가치와 직업목표는 개인적 정체감으로 통합되며 부정적 결과는 성인역할에 대한 혼란으로 표출된다.	생식기
6	성인기 22~34세	친밀감 대 고립감	타인과 친밀한 유대를 확립하는데 몰두한다. 어떤 사람들은 타인과 가까운 관계를 형성하지 못하고 고립된 생활을 한다.	
7	중·장년기 35~65세	생산성 대 침체	생산성은 아동의 양육을 포함하여 타인을 돌보거나 생산적인 일을 통하여 다음 세대를 돌보는 것을 의미한다. 생산성을 확립하지 못하면 성취감을 경험하지 못하고 침체에 빠진다.	
8	노년기 65세~사망	자아통합 대 절망	지나온 날에 대해 심사숙고한다. 자아통합은 자신의 인생이 충분히 가치 있다는 판단에 기초한다. 자신의 삶에 만족하지 못하는 사람은 죽음을 두려워한다.	

에릭슨의 발달단계 이론을 보면 인간은 어느 한 시기에 발달하는 것이 아니라 전 생애에 걸쳐 지속해서 발달한다는 것이 에릭슨의 기본 이론이다. 여기에서 우리 지도자들이 주목해야 할 것은 수련생의 연령과 시기에 따라 발달하는 정신적, 신체적 특성에 대한 충분한 이해가 중요하다. 현재 일선 도장에서 수련생의 연령이 점차 낮아진다는 점을 감안한다면 기존의 수련프로그램보다 더 섬세하고 다양하게 수련프로그램 준비가 필요할 것으로 본다. 지금까지 태권도수련프로그램은 급

수에 따라 수련프로그램을 구분하여 지도하였다. 그렇다 보니 기능 위주의 프로그램일 수밖에 없었다. 그러나 앞으로는 일선 도장 수련생의 연령이 점점 낮아질 것을 감안하여 그 연령에 따라 발달하는 심리기제를 잘 살피고, 보다 섬세하고 다양한 지도방법을 선택하는 것이 태권도 인성교육 효과에 도움을 줄 뿐만 아니라 태권도장이 발전할 수 있는 길이다. 현재 우리 사회는 저출산 고령사회로 진입하였다. 따라서 과거와 같이 많은 인원을 한 번에 지도하는 것은 불가능해질 수밖에 없다. 이제 소수 인원을 정예화하여 보다 더 질 좋은 교육으로 수련할 수 있도록 환경을 만들어 인성교육의 장으로 거듭나야 한다.

5) 인지이론 피아제(Piaget)

피아제(Piaget, 1896~1980)는 스위스에서 태어났다. 피아제는 어려서부터 동물에 대해 관심이 많아 21세 때 동물학 박사학위를 취득했지만, 그 이후 아동심리에 관한 연구로 일생을 보냈다. 피아제에 의해 수립된 인지 발달이론은 인간이 어떻게 알게 되고, 어떻게 생각하게 되는지, 무엇을 느끼게 되는지에 관심을 갖고 사고의 획득과 기능에 초점을 두고 연구한 이론이다. 피아제는 인간의 두뇌가 인지적 구조를 변화시킴으로써 환경에 적응해 나가는 능력이 있다는 것을 발견하였으며, 의사결정에서 의식적인 사고과정을 중요시하였다. 피아제의 인지 발달이론은 인간의 인지와 사고과정에 연구의 초점을 두고 인지적 구조가 형성되는 과정을 네 가지 단계로 구분하여 설정하였다.

피아제는 인간이 유전적 요인에 의해 결정되는 존재가 아니며, 환경적 영향을 받기는 하지만 이러한 환경적 자극을 능동적으로 중재하고 재구성할 수 있는 능력이 있어 지속해서 성장할 수 있는 잠재력을 지니고 있다고 보았다. 또한, 인간은 환경에 단순히 반응하기보다는 환경을 해석, 평가, 구성하고 재구성하는 과정을 통하여 능동적으로 구성 능력을 갖춘 존재이며 현실 세계가 달라짐에 따라 지속해서 변화된다고 하였다. 피아제는 어떻게 환경에 반응하는 방법을 습득하는지에 대해 그들의 인지구조의 발달을 통해 설명하고 있다. 이러한 피아제의 인지발달 모델은 사고체계의 4가지 주요 발달단계인 감각운동기, 전조작기, 구체적 조작기, 형식적 조작기로 구성되어 있다고 하였다. 이러한 단계별 인지발달 성취연령은 개인차가 있기 때문에 제시된 연령에 반듯이 들어맞지는 않지만, 단계는 순서대로 통과하여 발달하며 절대로 단계를 뛰어넘을 수는 없다고 하였다[26].

피아제의 인지발달 단계[27]

단 계	발달 시기	특 징
감각운동기 (Sensorimotor stage)	출생~2세	눈, 귀, 손을 사용하여 세상을 지각한다. 음악을 듣기를 위하여 스위치를 켜고, 숨겨진 장난감을 찾아내고 용기 안의 물건을 넣고 꺼내는 것과 같은 감각운동 문제를 해결하는 방법을 고안해낸다.
전조작기 (Preoperational stage)	2~7세	감각 운동적 발견을 표상하기 위하여 상징을 사용한다. 언어와 상징놀이가 발달이 이루어지지만, 사고는 아직 논리적이지 못하다.

26_ 신종우·윤경원·이우언 공저(2012). 인간행동과 사회환경. 동문출판사
27_ 장휘숙(2016 중판). 아동심리학. 박영출판사.

구체적 조작기 (Concrete operational)	7~11세	사고는 논리적으로 변하지만, 아직도 구체적인 사물에 한정된다. 용기의 모양이 변하여도 그 양은 그대로 유지된다는 것을 이해할 수 있고 사물의 범주와 하위범주의 위계로 조직할 수 있다.
형식적 조작기 (Foraml operational stage)	11세 이후	추상적 사고가 가능하다. 실제 세계의 사물과 연결되지 않는 상징을 사용하여 추론할 수 있으므로 고차적 수학도 가능하다. 과학문제의 해결 시에 모든 가능한 결과를 생각해 낼 수 있다.

피아제의 이 같은 단계에 대한 개념은 그 자신의 권리 속에서 구별되는 기본적인 조직화된 도식(schema)과 연결된다고 보았다. 단계이론은 성장과 발달을 설명하는 데 있어서 기초적으로 조직화된 도식으로 단계를 사용하는 것 중의 하나이다. 이러한 조직화된 도식은 유기체의 생물학적 경향성이라고 볼 수 있는 동화와 조절을 통한 적응과정을 통해 인지구조의 변화를 이루고 사고체계의 발달이 이루어지게 된다.

도식은 지식의 기본단위로서 인간이 외계의 사물을 인지하기 위하여 사용하는 '이해의 틀'이다.

(1) 도식(schema)

유기체가 사물이나 사건을 인지하고 대응하는 데 사용하는 지각의 틀을 의미한다. 다시 말해 도식이란 아직 경험해 보지 못해 알지 못하는 사건들을 감각을 통해 구조화하고 학습하여 일정한 인지의 틀로 개념화하게 되는 것을 의미한다. 예를 들어 유아들은 빨기, 잡기, 보기, 때리기 등의 일반적 행동 잠재력을 갖고 태어난다. 신생아는 젖을 빪으로써 빨기 도식을 갖게 되어 배가 고프지 않아도 손에 잡히는 것은 무엇이든 빨게 된다. 이것은 유아가 빨기 도식을 가졌기 때문이다. 도식의 사용은 아동이 성장함에 따라 감각운동을 넘어 개념적 차원까지 확대되어 간다. 연령이 증가함에 따라 많은 경험을 통해 인지구조가 발달하게 되는데, 이것이 도식의 질적 변화를 의미한다[28].

(2) 적응(adaptation)

적응은 유기체의 생물학적 특성인 적응의 개념을 인간에게도 동일하게 적용하여 인간도 환경과 직접적인 상호작용을 통해 도식이 변화하는 과정을 말한다. 이러한 과정에는 동화(assimilation)와 조절(accommodation)을 경험하게 되며, 이러한 경험은 인지구조의 발달을 가져오게 된다. 여기에서 동화란 외부로부터 받은 자극, 또는 변화를 능동적으로 수용하는 것을 말하고, 조절은 그 수용된 정보가 과거의 인주 구조와 맞지 않거나 새로운 정보일 경우 조절과정을 통하여 새롭게 인지구조 변경하는 것을 말한다[29].

(3) 평형(equilibrium)

평형은 외부의 자극, 또는 정보가 동화와 조절을 통하여 자신의 인지 상태와 평형을 이루는 것을 의미한다. 이 같은 평형은 사고와 균형을 의미하며 유기체는 그의 환경과 상호작용을 통하여 균형을 추구하면서 발전해 나간다. 피아제는 인간 인지발달이 동화와 조절이라는 적응과정을 통해 내면적인 평형이 이루어지면서 가능하다고 하였다. 이

28~29_ 신종우·윤경원·이우언 공저(2012). 인간행동과 사회 환경. 동문출판사

러한 평형은 새로운 사태를 접할 때 깨지게 되며, 이때 다시 평형상태를 유지하기 위하여 적응과정이 되풀이됨으로써 더욱 높은 수준의 인지발달이 이루어진다고 하였다[30].

(4) 조직화(organization)

조직화란 유기체가 현재 가지고 있는 도식을 새롭고 더욱 복잡하고 새로운 도식으로 변화시키는 과정을 의미한다. 간단하게 말하면 두 가지 이상의 서로 분리된 체제나 구조를 좀 더 고차원적인 체제나 구조로 새롭게 통합시키는 체계화하는 과정을 말한다. 예를 들면 영아는 처음에는 어떤 물체를 쳐다보거나 잡거나 하는 분리된 행동만을 하다가 시간이 지나면 물체를 쳐다보면서 잡는 통합된 고차원적인 행동을 갖게 된다는 것이다. 이 같은 과정을 조직화라고 하였다[31].

피아제는 아동들의 인지능력(감각, 지각, 사고, 추리, 지능)이 어떻게 발달하는가에 초점을 갖고 연구하였으며, 아동들의 인지발달은 아동의 주변의 환경과 상호관계 속에 일관성 있게 단계별로 발달한다고 보았던 것이다.

피아제의 이론은 태권도수련에서 많은 도움을 준다. 태권도수련생들이 처음 입관하여 수련을 시작할 때 모든 동작이 어렵고 힘들다. 이것은 아직 동작이 뇌에 도식화되어 있지 않기 때문이다. 그러나 수련을 통하여 지속해서 반복학습하게 되면, 그 동작에 적응하게 되고, 부조화가 없이 평형을 갖게 하고, 그 동작을 조직화한다. 그러나 또 다른

30~31_ 신종우·윤경원·이우언 공저(2012). 인간행동과 사회 환경. 동문출판사

새 동작을 배우게 되면 또다시 어려움을 느낀다. 이 또한 새 동작이 뇌에 도식화되어 있지 않기 때문이다. 이러한 과정이 반복됨으로써 부자연스러운 동작들을 자연스럽게 할 수 있는 동작으로 인식시킴은 물론, 그 동작을 응용한 새로운 동작을 창안할 수 있도록 한다. 창작성이란 백지의 상태에서 갑자기 나타나는 것이 아니라 기존의 학습된 기억을 참고로 새 동작을 만들어 가는 것이다. 이러한 학습과정은 뇌세포를 지속적으로 증식시킬 뿐만 아니라 활동을 활발하게 할 수 있도록 하여 두뇌발달을 촉진 시킨다. 특히 태권도는 사지(팔·다리)뿐만 아니라 시각, 청각, 촉각발달에도 도움을 주기 때문에 뇌를 고르게 발달하도록 한다. 때문에 태권도는 어리면 어릴수록 더 좋은 교육적 효과를 얻을 수 있다. 사람의 인지 기능은 연령에 따라 다르게 인식한다. 연령에 따라 발달되는 신체와 마찬가지로 인지능력도 연령에 따라 다르게 발달된다. 태권도지도자는 이점을 깊이 이해할 필요성이 있는데, 연령에 맞지 않게 어렵고 복잡한 동작 수행을 강요하거나 한꺼번에 많은 동작을 지도하게 되면 인지구조의 과부하로 역효과만 날 뿐이다. 따라서 단순 동작에서 복잡동작으로, 복잡동작에서 응용동작으로 점차 확장시켜나가는 것이 인지 발달구조상 교육 효과를 높인다.

6) 행동주의 심리

인간의 행동은 주어진 환경과 조건형성의 원리에 의하여 습득되고 행동의 조건화가 될 수 있다는 것이다. 행동주의라는 용어는 왓슨이

1913년, '행동주의 입장에서 본 심리학'이란 선언문을 발표하면서 유래되었다. 20세기 초 러시아 파블로프와 숀다이크의 실험에서부터 발달한 행동주의 이론은 고전적 조건화, 조작적 조건화, 그리고 인지학습이라는 세 가지 접근으로 나뉜다. 조건화라는 것은 자극과 반응이 짝짓기하여 형성되는 반응이다. 행동주의 학자들은 인간이 행동할 때 자연현상과 마찬가지로 일정한 법칙성을 따른다고 가정하였다. 인간이 어떠한 행동을 할 경우 여러 가지 요인들에 의해 결정되므로, 이 요인들과 행동을 결정짓는 법칙을 밝혀낼 수 있다면 인간행동도 예언하고 수정할 수 있다는 것이다. 따라서 대부분의 행동주의 학자들은 인간의 행동은 학습되는 것이 아니라고 주장하였으며 행동 원리를 이해하기 위해 노력하였다.

고전적 조건화 이론의 고전적 조건형성은 1990년 초 러시아의 심리학자 노벨상 수상자인 파블로프(Pavlov)에 의해 연구되었다. 파블로프는 개의 타액분비에 관한 연구에서 개에게 음식을 주지 않아도 침을 흘리는 흥미 있는 현상을 발견하고 연구를 하기 시작하였다. 개는 음식물을 주면 침을 흘리는데, 종소리를 들려주고 음식물을 주는 일을 반복하면 나중에는 종소리만 들어도 침을 흘렸다. 여기에서 개는 종소리에 반응하도록 조건이 형성된 것이다. 이러한 과정을 고전적 조건형성이라고 한다. 이것은 개에게 음식물을 주는 무조건적 자극(unconditioned stimulus)이며 음식물에 대해 개가 침을 흘리게 되는 것은 무조건 반응(unconditioned response)이다. 종소리는 침을 흘리는 것과 상관없이 중성자극(natural stimulus)이지만, 나중에 종소리만 들어도 침을 흘리면 종소리가 조건자극(conditioned stimulus)이 되며, 침을 흘리는 것은 조건반응(conditioned response)이 된다. 이러한 조건반응은 조건자극과 무조건 자극의 연합이 계속될 경우에 더욱 강화된다[32]. 따라서 행동주의 이론에서는 관찰 가능한 사건과 경험을 강조하였다. 현재 태권도 도장에서도 수련생 지도 시에 행동주의 이론을 가장 많이 학습에 적용한다. 수련생들의 긍정적인 학습 태도나 인사 예절 등을 지도할 때 달란트제도를 시행한다. 수련생이 좋은 행동을 했을 때 칭찬도 하지만 달란트 스티커라는 중성자극을 줌으로써 조건자극 효과를 높이고자 하는데, 이때 수련생들은 달란트라는 조건자극만으로 칭찬의 효과가 있어 학습효과를 높이는 것과 같다.

(1) 조작적 조건형성

조작적 조건형성은 환경을 조작해서 어떤 결과를 가져오도록 하는 행동이다. 스키너(Skinner)는 조작 행동을 연구하고자 스키너상자를 만들어 한쪽에 지렛대를 만들고 지렛대가 눌리면 자동으로 먹이가 나오도록 한 상자를 만들어 쥐를 대상으로 실험을 하였다. 굶주린 쥐를 그 상자 안에 넣고 행동을 관찰했는데, 쥐는 배고픔을 해결하기 위해 먹이를 구하기 위한 행동을 하다 우연히 지렛대를 밟게 되는데, 이때 음식물이 나오게 됨을 알게 된다. 쥐는 시간이 지날수록 지렛대를 자주 밟게 되고 그 행동은 강화되어 자연적으로 조건이 형성된다. 이것을 조작적 조건형성(operant conditioning)이라 한다. 강화는 시간이 지날수록 행동을 유지해 주는 수단이 된다. 우리 생활에서 조작적 조건형성이 학습되는 것들이 많은데, 그중에 몇 가지 예를 들어보면, 열차 마일리

32_ 신종우·윤경원·이우언 공저(2012). 인간행동과 사회환경. 동문출판사

지, 항공 마일리지제도 같은 원리다. 체육관에서 인사를 할 때마다 칭찬받고 달란트를 얻었다면 수련생은 앞으로도 그와 유사한 행동을 계속하면서 더 많은 보상을 받고자 할 것이다. 도장의 지도자는 이러한 점을 잘 이용하여 계획된 시나리오에 의해서 수련생들이 행동수정을 유도할 수 있을 것이다.

파블로프의 행동주의 이론은 비자발적 반사 행동을 유발하는 환경적 자극의 역할에 초점을 두었다면, 스키너는 개인의 과거 행동결과가 어떻게 그 개인의 현재 행동에 영향을 끼치는가에 초점을 둔 것이다.

① 강화와 소거

강화란 보상을 주어 어떤 행동에 대한 반응이 더욱 많이 일어나도록 부추기는 것인데 스키너의 조작적 조건형성에서 가장 중요한 개념이다. 강화에는 두 개의 종류가 있는데 즐거움으로 긍정성을 높여주는 정적 강화(positive reinforcement)와 불쾌한 결과를 없애버림으로써 행동을 강화하는 부적 강화(negative reinforcement)가 있다. 이 두 가지는 모두 행동의 빈도를 증가시킨다. 정적 강화는 긍정적 보상을 통해 그 행동을 지속하고 증가시키는 것인데, 예를 들면 봉사활동을 하면 점수를 주어 봉사활동의 횟수를 증가시키는 것과 태권도장에서 인사를 잘하면 예의상을 주어 인사를 더 잘할 수 있도록 하는 것들이 이에 해당한다. 부적 강화는 싫어하는 것을 하지 않도록 조건자극을 주어 긍정성을 높이는 것을 말한다. 예를 들면, 인사를 잘하는 사람에게 체육관 청소를 하지 않게 한다거나, 친구와 사이좋게 지내는 사람에게 화장실 청소를 면제시켜준다거나 하는 등의 조건자극을 말한다. 이것은 긍정적 활동을 향상시키기 위해 그 사람이 싫어하는 것을 제거해줌으로써 긍정적 행동을 유발하는 조건 자극이다.

소거(extinction)는 더 이상 강화되지 않아서 반응이 약화되는 것을 말한다. 이러한 경우는 우리 일상생활에서 아주 많이 일어난다. 예를 들어 보면 처음 도장에 입관했을 때 태권도에 대한 동경과 흥미에 따라 열심히 운동하지만 일정 기간이 지나면 권태를 느끼고 흥미를 잃는 것 또한 소거에 속한다. 도장에서 어떤 수련생이 이상한 행동으로 수련생들이 놀라게 하는 행동을 지속하여 수업에 지장을 주었다고 가정하자. 어느 날부터 그러한 행동을 해도 아이들도 놀라지 않고 지도자의 반응도 없으면 점점 그런 행동이 횟수가 점점 줄고 나중에는 그런 행동을 하지 않게 되는 것을 말한다. 이외에도 우리 주변에서 소거는 늘 일어나고 있는데, 이러한 소거를 교육적으로 어떻게 활용하느냐 하는 것은 지도자의 계획된 수련 프로그램에 의해 좌우된다.

② 처벌

처벌은 부적 강화와는 다른 개념일 뿐 아니라 반대 효과를 지닌다. 어떤 행동에 따른 결과가 그 행동을 다시 하지 않도록 하는 가능성을 줄이는 자극이다. 처벌에도 두 가지 종류가 있는데, 첫째는 불쾌한 자극을 가하는 처벌이고, 둘째는 유쾌한 자극을 없애는 처벌이다. 불쾌한 자극을 가하는 처벌은 우리가 일반적으로 행하는 처벌이다. 예를 들어 체육관에서 싸움을 많이 하는 수련생에게 운동보다는 얼차려를 준다거나, 거짓말을 잘하는 수련생에게 수련시간에 청소를 시키는 등의 처벌을 말하는 것이고, 반면 유쾌한 자극을 없애는 처벌이란 수련

시간에 싸움한 수련생에게는 게임을 할 수 없도록 한다거나 간식을 주지 않는 것과 같은 처벌을 하는 것을 말한다. 그러나 이러한 처벌은 신중하게 고려할 필요가 있다. 왜냐하면, 처벌은 부적절한 행동을 제거하기보다는 일시적으로 부적절한 행동을 억압하거나 처벌에만 초점이 맞추어져 처벌의 방법이 정당화되는 비윤리적인 방법으로 변질될 우려가 있다. 또한, 처벌받는 사람에게 공포감을 유발하여 더 나쁜 결과를 가져올 수 있으므로 처벌보다는 소거를 통하여 행동수정을 하는 것이 바람직하다[33].

③ 일반화

일반화(Generalization)는 특정한 상황에서만 반응을 보이던 것이 그와 비슷한 다른 상황에서도 반응을 보는 것을 말한다. 다시 말해, 어떠한 자극에 대한 특정적 반응은 그와 유사한 환경에서도 똑같은 반응을 보인다는 것으로 우리나라 속담에 "자라 보고 놀란 가슴 솥뚜껑 보고 놀란다."라는 말이 이에 해당한다고 말할 수 있다. 현재 태권도장에서 예의를 지도할 때, 부모님께 반드시 예를 다해 인사하고 존경하라고 지도했다면, 그 수련생은 그 옆집 아저씨와 아주머니께도 예의를 다해 칭찬을 받는 것과 같다고 말할 수 있다.

④ 변별

변별(Discrimination)은 주어지는 자극에 대해 선택적 반응을 보이는 것을 말한다. 이것은 자극을 선별적으로 강도와 양을 조절하여 어떤

33_ 신종우·윤경원·이우언 공저(2012). 인간행동과 사회환경. 동문출판사

자극은 강화해 행동할 수 있도록 하고, 다른 자극은 주지 않아 반응하는 행동을 강화해주지 않음으로써 학습되는 것을 말한다. 우리가 태권도수련과정에서 잘못된 동작은 하지 않도록 주의를 주고 잘된 동작은 칭찬을 아끼지 않음으로써 잘못된 행동과 잘된 행동을 구별하여 학습할 수 있도록 하는 것이 변별에 해당한다고 말할 수 있다.

⑤ 행동조성

행동조성(Shaping)은 유기체의 행동이 원하는 행동에 가까워질 때까지 점진적으로 행동을 반복함으로써 행동을 형성해 가는 것을 말한다. 즉, 우리 태권도 하나의 동작을 완성하기 위해 여러 구분 동작을 이해하고 동작을 연결시켜 하나의 동작을 완성하는 것과 같이 한 번에 이루어지지 않고 여러 번의 단계를 극복하고 반복함으로써 완성되는 것을 행동조성이라 말할 수 있다.

7) 사회학습이론 반두라(Bandura)

반두라(Bandura, 1925)는 캐나다에서 태어났다. 그는 인간이 환경과 접촉 통하여 행동유형을 어떻게 발전시켜나가는가에 대한 사회학습이론을 주장한 학자이다. 사회학습이론은 인간이 사회적 상황에서 타인들의 행동을 단순히 관찰만 하여도 그들의 행동을 학습할 수 있다고 본 이론이다. 반두라는 인간의 내부과정(동기, 충동, 욕구 등)만으로 또는 외부 환경적 요인으로 인간의 행동을 설명하는 데에는 한계가 있다고 보고 상호 결정 주의적 입장을 취한다. 또한, 처벌이나 보상과 같은 외적 강화물이 우리 행동에 미치는 직접적인 역할은 많지 않다고 보고 강화 없이도 행동습득이 가능하며 관찰을 통해 학습이 이루어지는 것이 가능하다고 했다. 반두라는 사회학습이론에서 인간은 환경에 새로운 의미를 부여하고 재배치하는 것과 같이 창조적이며 자기 생성적인 모습을 가진다는 것을 강조한다.

반두라는 이러한 맥락에서 학습은 크게 모델링학습(modeling learning), 대리학습(vicarious learning), 관찰학습(observation)의 세 가지로 분류했다. 첫째, 모델링학습은 모방학습을 말하는 것이고 둘째, 대리학습은 사람들이 새로운 행동을 시도했을 때, 어떤 결과가 나타났는지를 관찰함으로써 자신의 행동을 조절하는 것이고, 셋째, 관찰학습은 사회적 상황에서 다른 사람의 행동을 관찰해 두었다가 유사한 상황에서 갖은 유사한 행동을 나타내는 것을 말한다[34]. 반두라는 인간의 행동은 내적 과정과 환경, 그와 관련된 다양한 요소를 통하여 동기화되고 사건들에 의해 중재되어 행동으로 표현된다는 이론을 주장하였다.

반두라의 이론은 도장에서 많이 발생한다. 태권도수련하는 수련자는 그 도장의 수업 분위기에 학습 태도가 많이 달라진다. 또한, 반드시 지도자가 알려준 동작 외에 주위 수련자들의 수련 모습을 보고 따라 하면서 익히기도 한다. 반두라 학자의 이론처럼 사람은 사회환경과 상호작용하면서 발달하는 존재이기 때문에 도장의 교육환경과 지도자의 지도방법, 수련생들 간의 환경 등 모든 환경이 수련생의 교육목적에 맞도록 설계되어 있어야 양질의 교육이 이루어질 수 있다. 특히 사

34_ 이정서(2010). 인간행동과 사회환경. 동문출판사

범(師範)은 모든 수련생의 롤 모델(role model)로 사범의 언행 하나하나는 수련생의 학습교재와 같다. 따라서 사범의 모범적 행동을 본받아 배울 수 있도록 지도자는 덕망을 높여야 한다.

8) 자아실현이론 매슬로(Maslow)

매슬로(Maslow, 1908~1970)는 인간을 근본적으로 선하며 존경받을 만하여 조건만 주어진다면 잠재능력을 발휘할 수 있는 미래지향적 존재라고 주장하였다. 특히 매슬로는 프로이트 관점으로 인간을 비합리적으로 보거나 행동주의적 관점으로 인간을 자극에 대한 단순반응을 보이는 유기체로 보는 것을 비판하면서 건강한 사람의 특성을 발견하는 것이 심리학의 연구 과제라고 주장하였다. 매슬로우는 인간에게는 기본 욕구가 존재한다고 보았으며, 이러한 욕구들은 선천적인 것으로 보고, 욕구가 결핍되면 병이 생기거나 정신이 불건전하게 되고, 충족되면 병을 예방하거나 행복한 삶을 영위할 수 있다고 했다. 이러한 욕구는 사람에 따라 다를 수 있으나 이러한 단계의 욕구는 낮은 단계의 욕구에서부터 해결되었을 때 상의 단계의 욕구로 높여갈 수 있다고 했다[35].

35_ 신종우·윤경원·이우언 공저(2012). 인간행동과 사회환경. 동문출판사

매슬로 욕구 위계구조[36]

매슬로의 욕구이론은 태권도지도자와 수련생들에게 매우 중요한 이론이다. 인간은 생리적 욕구(식욕·성욕·수면욕·성취욕 등)가 일차적으로 충족되었을 때, 다음 단계인 안전의 욕구로 이동한다. 1차적 욕구가 해결이 안 되면 아무리 좋은 지도자와 교육환경이 주어진다 하여도 그 효과를 장담할 수 없다. 따라서 지도자는 수련생의 가족관계, 가정환경, 학교환경을 살펴볼 필요가 있다. 다음은 안전의 욕구이다. 안전이란 신체적 안전뿐만 아닌 정신적 안전도 포함된다. 기본적으로 도장이 수련생에게 안전을 보장해 주는 장소이며, 도장의 지도자 또한 수련생의 안전을 책임질 수 있다는 믿음이 형성될 때, 수련의 효과는 높아질 수 있다. 따라서 학부모와 지도자, 수련생과 지도자가 서로의 안전에 대한 믿음을 신뢰할 때, 교육 효과는 높아진다. 다음이 사회적 욕구이다. 사회적 욕구는 사회생활에서 맺게 되는 인간관계를 중심으로 자신과 타

36_ https://www.google.co.kr/ 매슬로 욕구 5단계 이미지

인 간 애정·믿음·신뢰 등을 기반으로 한다. 이러한 관계를 통하여 수련생은 사회에서 필요한 존재, 인정받을 수 있는 존재라는 믿음을 갖는다. 이러한 사회적 욕구의 성취는 자신에 대한 믿음으로 이어지고 자존감을 획득하도록 하는 원천이 된다.

사회적 관계 욕구가 충분히 충족되면 이후 자신이 평소 꿈꾸던 꿈을 실현하고자 도전하고 노력하게 된다. 이렇듯 인간의 단계별 기본욕구가 충분히 성취될 때 만족과 행복을 느낄 수 있고 삶의 의미를 갖는다. 그러나 이러한 욕구 단계의 피라미드 형태가 기형적 구조가 된다거나 개미허리형 구조가 될 경우, 욕구의 부조화로 원만한 삶이 이어질 수 없다. 특히 아동기와 청소년 시기는 욕구에 더욱 예민한 시기임을 감안하여 세심한 관찰과 지도가 필요하다.

9) 대상관계이론

대상(object)이란 용어는 주체(subject)에 대비되는 개념으로 주체가 관계를 맺고 있는 사랑, 미움 등의 정신 에너지가 투여된 어떤 것을 의미한다[37]. 대상관계이론은 인간이란 기본적으로 대인관계를 형성하고 유지하고자 하는 욕구를 지니고 태어난다고 말하고 있다. 이러한 욕구는 인간행동의 동기가 되며 성격 구조를 만드는 중요한 요인으로 작용한다고 한다. 대상관계이론은 출생 후, 부모와의 관계경험이 성격을 형성

37_ Hamilton, N.G. (1988). self and others : Object relations theory in practice. Lanham, MD:Jason Aronson

하는 결정적 요인이라고 보고 있으며, 이후 성장과정에서 맺는 대인 간 관계 형성에 지속적인 영향을 미친다고 보는 이론이다.

영·유아 대상의 대표되는 부모는 영·유아와 상호작용하면서 대상관계 경험은 물론, 그 경험에서 수반되는 정서상태까지 내면화하여 대상의 표상으로 형성한다. 또한, 영·유아의 내면세계는 대상에 대한 표상뿐만 아니라 대상에 대해 반응하고 행동하는 자기에 대한 자기 표상도 형성하게 된다. 이러한 표상은 자신의 본능, 정서 등으로 연결되어 개인에게 특정한 행동양식을 갖게 하고 타인과 맺는 관계의 기본 방식으로 결정된다[38]. 대상관계이론에서 자기 자신을 보고 키워가는 기준은 엄마를 통해서이다. 즉 영·유아는 자기 개념이 없기 때문에 자신이 누구인지 모른다. 그러나 엄마가 '우리 아기는 예쁜 아기', '우리 아기는 똑똑한 아기', '우리 아기 장군 될 아기' 등의 말을 하면 아기는 자신이 예쁜 사람, 똑똑한 사람, 장군 될 사람이라고 생각하고 자신을 키워간다. 그러나 믿음이 없는 부정적 관계에서 영·유아가 자라게 되면 거짓자기가 내면화되어 고집 세고, 야망이 크고, 이기적인 자기만을 키워 고된 삶을 살아간다.

대상관계이론에서 정신적 병리는 자기 자신의 내적 대상관계의 문제인 동시에 자기(self)에 대한 혼란이며 통합되지 못한 자아기능의 문제라고 본다. 다시 말해 영·유아기에 부적절한 대상관계 형성이 고착화되어 현재의 감정과 행동에 영향을 미치게 되고, 이러한 결과는 개인의 삶에서 독립적이고 보편화된 도덕적 존재로 살아갈 수 없도록 한다. 도장에 이와 같은 수련생이 있다면 수련생과 관계를 맺고 있는 가정의 부

38_ 권중동(2014). 인간행동과 사회환경. 학지사

모와 형제에 대한 가족관계를 파악해 볼 필요성이 있다. 또한, 학교 친구와 선생님 등, 수련생과 연결된 지인과 사회관계를 잘 파악하여 수련생의 활동에 제약을 주는 대상을 찾아 대상과의 관계를 조정해줌으로써 자아기능을 회복하여 보편적이고 능동적인 행동을 높일 수 있다.

10) 애착이론

존 볼비(John Bowlby, 1907~1990)의 애착이론은 본질적으로 공간의 이론이다. 애착이론은 보고 듣고, 느낌으로써 조정된다. 그러나 애착의 완성은 신체에 국한된 만족감 누리려는 것이 아니라 애착 대상에 대한 접근성을 성취함에 따라 '상황에 잘 적응하여 살아가고' 자신의 삶에 있어서 계획과 탐색할 수 있는 안정된 상태에 도달하는 것이라고 한다. 인간은 다른 동물과 달리 애착 체계가 발달까지 약 6개월의 시간이 걸린다. 애착은 다음 단계를 거쳐 발달한다. 영아는 태어나자마자 0~6개월은 사람을 구별하여 알아보는 능력이 없으나 접촉에 반응하는 시기이다. 안아주는 것뿐만 아니라 아이를 바라보며 웃는 행동을 통해 아이는 보호받고 있다는 안정적 믿음을 통해 생리학적 체계까지도 발달된다. 이러한 체계가 발달하지 못하다면 아이는 신체적 정서적으로 미성숙한 채로 성장하게 된다. 안아주기 환경의 신뢰도와 반응도는 하나의 '분리-개별화 과정'인데, 이때 애착유형의 핵심이 형성된다. 약 6개월이 지나면 그 후 3개월은 애착관계가 분명해진다. 또한, 아이는 엄마를 인식할 줄 알고 반응하며, 상호작용적 행동체계가 형성된다. 다른 사람이 떠날 때와 엄마가 떠날 때 다르게 울며 반응한다. 유아에게 목표는 엄마와 충분히 같이 있는 것이다.

아이는 새로운 환경에 접하게 되면 엄마의 눈을 쳐다보고 탐색을 허락 또는 자제하라는 엄마의 신호를 찾으려 한다. 엄마의 신호에 따라 탐색 거리를 조절한다. 3년이 지나면 이제는 부모가 자기와 분리된 타자라는 것을 지각하기 시작하여 애착을 유지하기 위해 애교도 부리고 애원도 하고, 골을 내기도 한다. 이러한 애착 행동은 애착 대상과 분리되거나 분리된다고 느낄 때 유발된다.

애착과 애착행동은 애착행동 체계의 개념을 형성하는데 세 가지 애착유형이 있다. 안정애착, 불안-회피, 양가-불안으로 구분된다. 예를 들어 안정 애착의 경우, 엄마와 잠시 떨어져 있다 재회할 때 엄마에게 응석 부리고 다시 자기 놀이에 집중한다. 반면 불안-회피의 경우는 아이와 엄마가 재회할 때 엄마를 무시하면서도 노는 동안 엄마를 계속 지켜보면서 자기 놀이에 집중하지 못한다. 불안전-양가적 아이는 엄마와 재회를 하더라도 쉽게 안정되지 못하고 화를 내거나 엄마에게 매달리기를 반복하며 놀이에 집중하지 못한다.

애착유형[39]

엄마(애착 형태)	0~3세	3~6세	청소년 성인
따뜻하고 일관성	안정형	안정형/편안함	자율형
무시/무반응	불안전/회피	방어적 강박적 반응	배척형

39_ EBS 애착의 4가지 유형, https://www.youtube.com/watch?v=fMU1d8RU9G0

일관성 결여	불안전/양가저항형	강압형 위협/내숭/무기력	집착형
이혼, 사고, 고아	불안전/혼동형		미 해결형

 이렇듯 유아기의 아이들은 격려하고 지지하고 협력적인 엄마를 경험하고, 그리고 조금 이후에 아빠를 경험하면 이 경험을 통해 아이는 자기 존재를 가치 있게 느끼고 타인의 조력에 대해 신뢰하게 되며, 미래의 관계를 구축해 나가는 유리한 기초모형을 갖게 된다. 그리고 이 경험을 통해 아이는 자신의 환경을 자신 있게 탐색하고 효과적으로 대처할 수 있게 됨으로써 자신의 능력에 대해 더욱 신뢰하게 된다. 이후에 가족관계가 지속해서 우호적이라면 계속 신뢰감과 자신의 능력을 통해 도덕성 형성에 큰 영향을 미칠 뿐 아니라 부정적 상황에서도 긍정적 피드백을 통해 극복하고자 노력하게 된다. 그러나 불안전한 애착 경험들은 상이한 결과들을 낳게 되는데, 대개 복원력이 낮고 통제력에도 문제가 있는 인성구조를 갖게 된다[40]. 따라서 인간에게 있어 유아기 애착은 매우 중요한 역할을 하게 된다. 존 볼비의 애착이론은 유아기 아동기를 거쳐 청소년기와 성인기까지 계속되는 것은 물론 결혼생활과 자녀양육, 사회생활까지 전 생애에 걸쳐 영향을 미칠 수 있다고 하였다.

 영·유아기 애착에 실패한 수련생들은 또래 관계가 나쁘고 공격성과 우울증 증상이 높으며 주의력 결핍증상을 보이기도 한다. 이와 같은 애착결핍을 경험한 수련생들에게 일반적인 수련프로그램을 통하여 도

40_ 유민지(2014). 애착이론을 통해 살펴본 온전한 자아 형성에 관한 연구 (관계적 공동체 형성을 중심으로). 장로회 신학대학교 대학원 기독교육학전공 석사학위논문

덕성 교육을 한다고 한다면 과연 그 효과가 있을 것인가는 지도자로서 깊은 고민이 필요하다.

도장에서 수련생을 지도하다 보면 도덕교육을 열심히 하여도 그때뿐인 수련생들이 있다. 이러한 수련생들은 영 유아기 부모로부터 받아야 될 애착이 결핍됨으로써 미해결과제로 고착되어 청소년이 되고 성인이 되어서도 성취동기와 집중력을 발휘하지 못한다. 이런 수련생에게 지도자는 현재의 상황에 집중하지 말고 성장과정에서 있을 수 있었던 문제에 초점을 두고 상담을 통하여 문제에 접근할 필요성이 있다. 지도자들에게 심리코칭이 어렵게 느껴질 수 있으나 관심을 갖고 조금만 공부하면 수련생에게 도움을 줄 수 있다. 현재 지도자가 현장에서 많이 사용하는 지도방법이 있다. 그러나 그 교육방법이 어떠한 이론을 근거로 만들어졌으며, 어떻게 행동 수정에 도움을 주고 있는지에 대한 기초 지식이 부족하기 때문에 충분한 코칭이 이루어지지 못하고 있을 뿐이다.

지금까지 여러 학자의 심리이론을 조금씩 다룬 이유가 바로 지도자가 기본적으로 이론을 알고 지도할 수 있도록 하기 위함이었다. 인성, 즉 도덕성 교육은 마음이 움직여야 스스로 행동하는 특성이 있기 때문에 심리이론에 관한 기초 공부가 반드시 필요한 것이다.

11) 게슈탈트(Gestalt) 심리이론

게슈탈트(Gestalt)란 전체(Whole) 혹은 형태(configuration)를 의미하는 독일어다. 게슈탈트 심리학은 베르트하이머(M. Wertheimer)와 쾰러(W.

Koehler), 코프카((K. Koffka)에 의해 연구된 학문이다.

우리가 어떤 사물이나 현상을 지각할 때 떠오르는 어떤 형태(모양)를 말한다. 우리는 사물을 지각할 때 사람마다 다르게 지각하는데, 그것은 사람마다 다르게 사물을 인식하기 때문이다. 인식이란 오감을 통해 받아들인 정보를 파악하고 판단하는 것인데, 사람마다 각기 다른 게슈탈트를 가지고 있기 때문에 인식에서 각기 다른 반응을 보이는 것이다. 게슈탈트 심리학에서 가장 많이 등장하는 이론이 전경과 배경이다. 전경은 앞에 떠오르는 형상이고, 배경은 전경 외의 형상이다.

루빈의 컵[41]

위 루빈의 컵을 보면 희색을 전경으로 보면 컵이 되고, 검정을 전경으로 보면 사람이 된다. 보는 사람이 어떤 곳을 전경으로 보는가에 따라 사람이 될 수도 있고, 컵으로 보일 수도 있다. 벽지에 둥근 원이 있다고 가정하자. 배고픈 사람에게는 빵으로 보일 것이고, 축구를 하고

41_ http://blog.daum.net/fresh7484/16501820

싶어 하는 사람에게는 축구공으로 보일 것이다. 그러나 배고팠던 사람이 배가 고프지 않게 되거나 축구를 하고 싶은 사람이 축구를 충분하여 축구를 하고 싶은 생각이 없어졌다면 좀 전에 보고 느꼈던 전경과 배경은 사라지고 새로운 게슈탈트에 의해 다른 전경과 배경으로 보일 것이다. 이렇듯 우리가 사물을 인식할 때, 생리적 욕구가 어느 방향으로 흐르는가에 따라 사물을 인식하는 방향이 달라질 수 있다는 것이다. 따라서 현재 내가 가지고 있는 욕구, 욕망에 따라 사물을 판단하는 기준이 달라질 수 있다는 것이다. 게슈탈트란 어원은 앞서 살펴보았듯이 전체 또는 형태를 의미하지만, 게슈탈트의 의미는 사람이 살아가는 과정에서 발현되는 욕구, 욕망 등을 해결하고자 하는 마음을 게슈탈트라고 말할 수 있다. 게슈탈트를 심리치료로 확장한 사람은 펄스 (Frederick S. Perls, 1893~1970)로 독일계 유대인이다. 펄스는 인간은 살아가면서 많은 욕구와 욕망을 해결하고자 하지만 모든 것이 다 만족스럽게 해결되지는 않는다고 말하고, 그렇게 해결되지 못한 미해결과제는 마음속에 깊이 남아 현재 내가 하려고 하는 일에 영향을 주어 현재 일을 원만히 만족스럽게 해결할 할 수 없도록 하는 원인이 된다고 하였다. 특히 미해결된 과제의 일이 중요하면 중요할수록 방해의 정도가 강하여 현재에 집중하는 것을 방해한다고 하였다. 앞서 루빈의 컵에서 말한 바와 같이 미해결과제가 갖는 영향력의 정도에 따라 사람이 전경이 될 수도 있고, 컵이 전경이 될 수도 있어 원래 보아야 하는 전경이 방해를 받는다는 것이다.

우리 인간은 삶을 영위하기 위해서 환경 또는 사람들과 지속적이고 반복적인 관계를 갖는다. 그 과정에서 우리가 희망한 일들이 원만히 해결되는 경우도 있지만 많은 일은 해결되지 않은 채 미해결과제로 남게 된다. 이때 미해결과제를 있는 그대로 마주하고 받아들이기보다는 미해결과제를 억압[42], 투사[43], 내사[44], 거부 등을 통해 해결하고자 한다. 이러한 방어기제가 발동하게 됨으로써 남게 된 과제는 더 큰 방해 에너지로 발달하여 마음속 전경과 배경을 혼란스럽게 하여 일의 성과를 방해한다. 미해결과제가 원만히 해결되지 못한 상태에서 어떠한 일을 했을 때, 바라는 긍정적 성과를 이루기는 매우 힘들 수 있다.

앞서 말한 내용을 풀어 이야기해 보면, 자신이 어떠한 일을 하고자 하거나 일을 마쳤을 때, 그 일들이 성공적으로 마무리 되었다면 성취감 또는 만족감의 긍정적 피드백으로 갖게 되어 삶의 활력소를 갖도록 하겠지만, 그러나 하고자 했던 일이 성공하지 못했을 때는 아쉬움, 미련, 자책 등의 마음이 생겨 미해결과제로 남는다. 자신의 요구에 일 뿐만 아니라 남으로부터 질책, 비난, 모욕, 폭력 등을 당하게 되어도 마음의 상처로 남아 행동에 악영향을 미친다.

도장에 다니는 수련생들에게 도장, 학교, 가정에서 있을 수 있는 일은 매우 다양하게 일어날 수 있으며 그로 인해 가질 수 있는 미해결과제 또한 매우 다양하게 존재할 수 있다. 이러한 미해결과제는 인지적 사고과정을 방해하기 때문에 아무리 능력 있는 지도자로부터 양질의 인성교육을 받는다 하여도 교육 효과가 좋게 나타날 수 없다. 그러나 이와 같은 게슈탈트 심리학을 이해한 지도자가 수련생의 행동을 충분

42_ 억압: 억압이란 고통스럽고 불쾌한 생각이나 기억을 의식에서 축출하여 무의식에 가두는 과정을 말한다. (NAVER)
43_ 투사: 투사란 죄의식, 열등감, 공격성 등의 감정을 다른 사람에게 돌림으로써 자신을 방어하는 정신작용 (NAVER)
44_ 내사: 타인의 신념, 주장, 가치관을 무비판적으로 수용하는 것 (NAVER)

히 인식하고 지도한다면 교육의 효과가 긍정적으로 나타나겠지만, 그와 반대로 지도자가 이를 인식하지 못한 상태에서 수련생을 지도한다면 또 다른 미해결과제를 덧씌우는 결과가 되어 오히려 부정행동을 부추긴 꼴이 될 수 있다. 또한, 지도자가 갖고 있는 미해결과제를 수련생에게 투영시켜 지도하게 되면 부정적 결과를 가져올 수 있기 때문에 이런 점을 조심해야 한다.

지혜로운 사람은 자신이 할 수 있는 일과 할 수 없는 일을 변별한 능력을 갖는다. 그리고 지혜로운 사람은 있는 그대로 자신을 수용한다. 그래서 지혜로운 사람은 강박적이지 않고 무모하지 않다. 따라서 지혜로운 사람은 자신의 한계를 이해하고 겸허히 수용한다. 지혜로운 사람은 인간은 본래 불안전하기 때문에 많은 과제를 안고 살아갈 수밖에 없다는 것을 인정하고 실패와 실수를 수용한다. 지혜로운 사람은 자신의 실패를 통해 배워나간다[45]. 그러나 지혜롭지 못한 사람은 실패를 두려워하고, 실패를 인정하지 않고, 실패를 남탓으로 투사하면서 실패에 따른 미해결과제의 힘을 키워간다. 게슈탈트 심리학의 핵심은 자신의 불완전함을 인정하고 수용하라는 것이다. 그렇게 함으로써 미해결과제를 줄여 통합된 삶을 살아가야 한다는 것이다. 또한, 과거의 미해결과제가 있다고 한다면 회피하지 말고 순수하게 직면하여 현재에서 해결할 수 있도록 하라는 것이다.

지금까지 게슈탈트 심리학의 개념에 관해 이야기를 했는데, 다소 어렵다는 생각이 들 수 있을 것이다. 하지만 게슈탈트 심리이론을 이해한다면 삶의 지혜를 얻어 가정과 사회 특히 자신이 지도하는 수련생들을

45_ 노안영(2014). 게슈탈트 치료의 이해와 적용. 학지사

이해와 공감으로 바른 인성이 함양될 수 있도록 지도할 것이다.

12) 동기(動機)이론

동기(Motivation)란 어떤 일을 발생시키고, 그 행동을 유지시키며, 그 행동방향으로 나아갈 수 있도록 뒷받침하는 마음자세를 동기라 한다. 인간은 생명유지를 위하여 삶에 필요한 조건들을 해결하길 소망한다. 이러한 소망은 자신이 능동적 행동을 할 수 있도록 동기를 부여하고, 그 동기를 통하여 소망하는 조건을 충족한다. 이 과정에서 충족된 기쁨과 만족은 동기의 추동원력으로 내재되어 학습동기의 동력으로 발전된다. 동기의 동력 정도는 학령기 학습 성취도와 직접적 관련이 있다. 학령기 학습 성취의 동력은 영아기로부터 시작된다. 영아는 자신의 생명을 유지·보존하기 위하여 음식을 갈망할 때 추동[46]이 시작되고, 이 추동이 영아를 반응하도록 한다. 추동에 의한 반응은 손을 움직이게 하고, 손에 주어지는 것은 입으로 향하게 한다. 또한, 울음으로 신호를 보내고 그 보상으로 엄마의 모유를 먹게 된다. 영아는 이러한 일련의 과정을 통하여 욕구를 해결하기 위한 동기를 학습해 나간다. 영아는 성장하게 되면서 다양한 요구를 부모에게 하게 된다. 그 요구는 부모의 보상을 이끌어 내는 관계로 발전하게 되면서 부모와의 거래관계가 형성된다. 이러한 관계의 긍정성은 동기발달의 추동에너지로 내

46_ 추동은 항상성(homeostasis)을 유지하고자 하는, 또는 신체 기제들이 최적의 상태를 유지하도록 하는 내적인 힘

재된다. 영유아는 성장발달단계를 거치면서 자신의 요구와 부모의 보상관계를 통하여 자연스럽게 학습동기를 키워간다. 이러한 동기는 학습동기뿐만 아니라 사회성장 동기로 전이되면서 리더십 발달에 도움을 준다. 그러나 영유아의 요구가 없음에도 불구하고 욕구가 채워지거나, 보상의 정도가 부족함 없이 늘 채워지게 되면 추동에너지가 발전하지 못해 동기가 발달하지 않는다. 영·유아기의 적당한 결핍은 추동에너지를 갖게 하고 동기를 더욱더 발전하도록 하는 동력으로 작용하기 때문에 이 시기의 적당한 결핍은 동기 발전의 원동력이 된다. 결핍은 동기뿐만 아니라 자기효능감에도 영향을 미친다. 결핍에 의해 동기를 갖게되고, 그 동기가 긍정적인 피드백을 받게 되면 자기 자신에 대한 믿음이 형성된다. 이러한 자신에 대한 긍정적 신뢰는 자기효능감으로 발전한다. 자기효능감이란 어떠한 일을 성공적으로 수행할 수 있다고 판단하는 자신에 대한 스스로의 믿음이다.

동기는 무의식 속에 내재된다. 영아기와 유아기는 욕구를 요구하고 해결하는 과정에 감정을 동반하기 때문에 요구가 긍정적 보상일 될 경우, 감정은 만족한 기쁨의 에너지로 동기화되지만, 그렇지 못하고 억압될 경우 그 감정은 미해결과제로 남게 된다. 미해결되고 억압된 감정은 왜곡된 방법으로 표출(신경질적 반응)된다. 이러한 왜곡된 표출은 신경질적인 것뿐만 아니라 폭력, 폭식, 우울, 야뇨 등으로 표출될 수도 있다.

유아기를 지나고 아동기에 접어들면서 인지적 사고가 발달하게 된다. 이 시기는 피아제(Jean Piaget)가 말하는 구체적 조작기 7~11세 시기다. 이 시기는 사물을 인식하는 인지능력이 논리적으로 발달하고 자기중심성을 탈피하여 대상에 대한 이해와 관계의 정도를 파악할 수 있도록 한다. 이 시기의 아동들은 가정과 학교, 사회환경에서 받는 긍정적 피드백을 학습동기 발달의 추동에너지로 활용한다. 특히 같은 또래들과의 관계는 동기발달에 큰 영향을 미치기 때문에 친구들과의 관계를 주의 깊게 살펴야 한다.

매슬로(Maslow)의 욕구 위계로 보면 생리적 욕구가 해결되어야 안전의 욕구로 넘어가게 되고, 안전의 욕구가 해결되어야 사회적 욕구(대인관계·소속감)로 넘어가게 되고, 사회적 욕구가 해결되어야 존중의 욕구·성취 욕구로 넘어가게 되고, 존중의 욕구와 성취의 욕구가 해결되어야 그다음 단계인 자아실현의 욕구로 넘어가게 된다. 그러나 어느 한 단계에서 그 욕구가 결핍되거나 해결되지 못하면 그 단계로 고착되어 다음 단계로 넘어가지 못하게 되면서 긍정적 발달이 제한된다고 하였다. 또한, 미해결된 상태로 다음 단계로 넘어간다고 하여도 미해결과제에 대한 보상심리의 작용으로 긍정적 발달을 기대하기 어렵다. 매슬로 욕구위계이론으로 동기를 설명하면 각 단계의 욕구가 긍정적으로 해결되어야 그다음 단계로 발전하려고 하는 동기를 갖게 된다는 것이다. 욕구가 좌절되거나 결핍되면 동기 또한 좌절되어 추동에너지를 갖지 못한다는 것이다.

동기는 두 가지로 나눌 수 있다. 첫 번째는 외재적 동기이고, 두 번째는 내재적 동기이다. 외재적 동기는 보상이나, 압력, 처벌 등, 외적 자극에 의해 비롯되는 동기이고, 두 번째 내재적 동기는 수행하고자 하는 과제 자체에 흥미를 갖고 자기만족이나 성취감을 갖고자 하는 마음에서 비롯된 동기이다.

(1) 외재적 동기발달

외재적 동기는 외적 보상이나 자극에 의해 발달한다. 외재적 동기를 유발시키고 발달시키기 위해서는 아래 사항을 참고하여야 한다.

첫째, 분명한 학습목표를 정하여 알 수 있도록 해야 한다.

둘째, 학습 효과에 대한 상세한 정보를 제공한다.

셋째, 경쟁심을 갖도록 한다.

넷째, 개인의 장점을 찾고, 칭찬과 보상을 아끼지 않는다.

외재적 동기유발의 단점은 지속적인 외재적 자극이 줄어들면 학습 동기도 점차 소거된다는 것이 단점이다.

태권도장에서는 대부분 외재적 동기의 자극을 통하여 교육 효과를 얻고자 한다. 그러나 외재적 동기의 단점은 앞서 말한 바와 같이 자극이나 보상이 줄어들면 동기 또한 소거된다는 단점이 있다. 따라서 지속해서 새로운 자극과 보상을 통하여 동기를 잃지 않도록 하는 것이 중요하다.

(2) 내재적 동기발달

내재적 동기는 흥미와 만족, 성취감에 따라 발달한다. 내재적 동기를 유발시키고 발달하기 위해서는 아래 사항을 참고하여야 한다.

첫째, 스스로 목적과 목표를 설정하도록 한다.

둘째, 목적과 목표에 대한 충분한 정보를 제공한다.

셋째, 자기결정을 존중한다.

넷째, 호기심을 자극한다.

다섯째, 성과와 상관없이 존중하고 지지한다[47].

내재적 학습동기를 높이기 위해서는 통제나 평가가 아닌 자율성과 존중을 통하여 관계 형성에 초점을 두어야 한다. 동기유발에 있어서 외재적 동기유발이든 내재적 동기유발이든 보다 더 나은 학습동기를 발전시키고자 한다면 성취동기를 갖게 하는 것은 중요하다. 성취동기란 어떠한 과제를 성공적으로 수행함으로써 갖는 만족감의 욕구다. 성취동기란 과거 성공한 경험을 자기효능감으로 또는 신념으로 받아들이는 상태를 말한다. 이러한 효능감과 신념은 자신이 할 수 있다는 자신감으로부터 출발한다. 그 자신감은 과거 학습과정의 만족감, 성취감, 긍정적 보상 등이 학습된 경험으로부터 출발한다. 성취동기가 높은 사람은 도전을 통해 자기능력을 시험하는 데 흥미를 느끼고 현재보다 미래의 가능성에 초점을 두는 특징을 가지고 있다.

하터(Harter. S 1981b)는 초등학교 시기에서 중학교를 거치는 동안 내재적 동기가 전반적으로 낮아진다고 하였다. 그 이유는 초·중·고로 학년이 올라갈수록 학교에서 성적을 통하여 능력을 평가하고 외재적 보상을 통하여 사회적 비교를 하기 때문이라고 지적하였다[48]. 외재적 동기는 장점이 있는 반면 그만큼 단점도 큰 까닭에 외재적 동기보다 내재적 동기를 통하여 학습동기를 높이는 것이 바람직하다. 태권도의 수련 체계는 외재적 동기 발달과 관련이 깊다. 따라서 사범은 지도과정에서 내재적 동기가 활성화될 수 있는 방법으로 수련생을 지도하는 것이 효과적이다.

47_ 신종호(2019). 학습동기. 학지사
48_ Harter.S. (1981b). A new self-report scale of intrinsic versus extrinsic orientation in the classroom: Motivational and informational components.

내재적 동기가 발달하기 위해서 4가지 원천이 있는데 도전, 호기심, 통제, 상상이다. 첫째, 도전이란 정면으로 맞서 이겨내는 것을 말한다. 도전을 통하여 동기가 발달하도록 하기 위해서는 맞서는 도전의 수준 선택이 중요하다. 도전의 수준이 높아 실패가 많아지거나 너무 수준이 낮아 흥미를 유발하지 못하면 도전의 동기가 소멸되기 때문에 중간 정도의 수준으로 지속적인 성공의 기쁨을 맛볼 수 있도록 해야 한다. 둘째, 호기심은 새롭고 신기한 것에 흥미를 갖고 알고 싶어 하는 마음이다. 호기심은 현재의 지식이나 믿음, 놀라워 보이는 정도의 새롭고 신기한 활동을 제시해야 한다. 호기심도 도전과 마찬가지로 너무 자기 생각과 불일치되는 활동을 제시하면 호기심이 좌절될 수 있다. 호기심은 기존 배경지식이 있을 때 효과적이기 때문에 수련생의 연령과 경험을 충분히 고려하여야 한다. 셋째, 통제는 목적을 위하여 행위를 제한하는 것을 말한다. 통제는 활동의 선택권을 주고 규칙과 절차를 스스로 확립할 수 있도록 해야 한다. 그랬을 때, 자신의 통제적 지각을 형성하고 스스로 행위의 주체가 될 수 있기 때문이다.

넷째, 상상은 실제가 아닌 현상을 실제처럼 마음속으로 그려보는 것을 말한다. 상상은 자신이 생각한 현상을 상상을 통하여 실제상황처럼 느껴보거나 유사한 게임을 통해 실제로 경험하도록 하는 것이다.

(3) 귀인(歸因) 이론

동기에서 또 하나의 중요한 요인이 있다. 바로 귀인(Attribution)이다. 귀인은 동기를 갖게 된 시점에서 결과와 관련하여 개인의 기대 신념을 어떻게 형성하고, 어떠한 정서적 반응을 선택하는지를 말하는 것이다.

쉽게 말하면 자신이 한 행동 중 실패와 성공의 원인(이유)을 어떻게 생각하는가에 따라 동기가 발달할 수 있다고 설명하는 것이다. 귀인이론에 가장 큰 공헌한 학자는 Bernard Weiner(1925~)이다.

귀인이론에서는 성공과 실패의 원인을 능력, 노력, 과제난이도, 행운 4가지로 구분한다. 대부분의 사람은 자신이 성공했거나 실패한 원인을 이 4가지 중 한두 가지로 돌리면시 동기의 긍정성을 끌어올리기도 하고, 자기방어적 형태로 회피하기도 한다. 4가지의 귀인을 예를 들어 본다면 다음과 같다. 예를 들어 영수가 승급심사에서 탈락했을 때, 영수는 능력이 부족하여 승급심사에서 탈락했다는 귀인을 가졌다면 운동에 대한 동기가 점점 소거될 것이다. 그러나 영수가 승급심사에 탈락한 이유가 노력이 부족하여 탈락하였다고 귀인하였다면 노력을 더 하면 다음에 합격할 수 있을 것이라는 귀인을 가질 수 있다. 개인의 귀인에 영향을 주는 또 다른 정보는 다른 사람들이나 과제 자체로부터 얻는 피드백이다. 그중에서 가장 큰 피드백을 받는 것이 지도자의 긍정적 피드백이다. 수련 현장에서 지도자의 직접적인 긍정피드백은 수련생 자신의 능력과 노력을 인지하고 긍정적 동기를 갖도록 하는 데 큰 영향을 미친다. 영수가 승급심사에서 탈락한 이유를 능력이 부족한 것이 아니라 노력이 부족했기 때문이라고 귀인하고, 지도자의 긍정적 피드백("다음에 조금만 노력하면 성공할 수 있을 것 같은데~.")으로 귀인에 영향을 준다면 승급심사에 대한 동기는 소멸되지 않고 긍정적 동기로 귀인할 것이다.

귀인 과정에서 가장 바람직하지 못한 선택은 과제난이도와 운이다. 이 두 가지 중 하나의 귀인의 선택은 동기를 약화시키는 작용을 하기 때문에 발전을 저해하는 요인이 된다. 이 두 요인은 자기방어적 심리요인을 갖고 있기 때문에 귀인에 부정적 영향을 미친다.

		귀인 모형	
귀인 선택	결 과	귀인 요인	동기(심리적 결과)
바람직하지 못한 귀인	실 패	능력 부족, 노력 부족, 과제가 어려움, 운이 나쁨	· 낮은 성공 기대 · 포기 · 무력감
바람직한 귀인	성 공	능력 좋음, 노력도 좋음, 쉬운 과제, 운도 좋음	· 높은 성공 기대(자신감) · 적극적 · 긍정성
	실 패	노력 부족	· 분발 · 성공 기대 · 노력

특히 편향적 사고관에 의한 편견이나 선입견은 효율적 귀인을 방해한다. 편견이나 선입견은 수련생보다 지도자들에게 나타나는 귀인 오류(fundamental attribution error)이다. 수련생의 행동에는 구조적 여건과 상황이 존재한다. 그러나 이러한 요소들은 무시하고 성격이나 동기, 행위자의 내적 특성만을 문제 삼아 귀인하는 것은 문제가 있을 수 있으며 이를 귀인 오류라 한다.

귀인에는 인과적 법칙이 존재한다. 인과적 법칙이란 귀인을 형성할 때 사용하는 인과관계에 대한 개인의 다양한 원리와 신념을 말한다. 인과법칙에 관하여 Fisk와 Tayor는 사람들이 인과관계를 사용할 때 이용하는 인과관계 6가지 원리가 있다고 말하였다.

- 원인은 반드시 결과보다 앞선다.
  특정 사건에 뒤따라 일어난 사건이 그 사건의 원인이 될 수 없다. 그러나 그 사건을 뒤에 일어날 사건과 연결시키려고 하면 결과는 앞의 사건과 연결된다. 예를 들면, 오늘 아침 집에서 엄마에게 야단맞았다면 오늘의 승급심사 탈락원인이 엄마에게 야단맞은 것과는 관계가 없다. 그러나 오늘 아침 야단맞았기 때문에 오늘 일어날 일에 부정적 귀인을 한다면 결과는 부정적 결과로 나타날 것이다.

- 특정 사건과 시간상으로 근접해서 일어난 사건은 인과 요인처럼 보이는 경향이 있다. 영수가 어제 친구와 말다툼이 있었다면 오늘 시험을 망친 원인을 어제 친구와 말다툼 때문이라고 귀인하기 쉽다.

- 특정 사건과 공간적으로 인접한 사건은 더욱 인과적인 것처럼 보이는 경향이 있다. 오늘 경기에서 패배한 이유가 상대 팀의 일방적 응원 때문이라고 귀인할 수 있다.

- 지각적으로 현저히 구별되는 자극은 배경 자극보다 인과관계를 갖는 것으로 생각하기 쉽다. 경기 전날 친구와 다투는 일과 같은 두드러진 사건은 경기 때마다 잘 풀지 못하는 일상적 경기보다 더욱 인과적인 요인으로 보일 수 있다.

- 원인은 결과를 닮는다. 사람들은 큰 결과를 큰 사건의 원인에, 작은 결과를 작은 사건의 원인에 귀인하는 경향이 있다. 영수가 큰 대회에서 패하는 원인은 매일 친구와 소소하게 다투는 일보다 부모님이 이혼했기 때문이라는 큰 사건과 연결지어 귀인하고 싶어 한다.

- 대표적인 원인으로 결과가 귀인 된다. 사람들은 유사한 사건의 결과와 현재의 결과를 종종 비교하고, 같은 원인이 현재 사건의 결정적 요인이라고 추측한다. 예를 들어, 영수가 경기에 패배하는 원인이 잘 지도하지 못하는 사범님 때문이라고 귀인하고 있다면 이번 경기의 패배도 실

력 없는 사범님 때문이라고 귀인할 가능성이 크다는 것이다[49].

Weiner의 귀인이론은 '왜 이런 결과가 나온 걸까?'에 대한 이론이다. 즉 자신의 행동에 대한 반성적 추론의 결과이다. 그 반성의 이유를 어떻게 합리적으로 하는지, 아니면 부정적으로 하는지에 따라서 이어지는 결과에 큰 영향을 미친다. 태권도장에서 수련생을 지도하다 보면 행동에 대한 핑계나 이유가 많은 수련생을 볼 수 있다. 이때 그 수련생의 잘못된 귀인으로 반복되는 부정적 결과를 보게 된다. 이때, 지도자로서 부정적 귀인의 원인을 이해하도록 정보를 제공하고 긍정적 귀인을 갖도록 도움을 준다면 수련생의 긍정성이 높아져 긍정적 수련 효과가 나타날 것이다.

49_ 신종호(2019). 학습동기. 학지사

뇌 발달과 인성

호르몬과 인성

인간은 행동하기 위해 5감을 통해 들어온 정보를 분석하고 분석결과에 따라 행동으로 표출한다. 이러한 일련의 과정은 인간뿐만 아니라 모든 동물에게서 같은 패턴의 구조를 갖는다. 이 같은 패턴양식은 인간을 포함한 모든 동물에게 뇌라는 특수한 신경조직이 있어 가능하다. 뇌는 동물과 인간이 똑같이 갖고 있지만, 뇌 구조는 인간과 동물이 다르다. 인간의 뇌는 동물과 다르게 생각을 계획적으로 구조화할뿐만 아니라 가능성을 예측하고 목표를 세우기도 하고, 자신이 믿는 신념을 위해 자신을 희생할 줄 아는 숭고함의 정신작용까지 한다.

인간의 뇌는 인체의 가장 단단한 뼈인 두개골 속에 1,400~1,600g 정도로 체중의 약 2.5%를 차지하고 있으며 1천억 개의 신경세포와 1천조 개의 시냅스로 되어있다. 이러한 뇌는 우리 인간의 에너지 소비량의 약 20%를 사용한다. 뇌는 단단한 뼈 두개골 속에서 동적인 움직임을 하지 않으면서도 많은 에너지를 소비하는데, 그만큼 활발한 신경작용을 하고 있다는 방증으로 이해할 수 있다. 인간의 뇌를 컴퓨터와 비교해 보면 약 2,500테라바이트(Terabyte, TB)의 용량을 가졌다. 이 용량은 동영상 약 300만 시간 분량을 보관할 수 있는 용량이다. 이러한 뇌는 3단계로 구분할 수 있는데, 1단계는 파충류의 뇌, 2단계는 포유류의 뇌, 3단계는 인간의 뇌이다. 1단계 뇌, 뇌간은 생명과 직결된 심장박동, 호흡, 감각신경을 관장한다. 1단계 뇌는 예민한 감각신경을 통하여 환경을 파악하고 적응시킴으로써 생명을 유지해 나간다. 1단계 뇌는 엄마 배 속에서 형성될 때 하나의 완전한 생명체로 기능할 수 있도록 하여 출산된다. 2단계 뇌, 변연계는 감정, 성욕, 식욕 기억 등을 관장한다. 2단계 뇌는 덜 성숙된 채로 출산되지만, 부모로부터 물려받은 유전적 요소는 갖고 나온다. 2단계 뇌는 계속 성장하면서 발달하고 활성화되는데 가장 활발하게 활성화되는 때가 바로 사춘기 시기이다. 사춘기 시기에 가장 많이 활성화되는 이유에서는 굳이 설명하지 않아도 알 수 있을 것이다. 3단계 뇌는 인간의 뇌로 대뇌피질을 말한다. 대뇌피질은 두께가 3mm 정도이고, 펼쳐놓으면 신문지 한 장정도이지만 약 140억 개의 신경세포로 이루어져 있으며, 어떠한 컴퓨터도 따라올 수 없는 놀라운 능력을 가지고 있다. 대뇌피질은 전두엽, 두정엽, 후두엽, 측두엽으로 나눌 수 있는데, 그 기능에 대해서는 다음 장에서 자세히 다루기로 하겠다. 이러한 뇌는 인간이 삶을 영위하는데 가장 중요한 생각, 판단, 행동할 수 있도록 하는 최고의 지휘기관이다.

1) 태내기 뇌 발달

뇌는 임신 4주가 되면 신경세포와 함께 뇌가 생성되기 시작한다. 뇌가 제일 먼저 생겨나는 이유는 뇌의 신경작용에 따라 모든 장기가 기능하기 때문이다. 임신 6개월이 되면 뇌 신경세포가 발달하면서 신경 시냅스가 활발해져 뇌 발달속도가 가속화된다. 뇌는 태아기에 성인 뇌의 70%가 형성된다. 태아기의 뇌는 엄마의 감정과 밀접한 교감을 하고 있어 엄마의 감정상태에 따라 태아의 감정도 영향을 받는다. 따라서 임신기의 태교가 아이의 인성에 매우 큰 영향을 미친다.

우리 선조들도 태교의 중요성을 인식하여 임신 후 나쁜 것을 보지 않고, 몸에 나쁜 음식을 먹지 않으며, 나쁜 말은 하지도 듣지도 않으며, 매사에 조심하여 임신 기간을 보내야 한다는 것이 사주당 이 씨의 태교신기 등에 전해져 오고 있는데, 특히 부인이 쓴 한 구절 중 "태어나 10년보다 태아 10개월이 더 중요하다."라고 한 대목에서도 태교의 중요성을 알 수 있다. 중국에서는 주나라 문왕의 어머니가 태교를 실천하여 문왕을 낳았다는 기록이 있으며, 서양에서는 구약성서나 히포크라테스의 기록 등에 전해오고 있다[01]. 동서양을 막론하고 태교의 중요성을 이미 깨닫고 있었던 것으로 볼 수 있다. 태교는 태아를 생명으로 존중한 선인들의 지혜였으며, 지금도 우리나라에서는 서양과 다르게 나이를 계산하고 있는데, 아이가 잉태된 시기부터 한 인간으로 존중하여 나이를 부여하고 출산과 동시에 1살의 나이를 갖게 된다. 하지만 서양과 대부분 국가에서는 출산 이후를 인간으로 여겨 나이를 계

01_ 정수연(2009). 전통교육을 통해 본 현대태교 실천연구. 원광대학교 동양대학원 석사논문

산한다. 이것만 보더라도 동양, 특히 우리나라에서 생명 존중의 사상이 얼마만큼 중요하게 생각하였는지를 알 수 있다. 태교가 과학적으로 연구대상이 된 것은 서양을 중심으로 19세기 이후 '임산부의 감동이 태아에게 미치는 영향'이란 연구를 통해 처음 등장하게 되었고, 이후 ACOA(2002)[02], 김성애(2004)[03], 김지연(2010)[04] 등의 학자들이 태교의 영향에 따라 출산 이후 인지, 사고, 판단, 행동능력에 영향을 미친다는 것을 입증하였다.

현대에 이르러 의료기술 및 의료장비의 발달로 태아의 발육상태를 임신 중에도 확인할 수 있게 되면서 뇌 발달 정도도 확인이 가능해졌다.

2) 영유아기 뇌 발달

뇌는 출산 이후 1년 동안 매우 빠르게 성장 발달하는데, 그중에서도 출산 직후가 가장 큰 변화와 발달이 이루어진다. 출산 직후 뇌 신경섬유는 나뭇가지가 자라듯 매우 빠르게 성장과 발달이 이루어진다. 이것은 태아기 때 엄마 배 속에서 받아들였던 제한된 정보보다 출산 이후 5감을 통해 직접 받아들인 정보의 양과 질 면에서 큰 차이가 있기 때문에 이를 인지하고 분석하기 위한 뇌 신경섬유 발달은 매우 빠르게 이루어진다. 이 시기의 뇌는 한 번의 자극에도 수천 개의 뇌 신경섬유

02_ ACOG(2002). Exercise during pregnancy and the postpartum period. committtee Opinion No. 267, 99(1).
03_ 김성애(2004). 임신운동프로그램이 신체건강에 미치는 영향
04_ 김지연(2010). 동요를 통한 율동체조 태교프로그램 검증에 관한 연구

가 생성되고 활성화된다. 그러나 4세 이후 자극에 의해 생성되는 뇌 신경섬유는 영아기에 비해 훨씬 적은 수의 뇌 신경섬유가 발달한다. 뇌 신경섬유가 활성화되는 영·유아기 엄마와의 깊은 신뢰와 애정관계는 뇌를 안정적으로 발전할 수 있도록 돕는다. 이러한 안정적 뇌 발달은 성격 형성에도 도움을 주어 바른 인성 발달로 이어지지만, 그렇지 못하고 엄마와의 관계가 불신으로 자리하게 되면 불신의 뇌 신경회로가 발달하여 인성 형성에 부정적 영향을 미친다. 또한, 이 시기에 5감 중 어느 감각 하나라도 자극이 적절치 못하면 해당 영역의 뇌 신경섬유가 발달하지 못하여 그 감각을 잃게 된다. 따라서 영아기 부모와의 신뢰관계를 통하여 안정적이고 다양한 자극의 경험은 뇌 활성화로 이어질 뿐만 아니라 성격 형성에도 긍정적 영향을 미친다.

3) 아동기 뇌 발달

아이는 태어나서 3세까지 뇌 발달이 활발하게 이루어진다. 뇌는 크게 앞쪽 전두엽, 위쪽 두정엽, 양옆 측두엽, 뒤쪽 후두엽으로 나뉘고 각자 다른 역할들을 수행한다. 전두엽은 기억력, 사고력, 추리력, 감정 조절 등의 고등 정신작용을 담당한다. 두정엽은 촉각, 자세, 계산 등 감각 정보의 통합과 연상을 하면서 몸의 움직임을 주관한다. 후두엽은 체성감각과 시각정보 처리를 담당하다. 측두엽은 청각정보 처리, 장기 기억에 관여하고, 측두엽의 베로니카영역에서는 말과 글 표현의 역할을 담당한다.

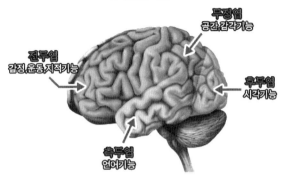

뇌 구조와 역할[05]

전두엽
감정,운동,지적기능

두정엽
공간,감각기능

후두엽
시각기능

측두엽
언어기능

대략 3세 이후에는 신경 시냅스 생성과 제거가 반복적으로 이루어지는데 그동안 생성되었던 신경 시냅스가 더 이상 활동을 하지 않게 되면 제거되고, 계속 활발한 활동을 하면 더욱 공고화된다. 이 말은 지속적인 자극을 통해 반복되는 정보는 보다 더 공고화되어 습관으로 공고화된다는 말이다. 부모 입장에서 보면 보다 좋은 정보를 오래 간직하고 보다 공고히 하길 바라지만, 뇌는 보다 객관적이고 합리적이어서 지속되는 자극 또는 흥미 있는 자극에만 민감하게 반응하여 공고화가 이루어진다. 이러한 점을 보았을 때 부모의 잔소리 같은 말보다 자신이 즐겁고 흥미 있는 것을 반복적으로 지속하는 것이 뇌 활성화에 얼마만큼 긍정적 영향을 미치는지는 독자의 상상에 맡기도록 하겠다. 이 시기 뇌의 또 하나 특징은 도덕성의 발달이 시작되는 시기이다. 3~6세까지 사고를 담당하는 전두엽 활성화가 서서히 진행되면서 옳고, 그름, 좋고, 나쁨, 제도와 규칙 등의 사고가 발달하기 시작한다. 이 시기 부모의 훈육과 유치원 선생님의 역할이 매우 중요한데, 어떤 선생님으로

05_ http://www.aistudy.co.kr/physiology/brain/parietal_lobe.htm

부터 어떻게 교육을 받았는가에 따라 도덕성 발달 정도가 나타날 수 있어 선생님의 인격과 자질이 중요시된다. 이는 태권도 도장 사범도 마찬가지다.

유아기와 아동기 뇌 발달과정에서 가장 큰 영향을 미치는 것은 신체활동을 통한 뇌 발달이다. 유아기와 아동기는 아직 사고의 발달이 성숙되지 않아 말과 글로 인지능력을 높이는 것은 어렵다. 그러나 신체자극(활동·운동)을 통한 뇌 발달은 효과도 빠를뿐더러 쉽게 각성된다. 따라서 이 시기의 아동들은 친구들과 어울려 즐겁고 재미있게 활동할 수 있도록 하고, 새로운 자극(활동)을 통하여 적절한 긴장감과 사고과정이 반복될 수 있도록 하는 것은 뇌 발달에 큰 도움을 준다.

앞서 말한 내용을 종합해 보면 태권도지도자가 이 시기 수련생들을 어떻게 지도하는 것이 뇌 발달에 긍정적 효과를 발휘하는지는 충분히 이해하였을 것으로 본다.

4) 아동 후기 뇌 발달

이 시기는 7세부터 12세까지를 말한다. 이 시기 뇌 발달은 두정엽과 측두엽 발달이 보다 더 활발하게 일어난다. 따라서 감각기관이 예민해지고 수리 개념과 논리적 사고가 가능해져 학습활동이 적절히 이루어질 수 있는 뇌 환경이 주어진다. 또한, 측두엽의 발달로 언어학습이 용이해지면서 논리적 언변이 발달하고, 뇌 사이 뇌량도 발달하면서 우뇌의 풍부한 상상력과 좌뇌의 논리적 사고가 함께 발달하여 고차적(가역적 사고[06], 논리적 사고) 사고가 발달한다.

아동기에는 뇌 발달을 주도하는 시냅스가 활성화되기도 하지만 동시에 그동안 사용하지 않는 뇌신경 시냅스 가지들은 제거하기도 한다. 하지만 시냅스 제거는 뇌의 가소성(변화가능성)과 회복력이 점점 낮아짐을 의미하기도 한다. 따라서 이 시기에는 다양한 활동에 참여하여 많은 경험을 갖도록 하는 것이 중요하고, 뇌가 손상을 입지 않도록 하는 것도 무엇보다 중요하다. 뇌가 손상을 입는 것은 스트레스에 의한 호르몬의 영향으로 손상을 입을 수 있는데, 과중한 학업 스트레스, 가정폭력, 왕따 등의 영향에 의한 스트레스는 뇌 손상을 불러올 수 있다. 뇌가 스트레스에 노출되면 사람은 본능적으로 자기 방어기제가 발동하여 거짓말과 핑계 등으로 스트레스를 모면하려 한다. 이러한 기제가 반복적으로 발생하여 습관으로 고착되면 성장과정에서 여러 문제가 발생할 수 있어 경계해야 한다.

태권도수련은 뇌 발달에 긍정적 영향을 준다는 것은 공공연한 사실이다. 특히 성장기 아동들에게는 더 많은 효과를 극대화 시킨다. 그러나 성장기 아동들에게 더 효과가 있다는 것은 알고 있으나 어떠한 메커니즘에 의해 뇌가 발달하는지에 대해서 아는 지도자는 그리 많지 않은 것으로 알고 있다. 따라서 태권도수련이 뇌에 어떠한 영향을 미치고 있는지에 대해 간략하게 알아본다면 다음과 같다. 태권도는 신체 각 부분을 움직이는 전신운동인 동시에 좌우 대칭적 사지를 똑같이 움직

06_ 조작기의 아이가 변화하는 어떠한 상태를 원래의 상태로 되돌릴 수 있는 생각의 능력. 다시 말하면 결론을 처음으로 돌려 처음부터 생각할 수 있는 능력이다. 아이가 블록을 만들었다가 원래 상태로 되돌릴 수 있는 능력. 또는 덧셈과 뺄셈을 이해하는 가역적 능력을 말한다.

이기 때문에 좌뇌와 우뇌가 고르게 발달한다는 것은 다 알고 있을 것이다. 여기에서 왼손은 우뇌, 오른손은 좌뇌가 활성화된다는 사실은 이미 연구를 통하여 밝혀진 사실이다. 태권도 동작이 일어나기 위해서는 1차적으로 지도자의 동작 설명을 청각으로 이해하고, 시각을 통하여 지도자의 움직임을 분석할 때, 과거에 학습되었던 동작이 있었는지 기억을 불러온다. 그다음 운동출력을 어떻게 할 것인지 전두엽에서 판단한다. 판단된 정보는 두정엽로 보내지고, 두정엽은 운동신경을 자극하여 운동이 일어나도록 한다. 이때 운동의 효과를 높이기 위하여 소뇌와 협업하는 동시에 시상에서 교감신경을 흥분시킨다. 이러한 과정을 거친 운동정보는 척수를 타고 말초신경으로 전달하여 운동이 일어난다. 이러한 과정은 뇌의 모든 부분을 활성화 시켜 뇌가 발달할 수 있도록 한다. 태권도 동작은 하나의 과정으로 완성되어 끝나는 것이 아니고 급별, 띠별, 단별에 따라 다양한 기술동작과 응용할 수 있는 동작이 무수히 많기 때문에 지속적인 뇌 활성화가 진행될 수 있다. 이러한 뇌의 활성화는 아동의 인지, 사고, 판단능력을 높일 수 있기 때문에 태권도수련이 뇌에 미치는 영향은 매우 크다고 할 수 있다.

5) 청소년기 뇌 발달

청소년기의 뇌 발달은 영·유아기 또는 유아기처럼 매우 활발한 시냅스들의 번식이 이루어지는 것은 아니지만 나름 지속적인 신경 시냅스가 번식하고 활성화가 이루어질 뿐만 아니라 지속적인 가지치기와 수

초화[07]도 일어난다. 청소년기 뇌의 특징이라고 하면 전두엽의 활성화이다. 전두피질은 최고 경영자처럼 계획, 예측, 판단, 조직, 조절, 통합 기능을 담당하며 과제를 수행하기 위하여 주의를 집중시키고 정서조절 기능을 담당한다. 전전두피질은 수초화를 통하여 연결기능을 강화하고 억제기능을 향상시켜 좀 더 성숙한 충동조절과 주의집중을 할 수 있도록 한다[08].

청소년 시기 활성화가 일어나는 또 하나의 뇌 영역이 있는데, 바로 포유류의 뇌 변연계다. 변연계는 감정을 담당하는 뇌로써 공포, 분노, 애착, 기쁨, 슬픔 등의 감정을 담당하는 곳으로 청소년기 가장 민감하게 활성화된다. 이렇게 민감하게 활성화되는 것은 남성의 테스토스테론, 여성의 에스트로젠의 호르몬의 영향이다. 이러한 성호르몬의 분비는 변연계를 흥분, 또는 활성도를 높여 감정 수준을 높인다. 이러한 변연계의 활성도를 조절하는 곳이 있는데 전두엽이다. 아직 미성숙된 전두엽은 변연계에서 일어나는 감정변화에 대한 조절 능력의 미성숙으로 청소년들로 하여금 질풍노도의 시기를 겪게 한다.

전두엽 중에서도 전전두피질은 자기인식, 의사결정 등의 동물과 구별되는 부위로 이 부분은 기계적 반응을 하지 않는다. 전전두피질은 복외측 전전두피질과 복내측 전전두피질로 나뉘는데, 복외측 전전두피질은 정보를 논리적으로 처리하는 기능을 하는 것으로 알려져 있고, 명상을 하면 이 부위가 두꺼워져 사고력을 높이는 데 도움을 주는 것으

07_ 수초가 뉴런의 축삭돌기에 감기어, 자극의 전달 속도를 더욱 빠르게 하는 현상(다음 백과사전)

08_ 고병진(2010). 청소년 뇌교육프로그램 적용에 따른 뇌파 활성도와 정신력 및 자기조절 능력의 변화. 국제 뇌교육 종합대학원대학교. 박사학위논문

로 알려져 있다. 복내측 전전두피질은 감정적 정보에 의지하여 논리적인 판단을 하는데 변연계와 가깝게 연결되어 있기 때문에 감정적 영향을 받는다. 감정은 비논리적이기는 하지만 인간성을 기준으로 옳고 그름을 판단하는 데 중요한 역할을 한다. 복내측 전전두피질에 문제가 생기면 도덕적 문제에 대해 냉혹한 판단을 내린다.

사춘기 뇌 변연계의 활성화는 동물성의 특징인 욕구에 민감하다. 남성은 투쟁, 대결, 공격, 승리, 기쁨, 인정, 사랑 등의 욕구에 민감하고, 여성은 존중, 지지, 기쁨, 슬픔, 사랑 등의 욕구에 민감하다. 딱히 남녀를 구분 지어 말하기는 어렵지만, 성(性)에 견주어 말해본다면 그렇다는 것이다. 이러한 동물적 욕구의 감정은 전두엽의 점진적 발달로 감정조절 능력을 높여 보다 성숙한 성인으로 성장하지만, 그렇지 못할 경우 감정조절 실패로 사회적 물의를 야기하기도 한다. 청소년기 이유 없는 반항으로 취급되는 행동의 밑바탕에는 앞서 보았듯이 보다 근본적인 이유가 놓여있다. 인지를 담당하는 뇌 영역과 감정을 담당하는 뇌 영역 간의 불균형, 그리고 호르몬의 영향에 따라 나타나는 현상들이 그것이다. 이 모두가 성인으로 자라나는 과정에서 자연스럽게 일어날 수 있는 현상들이다. 그러나 대부분의 지도자들은 근본적 이유를 정확히 파악하지 못한 채 그저 밖으로 드러나는 행동만을 문제 삼아 수련생을 판단하고 제재를 가하는 것은 또 다른 문제를 양산할 수 있어 매우 신중한 접근이 필요하다.

6) 노년기 뇌 발달

뇌는 오감을 통해 받아들인 자극을 분석하고 판단하여 자신의 신념에 따라 행동할 수 있도록 한다. 이것이 뇌의 기본적인 메커니즘이다. 외부 환경으로부터 지속적인 정보와 자극이 들어오면 뇌 신경세포는 활성화되어 나이와 관계없이 지속적인 활동을 한다. 그러나 그와 반대로 정보와 자극이 줄어들면 뇌신경세포는 역할의 감소로 기능이 소멸되어 간다. 이러한 현상은 뇌의 특성 중 하나인 가소성의 원리와 뇌신경 시냅스 가지치기에 따른 것이다. 특히 노년기 노인의 경우 다른 연령대에 비해 뇌신경 시냅스 소멸이 더 빠르게 진행된다. 인간의 뇌는 20대 전후에 완전히 성숙해져 40대 이후부터 서서히 노화에 따른 변화가 일어난다고 한다. 뇌의 노화는 다른 신체기관과 함께 진행되며 면역체계나 중추신경계, 신경 내분비 기능의 변화와 함께 서서히 기능이 상실되어 간다. 또한, 정상적으로 나이 들어가는 것과 병적인 노화의 상태는 서로 연속선상에 있어 뇌가 노화하면서 구조적 변화를 보인다. 노년기 노인의 뇌는 뇌의 부피도 감소하는데, 이러한 현상은 60세 전후에 시작된다고 한다. 뇌의 수축은 신경세포가 사라지기 때문이 아니라, 신경세포 자체의 부피가 줄고 신경세포 간의 시냅스도 감소하기 때문이다. 시냅스가 감소하면 인지능력이나 기억력 감퇴 등 우리가 노화라고 일컫는 현상이 일어난다. 그렇다고 해서 모든 노년기 노인들은 기억력 감퇴라든가 인지능력 저하가 일어나는 것은 아니다. 앞서 말한 바와 같이 지속적인 새로운 정보와 자극이 있으면 뇌 기능은 감소하지 않고 오히려 과거 경험과 학습결과를 토대로 이해력과 통찰력이 증가

된다. 이를 뒷받침하는 연구결과는 여러 논문을 통해 확인할 수 있는데 대표적인 연구로 이계주·유임주(2009)[09]의 연구를 들 수 있다. 이 연구를 통하여 밝혀진 것은 장기간 규칙적 운동은 노화에 따른 뇌 조직 손실을 방지하고 노인의 인지기능을 향상시키며 퇴행성 신경계 질환 및 뇌 손상에 기여한다는 것이다.

노년기 노인의 뇌는 어떻게 활성화시키고 관리하는가에 따라 노년의 삶의 질이 달라질 수 있다. 우리는 흔히 '노인은 고집이 세다'고 한다. 대부분의 노인은 과거 경험에 견주어 판단하기 때문에 생각에 유연성이 부족하여 고집이 센 것이다. 뇌는 새로운 자극에 활성화되기도 하지만 반대로 새로운 자극을 달갑지 않게 여기기도 한다. 노년기 노인들은 새로운 것을 배운다거나 새로운 정보를 접하는 것에 피곤함을 느낀다. 새로운 자극과 정보가 들어오면 뇌가 할 일이 많아지기 때문에 피로도가 높아진다. 따라서 새로운 것 보다는 익숙한 자극과 정보를 더 선호한다.

대부분의 노인은 세월이 빨리 간다고 한다. 즉 시간은 갓난아이나 젊은이나 노인이나 모두 동일하게 적용된다. 그러나 노인들은 시간이 더 빠르게 흐른다고 느낀다. 이러한 느낌은 뇌가 정보를 받아들일 때 촘촘히 해석하지 않고 과거 학습 및 경험에 견주어 해석하기 때문이다. 이는 뇌가 피로도를 줄이기 위한 뇌의 방어적 습성이다. 이와 반대로 어린이들의 뇌는 받아들이는 정보가 대부분 새로운 것이어서 매우 촘촘히 분석하고 파악하기 때문에 시간이 더디게 간다는 느낌을 받는

09_ 이계주·유임주(2009). 운동이 노화에 따른 뇌 구조 및 기능변화에 미치는 영향. 대한의사협회 학회지

것이다.

　노년기에도 뇌의 발달은 지속된다. 다만 새로운 자극과 새로운 생각의 힘이 지속해서 유지 될 때이다. 따라서 새로운 사람과 만나고, 새로운 환경에서 새로운 경험을 하고, 새로운 생각을 할 수 있는 조건을 만드는 것이다. 노년기 노인으로 앞서 제시한 일들을 하기는 쉽지 않다. 그러나 이러한 꾸준한 노력 없이는 뇌가 건강을 유지하기 힘들다. 우리나라는 이미 고령화 사회(총인구의 14%)에 진입했으며, 2025년 초고령화(총인구의 20%) 사회가 된다. 지금까지 태권도장의 수련층은 어린이가 대부분이었다면 앞으로 노인으로 수련층이 옮겨가야 할 것으로 본다. 2020년 현재 대한 노인회에서는 노인체육회를 발족하고 운동을 통하여 노인건강문제를 해결하려고 하고 있다. 이미 사회문제[10]로 노인건강문제가 대두되었고, 그에 발맞추어 노인건강을 위한 체육회가 발족한 현시점에서 태권도인들의 선도적 역할이 태권도의 새로운 전환점을 제시할 것으로 본다.

10_ 건강보험 총 진료비대비 노인 비중이 2009년 31.6%에서 2018년 40.8%로 총진료비의 40%를 넘어서 심각한 수준에 이르고 있고, 국민 1인당 연간 치료비가 2018년 1인당 1,520,000원인데 비하여 65세 이상 1인당 4,545,000원으로 3배 이상으로 매우 심각하다.

01
호르몬과 인성

✍ 인간은 생존을 위하여 외부 환경에 따라 자신의 사고와 생리적 기능을 조율하고 대응한다. 이러한 과정을 능동적이고 효과적으로 대응할 수 있도록 하는 물질이 있는데 바로 호르몬이다. 호르몬은 대부분 생리적 기능 변화에 깊이 관여할 뿐만 아니라 뇌를 자극하여 감정과 사고력 증감(增減)에도 관여한다. 호르몬은 몸의 여러 기관에서 생성되며 약 100여 가지가 넘는 것으로 학계에 보고되고 있다. 이러한 다양한 호르몬은 인체의 각 기관에서 나름의 중요한 역할을 하는데, 이 장에서는 성격 및 인성과 관련된 호르몬에 대하여 알아보고자 한다.

호르몬(Hormone)은 그리스어 호르메(Horme)로 '자극한다', '움직이게 하다', '불러일으킨다'라는 뜻에서 비롯되었다. 호르몬은 우리 몸의 각 부분에서 분비되어 혈액을 타고 이동하는 화학물질을 뜻한다. 호르몬은 1902년 윌리엄 베일리스(William Bayliss)와 어네스트 스탈링(Ernest Henry Starling)이 호르몬을 발견하였는데, 그 호르몬은 소화 호르몬으로 세크레틴 호르몬이다. 이후 호르몬에 관한 관심과 연구가 지속해서 이루어지고 있으며, 지금도 호르몬을 더 밝히기 위한 연구는 진행 중이다.

호르몬을 분비할 수 있도록 역할을 하는 곳은 뇌의 뇌하수체이다. 뇌하수체는 간뇌의 시상하부 아래쪽에 매달려 있는 내분비 기관으로 성인의 경우 1cm 크기에 0.5g 정도이다. 뇌하수체는 인체 호르몬들의 분비를 조절하는 호르몬들을 비롯하여 직접 많은 호르몬을 분비한다[11]. 이곳의 반응에 따라 인체 내 분비기관은 보다 더 효율적으로 기능할 수 있도록 호르몬을 생성한다. 인체 각 기관의 호르몬 생성에 관여하는 뇌하수체는 뇌의 중앙부에 자리하고 있다는 것은 분비되는 호르몬을 효과적으로 뇌신경 전체에 전달할 수 있도록 하기 위함이 아닌가 생각한다.

뇌하수체는 외부자극에 반응하여 호르몬을 분비하기도 하지만 경험 및 학습에 따른 감정 또는 습관화된 감정변화에 따라 호르몬을 분비하기도 한다. 이 말은 어떠한 생각을 할 때 감정이 자극을 받으면 그 영향에 의해 호르몬을 배출하기도 한다는 것이다. 우리가 평소에 어떠한 생각을 하고 있는가에 따라 호르몬의 분비 또는 촉진이 될 수 있다고 해석할 수 있다.

대표적인 호르몬 분비기관[12]

11_ 네이버 위키백과
12_ ZUM 학습백과 호르몬

1) 호르몬의 특성

인체의 성장발달 및 항상성 유지를 위해 작용하는 호르몬의 종류는 매우 많다. 그중에서도 운동과 관련된 호르몬을 중심으로 성격에 영향을 미치는 호르몬의 특징을 알아보고자 한다.

(1) 엔도르핀(Endorphin)

엔도르핀은 뇌하수체에서 생성되며 웃음의 호르몬으로 알고 있기도 하다. 그러나 엔도르핀은 긍정적인 면보다 통증 차단 효과가 있어 신체조직손상이 있을 때 아픔을 느끼지 못하도록 하거나 게임이든 도박이든 계속해서 하고 싶은 충동을 지속하고 싶은 충동성을 갖게 하는 호르몬이다. 우리가 알고 있는 웃음, 행복을 주는 엔도르핀은 베타 엔도르핀이다. 베타 엔도르핀은 운동을 하거나 혹은 기분 좋은 일이 생기면 분비가 된다. 베타 엔도르핀은 운동을 통해서 행복을 느낄 수 있도록 하며, 기억력 향상, 젊음 유지, 면역력 향상 등 매우 유익한 호르몬이다. 베타 엔도르핀은 감정에 의해서 분비되기도 하는데 의욕적으로 도전하거나 배우려는 열망이 많을 때, 기쁜 마음을 먹을 때 베타 엔도르핀이 분비되어 보다 더 행복함을 갖게 한다. 엔도르핀은 한번 분비되면 5분 정도 효과를 지속한다. 엔도르핀의 효과를 보고자 한다면 유산소운동을 지속하고 즐거운 마음을 갖는 것이 중요하다.

우리에게 행복을 선물하는 베타 엔도르핀의 효과를 기대한다면 태권도수련은 필수적이다. 태권도수련이 아동 및 청소년들에게 행복감을 준다는 다수의 논문을 볼 때 이미 태권도수련의 긍정적 효과는 검증되었다고 본다. 태권도수련 시 주의해야 할 점이 있다면 운동 강도는 중간 정도 또는 중간보다 약간 높은 강도(목표 심박 60~70%)로 운동했을 때 베타 엔도르핀의 효과를 볼 수 있으나, 고강도(목표 심박 90~100%) 수련을 한다면 엔도르핀이 분비되어 중독증상을 불러올 수도 있고, 긴장과 신체 과부하로 인한 코르티솔 호르몬의 분비가 과다 촉진되어 역효과가 나타날 수 있다.

엔도르핀의 강점 중 또 다른 하나는 몰입과 집중력이 좋아진다는 것이다. 엔도르핀은 모르핀보다 200배 높은 모르핀성분이 함유되어 있지만, 뇌에서 분비되는 엔도르핀은 모르핀처럼 중독성이 크지 않다는 것이 특징이다. 모르핀은 중독성이 있기 때문에 계속해서 시간과 양을 늘려나가야 효과를 발휘할 수 있으나, 태권도수련에 의한 엔도르핀은 중독성이 크지 않기 때문에 같은 시간과 양으로도 집중력을 높일 수 있다는 장점이 있다. 특히 주의가 산만한 수련생, 사춘기 예민한 감정 때문에 힘들어하는 수련생들에게 태권도수련은 몰입과 집중력을 높일 수 있어 학습 및 정서적 안정을 꾀할 수 있다. 이러한 정서적 안정은 가족과 학교생활에 긍정적 효과를 미쳐 바른 인성으로 자라날 수 있도록 하는 데 도움을 준다.

(2) 코르티솔(Cortisol)

코르티솔은 부신피질의 가운데 층에서 생성되고, 뇌의 시상하부에 의해서 분비량이 조절된다. 코르티솔을 일명 스트레스 호르몬이라 부른다. 코르티솔은 스트레스에 대처하기 위한 호르몬으로 긴장, 고통, 감염 등의 상황에서 신체가 빨리 불쾌의 자극에 대항할 수 있도록 하기 위하여 혈압 상승, 근수축, 간 기능 활성 등, 신체를 긴장 상태로 만들어 감각 수준을 높이고 최대한 빨리 몸 전체를 에너지 사용에 최적화가 될 수 있도록 한다. 어떻게 보면 국가가 전시상황을 대비해 전군에 총 대비태세에 들어가도록 하는 것과 같다고 보면 이해가 빠를 수 있다. 이러한 생체 메커니즘은 일반적으로 생각해 볼 때 큰 문제는 아닐 수 있다. 그러나 불쾌한 스트레스로 인하여 이런 상황이 지속되거나 불규칙적으로 발생하면 코르티솔과 함께 아드레날린, 노르에피네프린, 스테로이드 등도 분비된다. 분비된 호르몬들은 산소와 포도당 공급을 뇌와 근육에 촉진시키고 소화속도를 늦춘다. 심박수와 일 회 심박출량을 늘리고 동공을 넓히며 피부 속 소동맥과 위장을 수축시키지만, 골격 소동맥은 팽창시킨다[13]. 이러한 부정적 결과들은 신체적으로는 암을 포함한 퇴행성 질환, 당뇨병, 고혈압, 뇌졸중 등을 유발할 위험이 증가하고[14], 성격적으로는 분노조절장애, 조울증, 우울증, 등의 장애로 나타날 수도 있다.

태권도수련과정에서 지나친 성과 위주(승단, 승급, 경기 성적)의 교육, 지루한 반복교육 등의 교육은 수련생으로 하여금 스트레스를 유발하여 코르티솔 분비를 촉진할 수 있다. 태권도수련의 특성상 승급, 승단, 경기 참가는 매우 중요한 과정일 뿐만 아니라 긍정적 교육 효과도 매우 높다. 그러나 승급, 승단, 경기 참가가 지도자의 지도 목표 달성을 위한 수단으로 작용할 때, 수련생들에게는 스트레스로 작용할 수 있다. 도장에서 이루어지는 모든 수련프로그램은 수련생 자신이 목표를 정하고

13_ ZUM 학습백과 아드레날린
14_ 박훈(2017). 스트레스 바이오마커인 코르티솔의 선택적 감지를 위한 인간 수용체 및 물질 결합 도메인의 특성분석. 서울대학교 대학원 석사학위논문

스스로 참가하여 자신의 역량에 맞도록 수련에 임할 수 있도록 하는 것은 매우 중요한 과제이다. 지도자들이 경계해야 되는 것은 앞서 말한 바와 같이 성과 위주로 인한 과중한 스트레스는 코르티솔을 분비 촉진하여 수련생으로 하여금 불안, 긴장 상태를 유발하게 한다. 이러한 긴장 상태는 학업 집중력을 분산시킬 뿐만 아니라 학교와 가정생활을 원만히 할 수 없도록 하는 원인이 될 수 있다. 우리 인간의 뇌는 경험과 학습된 결과에 따라 현재를 판단하는데, 과거 스트레스받았던 경험 및 학습이 다시 재현될 것이라는 생각만 해도 불안이 유발되고 그와 관련된 호르몬을 분비한다. 코르티솔이 작용하는 뇌의 변연계는 대뇌 특히 전전두엽과 밀접한 관련이 있다. 따라서 사람이 불안, 초조, 흥분하게 되면 사고력 활동이 제한을 받아 사고력이 저하된다. 이것은 코르티솔이 해마를 손상시킬 뿐만 아니라 전두엽의 활동이 제한하기 때문이다[15]. 이러한 결과를 볼 때, 스트레스로 인한 코르티솔의 분비는 긍정적 인성에 큰 영향을 미친다고 할 수 있다.

(3) 도파민(Dopamine)

도파민은 신경전달물질로서 중뇌의 시상하부와 신장 등에서 합성된다. 도파민은 뇌 신경세포 간에 어떠한 신호를 전하기 위해 분비되는 신경전달물질 중 하나로 다섯(D1, D2, D3, D4, D5) 가지 수용체를 갖고 있다. 도파민은 혈압조절, 운동조절, 동기부여, 기억, 흥분, 쾌감 성취, 도전 등을 갖게 하지만, 분비가 부족하면 우울증, 조현병, 파키슨병 같

15_ 강봉균 외 제3판, 신경과학. 바이오메디북

은 정신적, 육체적 질환을 유발하기도 한다[16].

도파민의 역할 중 또 하나의 역할은 보상체계 관리다. 뇌는 우리가 이익이 되는 행동을 통해 기쁨을 느끼고 만족을 느낄 때의 경험을 그대로 간직할 뿐만 아니라 더 공고히 하는데, 뇌는 이 신경 통로를 통하여 도파민을 흐르게 하여 기쁨과 만족감을 더 느끼고 지속할 수 있도록 한다. 이러한 메커니즘은 뇌 신경세포 일부에서 일어나는 것이 아니고, 뇌 신경세포 모든 부분에서 일어나기 때문에 도파민을 통하여 나타나는 현상은 매우 복잡하고 다양하다. 이러한 원리에 의해 마약 등에 의한 중독은 뇌의 보상 신경회로를 매우 강하게 자극하기 때문에 중독을 일으키는 것이다.

앞서 말한 도파민의 보상적 특징은 인간을 보다 더 성장 발전할 수 있도록 이끈다. 도파민은 더 큰 보상이 이루어질 때 동기가 확장되고, 계속해서 그 행동을 통해 더 많은 보상이 이루어질 수 있는 쪽으로 행동을 조절할 뿐만 아니라 앞으로 하게 될 행동을 선택하도록 하는 핵심적인 역할을 한다.

태권도수련에서 도파민의 긍정적 부정적 특성을 이용한다면 매우 유익한 결과를 얻을 수 있다. 태권도수련은 결코 쉬운 운동이 아니다. 그러나 태권도수련체계는 어린아이부터 노인에 이르기까지 체계적으로 수련할 수 있도록 하는 프로그램이 갖추어져 있다. 다시 말해 기본자세와 동작으로 시작하여 태극 1~8장, 유단자 고려~일여 품새까지 기본 체계를 가지고 있다. 태권도수련체계 중 가장 중요한 것은 단계별 승급, 승단심사가 있다는 것이나. 단계별 승급 및 승단심사는 수련생의

16_ 위키백과사전

수련 정도를 측정한다는 의미도 있지만 어렵고 힘든 과정을 수련한 결과를 보상을 받을 수 있는 기회를 갖게 한다는 것이다. 흰 띠를 시작으로 급이 올라갈 때마다 성취한 결과를 충분히 느낄 수 있도록 띠 색깔을 바꾸어주는 것은 성취와 보람을 충분히 갖도록 하는 동기를 제공한다. 이러한 보상체계는 앞서 말한 바와 같이 뇌가 성공한 경험 신경 시냅스들을 많이 만들 수 있도록 한 뿐만 아니라 도파민분비가 활성화될 수 있도록 하는 것이다. 이러한 성취에 대한 기쁨을 보다 더 공고히 하기 위해서 띠가 바뀔 때마다 기쁨이 배가 될 수 있도록 이벤트가 더해진다면 수련생의 뇌 신경세포는 힘든 뒤 반드시 성공의 보상이 온다는 확신을 갖게 될 것이다. 이와 같은 결과는 학교 및 사회생활에서 그와 유사한 상황이 전개될 때, 과거 태권도 학습의 결과를 통해 보상되었던 경험을 바탕으로 성공을 예견하고 도파민 생성이 활성화되어 열정과 도전으로 모든 어려움을 이겨낼 수 있을 것으로 본다.

뇌의 전두엽에서 운동피질을 뺀 전전두엽은 감정을 관장하는 변연계와 직접연결이 되어있는데 변연계에서 분비되는 도파민 시스템과 직접 연결되어 있다. 전전두엽은 자기인식, 행동계획, 문제해결, 의사결정 등 동물과 구별되는 부분으로 기계적 반응을 하지 않는 부분이다. 도파민의 분비는 전전두엽이 활성화 시켜 자기성찰, 옳고 그름의 의사결정, 미래계획 등을 조절하면서 사람다운 사람으로 거듭날 수 있도록 도움을 준다. 이러한 뇌신경의 메커니즘은 태권도수련활동에서 긍정성을 활성화 시키고 사고력을 증강시켜 바른 인성이 길러지도록 하는 효과를 갖는다.

(4) 세로토닌(Serotonin)

세로토닌은 뇌 변연계와 장내 세포에서 분비되는데, 뇌 시상하부에서 분비된 호르몬은 뇌세포 간 정보 전달 역할을 수행하는 신경 전달물질이다. 뇌에서 작용하는 세로토닌은 기분과 수면, 기억 등을 조절하는 호르몬으로 지나치게 많으면 뇌 기능이 흥분 및 자극되고, 부족하면 우울증처럼 신체기능을 저하시키는 기능을 담당하는 것으로 알려져 있다. 또한, 세로토닌은 뇌와 중추신경계뿐만 아니라 심혈관계, 소화계, 골격계 등에도 영향을 미치고 혈소판의 응집과 혈관수축으로 지혈작용에도 관여한다. 세로토닌은 최근 들어 행복물질로도 주목받고 있는데, 엔도르핀과 도파민과는 다소 다른 물질로 보고되고 있다[17]. 세로토닌 분비가 원활히 잘 되면 기분은 물론이고 자긍심, 자신감, 자존감 등 전반적인 자기인식과 관련된 심리적 기능을 높여주고, 자세나 인상도 좋게 하여 대인관계에 긍정적 영향을 미친다. 세로토닌은 하루 30분 정도 햇볕을 쬐며 유산소운동을 주기적으로 해줄 때 분비가 활성화된다. 또한, 명상을 한다거나 탄수화물과 단백질이 함유된 음식을 잘 섭취하고 숙면해주는 것만으로도 세로토닌 분비를 촉진시킬 수 있다.

앞서 살펴본 바와 같이 세로토닌은 심리적 신체적으로 매우 긍정적 역할을 담당하는 매우 유익한 행복 호르몬이다. 이렇게 유익한 행복 호르몬은 하루 30분 이상 주기적으로 운동을 했을 때 호르몬 분비가

17_ 차미연(2013). 웃음치료가 중년기 여성의 세로토닌, 우울 및 삶의 질에 미치는 영향과 경로 분석. 경북대학교 대학원 박사학위논문

활성화된다고 하였다. 이러한 결과를 볼 때, 태권도수련은 세로토닌 분비를 촉진시킬 수 있는 더없이 좋은 운동이다. 현재 태권도장에서 이루어지고 있는 수련프로그램은 대부분 지속적, 반복적, 규칙적으로 이루어지고 있기 때문이다. 이를 뒷받침하는 연구로 남상남 외(2009)[18]의 연구를 통해 태권도가 세로토닌 활성화에 효과가 있는 것으로 보고되어 있다. 특히 수련 전과 수련 후 하는 명상은 세로토닌 활성화에 긍정적 영향을 미칠 뿐만 아니라 복외측 전전두엽의 두께를 두껍게 하여 주의 집중과 목표성취에 도움을 준다.

사람의 마음은 행복을 느낄 때 갈등과 스트레스가 없어 방어기제가 작동하지 않는다. 다시 말해 편안하고 행복한 마음이 지속될 때에는 상대를 공격하지 않는다는 것이다. 이렇게 긍정적 상태가 반복된다면 뇌는 안정적 상태를 유지하고자 하는 욕구가 충만되어 갈등과 스트레스를 피하고 즐거움과 행복을 갖는 방향으로 생각과 행동을 바꾸어 간다. 세상의 모든 일은 자신의 결정에 따라 달라진다. 즉 내가 세상을 어떻게 해석하고 행동하는가에 따라 이 세상이 달라진다는 것이다. 신라 시대의 큰스님인 원효대사가 한 말처럼 '일체유심조(一切唯心造)'인 것이다. 또한, 세로토닌의 긍정적 효과로 충동적 폭력성 행동을 통제할 뿐만 아니라 기억력과 집중력을 높여주기 때문에 사춘기를 포함한 청소년기 학생들에게 태권도는 더없이 좋은 운동인 것이다. 따라서 세로토닌은 행복감을 극대화 시키는 호르몬으로서 인성함양에 매우 긍정적 효과를 나타낸다.

18_ 남상남 외(2009). 장기간 태권도수련이 중년여성의 도파민, 세로토닌과 스트레스 호르몬 수준에 미치는 영향. 한국운동생리학회. pp.247-256

(5) 노르아드레날린(Noradrenalin)

사람은 위험을 느끼거나 분노하게 되면 뇌신경계는 호르몬 물질을 활성화시켜 위험과 분노에 신속히 대응하도록 한다. 이것은 인간의 생존 능력을 최대한 높이기 위한 생리적 반응인데, 이때 신경계 자극으로부터 활성화되는 호르몬이 노르아드레날린이다. 노르아드레날린은 부신(副腎)으로부터 혈액으로 방출되며 교감신경 말초에서 정보전달 역할을 한다. 노르에피네프린이라고도 불리는 노르아드레날린은 아드레날린과 함께 분노, 투쟁, 도피의 반응을 만들고 심박수를 직접 증가시키도록 교감신경계를 자극한다. 이러한 일련의 과정은 신체기관의 활성도를 높여 에너지를 집중할 수 있도록 하기 위함이고, 특히 지방으로부터 에너지를 방출하도록 한다[19].

우리는 종종 언론매체를 통해 인간이 보여주는 믿지 못할 일시적인 슈퍼맨 상태를 확인하곤 한다. 이러한 현상들은 스트레스 상황에서 노르아드레날린의 분비가 상승하면서 나타날 수 있는 일시적 현상이다. 이러한 돌발적 상황은 누구에게나 항상 나타나는 것이 아니라 아주 특수한 상황에 극히 일부의 사람들이 겪을 수 있는 일이다.

노르아드레날린은 우리 몸을 보호하는 긍정적 역할을 하지만 스트레스 상황이 지속되거나 불규칙적으로 스트레스를 받게 되면 몸의 면역기능이 떨어져 질병에 노출되기도 하고, 습관성 노르아드레날린분비로 조울증과 분노조절장애 같은 정신질환에 노출되기도 한다. 이렇듯 노르아드레날린은 우리가 어떻게 활용하느냐에 따라 좋은 호르몬이

19_ 네이버 지식백과 과학용어사전

될 수도 있고, 나쁜 호르몬이 될 수도 있다.

태권도수련과 노르아드레날린의 관계를 알아보자. 태권도수련은 뇌에 긴장감을 주어 노르아드레날린 분비를 촉진시켜 도전과 용기를 갖게 한다. 태권도수련 시 긴장감을 높여주는 방법으로 상대와의 겨룸(겨루기)과 격파를 들 수 있다. 겨루기는 인간의 원초적 본능인 투쟁의 본성을 자극하기 때문에 상대와 겨루는 순간 모든 감각을 활성화 시킨다. 격파 또한 대상물체를 부수기 위해 모든 감각을 집중하게 된다. 이때 우리 몸은 상대를 제압하기 위해, 격파물을 부수기 위해 모든 역량을 집중하기 때문에 노르아드레날린이 분비가 활성화된다. 이때 지도자가 주의해야 할 점은 실력 차가 큰 수련생과의 겨룸은 피해야 하고, 격파가 잘 안 되는 격파물을 사용해서는 안 된다. 이와 같은 과정을 통해 활성화된 호르몬 노르아드레날린은 도전과 집중, 극복과 성취 등의 효과를 갖게 한다. 이때 지도자는 이러한 경험이 각인 될 수 있도록 긍정적 피드백 제공하는 것은 매우 중요한 절차이다.

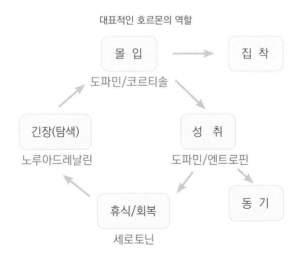

대표적인 호르몬의 역할

몰 입 → 집 착
도파민/코르티솔

긴장(탐색)
노루아드레날린

성 취
도파민/엔트로핀

동 기

휴식/회복
세로토닌

노르아드레날린의 분비는 긴장감을 높여 외부 자극에 적절히 대응할 수 있도록 하고 도전과 용기를 갖게 하는 것이 특징인데, 태권도수련을 통하여 적절한 노르아드레날린의 분비를 촉진하는 것은 신체기능을 활성화 시켜 도파민과 엔트로핀, 세로토닌을 활성화 시키는 긍정적 역할을 하기 때문에 인성 활성화에도 도움을 준다.

(6) 성(性)호르몬

성호르몬은 남성호르몬과 여성호르몬으로 나뉜다. 남성호르몬은 테스토스테론(Testosterone), 여성호르몬은 에스트로젠(Estrogen)이다. 남성호르몬 분비는 고환에서, 여성호르몬 분비는 자궁에서 분비되어 시상하부와 뇌하수체에 의해 조절된다. 남성호르몬은 남성의 2차 성징을 도와 남성의 생식능력 향상과 근육을 발달시킨다. 여성호르몬은 자궁의 발달을 통해 임신능력을 갖게 한다[20]. 성호르몬은 우리 몸에서 매우 중요한 작용을 하는데, 일반적으로 우리는 성호르몬을 남자와 여자의 생리적 역할과 2세를 위한 역할 정도로만 알고 있다. 그러나 성호르몬은 우리 몸에서 매우 다양하게 작용하지만 그중에서 대표적인 것 몇 가지만 알아본다면, 첫째, 뼈를 튼튼하게 한다, 둘째, 근육과 피부를 탄탄하게 한다. 셋째, 신경전달물질인 도파민 수치를 높이는 역할을 하여 집중력을 향상시킨다, 넷째, 수면의 질을 향상시킨다, 다섯째, 면역기능을 높여준다[21]. 그리고 성호르몬은 우울증과도 밀접한 관련이 있는 것으로 연구되고 있다. 우울증 환자에게 성호르몬 치료를 한 결과

20_ 다음 백과(성호르몬)
21_ 성호르몬에 감사해야 할 이유: http://kormedi.com/1218746

우울증이 완화되었다는 연구보고[22]도 있는 것으로 보아 성호르몬은 우리 인체의 생리적 기능뿐만 아닌 정신 기능에도 관여한다고 볼 수 있다. 따라서 인성을 주제로 운동과 관련된 호르몬에 대해 살펴보고 있는 이 장에서 성호르몬이 인성과 무슨 연관이 있겠는가 하겠지만, 성호르몬의 역할은 앞서 말한 바와 같이 우리가 알고 있는 성 역할에 그치지 않기 때문에 성호르몬을 살펴보는 것이다. 일찍이 서양의 심리학자 프로이트는 인간의 원초적 본능인 성(性)의 특성이 어떻게 해결되는가에 따라 성격에 큰 영향을 미치는 것으로 보았다. 이미 인간은 자궁 안에서 정자와 난자의 수정이 시작되는 순간부터 남성과 여성이 구분된다. 출생 후 본성적인 특성에 따라 인지와 사고, 행동이 성에 따라 다소 차이가 나타나지만, 성호르몬의 분비가 왕성해지는 사춘기를 기점으로 여성과 남성의 구분이 확실해진다. 이때 남성은 성호르몬의 영향으로 근육이 발달하고 성격 또한 도전적이고 성취 욕구가 강하게 나타난다. 여성 또한 도전적이면서도 섬세하고 예민하게 변한다. 이 시기에 나타나는 인간 본성의 욕구가 어떻게 원만히 해결되는가는 성인기 인간관계와 사회생활에 큰 영향을 미친다. 성인기 호르몬의 수치를 비교해 보면 남성의 경우 남성호르몬은 99% 정도를 갖고 있고, 여성의 경우 평상시 여성호르몬의 수준은 약 25% 정도의 여성호르몬을 갖고 있으나 배란 기간에는 약 35%로 여성호르몬이 증가한다. 평상시 75%는 남성호르몬이고, 배란기 65%는 남성호르몬인 것이다. 어떻게 보면 이상하게 느끼겠지만, 남성호르몬이 하는 여러 가지 기능적 역할을 살

22_ 박진수 외(2013). 성인남성의 우울성향 및 스트레스 정도에 따른 남성호르몬 농도. 제주대학교 가정의학과

펴보면 이해가 갈 것이다. 남성호르몬은 도전, 경쟁, 성취 집중력 등을 높여주는 역할을 한다. 30세를 넘어가면서 남성과 여성의 호르몬의 수치가 매년 약 1%씩 감소한다. 이후 갱년기가 되면 남녀의 성호르몬 비율이 비슷해져 남자는 감성적으로 변하고, 여성은 전적이고 성취욕이 강하게 변한다[23]. 이러한 호르몬의 변화에 따라 마음상태도 달라지는데, 청소년 시기의 남성은 매우 도전적이고 돌발적이며 승부욕이 강할 뿐만 아니라 옳고 그름에 민감하다. 여성 또한 남성과 같이 도전적이고 돌발적이며 승부욕도 강하고 정서에 민감하다. 그러나 여성은 여성호르몬의 영향으로 모성애의 감성적 정서가 풍부하여 이타심이 발달한다. 따라서 이 시기의 청소년을 지도하는 지도자는 이러한 성격 성향을 잘 알고 지도하는 것이 청소년 인성 함양에 매우 큰 영향을 미친다는 것을 유념할 필요가 있다. 이후 갱년기가 지난 성인의 경우 성호르몬의 큰 변화에 따라 신체기능의 급격한 하락으로 신체적으로 정신적으로 자신감을 잃게 된다. 이때 대부분의 사람은 우울증을 경험하게 된다. 이러한 우울감은 체력의 급격한 하락으로 나타나는 증상일 수 있기 때문에 평소 체력훈련을 꾸준히 하는 것이 정신적 안정에도 중요하다. 평상시 꾸준한 운동은 성호르몬 분비에 큰 도움을 주는 것으로 연구[24] 보고되고 있는데 청소년은 더 말할 필요가 없고, 요즘 서서히 붐이 일고 있는 실버태권도는 노년의 정신적 안정에 큰 도움을 준다.

지금까지 호르몬이 우리 몸에 미치는 영향을 중심으로 인성(성격)에 어떠한 영향을 미치는가를 알아보았다. 사람은 몸과 마음을 분리할 수

23_ 김세철: EBS 노화와 건강의 열쇠 '성호르몬'
24_ 유신환(2004). 노인의 건강 관련 습관, 체력 및 호르몬 수준에 관한 연구. 고려대학교 체육대학원 박사학위 논문

는 있겠지만, 보통 사람들의 경우 몸과 마음을 분리한다는 것은 매우 힘든 일이다. 어차피 사람의 마음을 관장하는 뇌는 우리 신체의 일부이기 때문에 서로에게 영향을 주는 것은 불가분의 관계인 것이다. 따라서 태권도수련은 당연히 정신적으로 영향을 미친다고 할 수 있다. 태권도수련은 아드레날린을 활성화시켜 몸의 기능과 주의력을 높이고 정확하고 빠른 판단을 할 수 있도록 한다. 수련과정의 성취감은 도파민과 엔드로핀을 분비시켜 몰입과 집중, 도전하는 것을 기쁨으로 느낄 수 있도록 하는 긍정성을 향상시킨다. 또한, 수련의 묵상은 활성화되었던 교감신경을 안정화시키는데 이때 세로토닌은 신체기능을 원상으로 회복시키고 정신적으로 안정화를 꾀할 수 있도록 한다. 이러한 호르몬의 역할은 뇌의 변연계에서 일어난다. 변연계는 대뇌피질과 가까이 있고, 특히 인간의 사고와 판단 도전과 몰입과 성취의 역할을 담당하는 전두엽과 직접 관련되어 있어 수련과정에서 분비되는 호르몬은 정신작용에 영향을 미친다. 다만 과도한 훈련에 따른 스트레스가 만성적 피로를 유발할 경우 수련에 임하지 않음에도 불구하고 불규칙적으로 분비되는 호르몬 영향으로 조울증, 우울증, 불안장애, 강박증, 분노조절장애 등도 겪을 수 있다는 것을 참고하여 지도해야 한다.

　인간은 저마다 다른 개성과 세계관을 가지고 있다. 따라서 수련생 또한 천차만별의 성격성향을 갖고 있기 때문에 지도자는 수련생 개개인의 성격성향에 따라 수련의 양과 강도, 시간 등을 조절하여 지도하는 것은 결과적으로 호르몬의 분비와 촉진, 완화 등의 역할에 기여할 수 있도록 하는 것이고, 이것이 인성 키움에 매우 중요한 요소가 된다.

6
PART

심리코칭

01
코칭의 개념

　　✎ 코칭(Coaching)은 개인의 능력을 개발하고 발전
시킬 수 있도록 돕는 행위, 또는 개인의 잠재능력을 스스로 끌어낼 수
있도록 돕는 행위를 말한다. 코칭은 개인만을 대상으로 하는 것은 아
니다. 조직과 기업, 교육현장에서 원하는 성과를 얻을 수 있도록 돕는
행위를 총칭하여 코칭이라 한다. 코칭은 적용 대상, 적용 범위에 따라
다양한 형태의 개념과 정의를 갖는다.

　코칭의 어원은 코치(Coach)이다. 코치는 콕스(Kocs)에서 유래된 것으
로 네 마리의 말이 끄는 마차라는 뜻에서 유래되었다. 코칭(Coaching)은
'Coach' 뒤에 접미사 'ing'가 붙여진 단어로 과정 중인 진행형을 나타
낸다. 즉 과정(process)을 나타낸다. 마차는 목적지를 가기 위하여 만들
어진 도구라는 점에서 마차가 잘 진행할 수 있도록 하는 과정(Process)
이 코칭(Coaching)인 것이다. 코치란 목적지에 효율적으로 도착할 수 있
도록 말을 안내하는 사람인 것이다. 코칭은 1880년대 레이스팀을 훈련
시키는 트레이너를 지칭하는 말로 언급되기 시작하다가 스포츠 팀을
이끌고 게임에 이기기 위해 개인과 팀의 성과를 개발하는 사람이란 뜻
으로 사용하게 되었다[01]. 코칭은 1980년대 미국의 기업들이 불황을 달

01_ 박주현(2016). 코칭리더십이 조직몰입에 미치는 영향. 서울벤처대학원대학교 박사학위논문

출하기 위한 수단으로 코칭을 도입하기 시작하였고, 우리나라에서는 2000년대 초 비즈니스 시장 중심으로 빠르게 확장되기 시작하면서 인재개발을 위한 방법으로 급속히 확산되었다. 코칭은 기업, 비즈니스시장을 넘어 교육현장에서도 그 잠재력을 인정받게 되면서 유치원을 비롯한 초·중·고·대학에서 개인의 잠재력 향상을 위한 도구로 활용되고 있다[02]. 코칭은 개인과 조직, 기업, 교육현장에서 다양한 형태로 발전하고 있지만, 특히 스포츠와 관련된 교육현장에서 그 효과성이 인정되고 있다.

02_ 이희경(2005). 코칭입문. 교보문고

02
코칭의 정의

코칭은 적용 범위와 형태에 따라 다양하게 분류할 수 있기 때문에 특별하게 한정 지을 수는 없다. 그러나 일반적 코칭의 정의를 함축해 보면 개인의 잠재능력을 개발하여 목표에 도달할 수 있도록 코치가 돕고 지지하는 협력관계를 코칭이라 한다. 코칭은 코치와 학습자가 수직적 관계가 아닌 수평적 관계로써 코치는 학습자가 목표를 향해 갈 수 있도록 강점을 개발하고 약점을 보완·해결할 수 있는 방안을 스스로 찾도록 돕는 과정을 코칭이라 한다. 코칭은 학습자 안에 모든 해답이 있다는 관점에서 스스로 문제를 찾고 해결할 수 있도록 돕는 것이 핵심이다. 이 모든 것을 한마디로 정의한다면 자신이 발전하고자 하는 의지가 있는 개인을 코치가 협력을 통하여 목표설정, 전략, 행동 등을 스스로 성취할 수 있도록 하는 것이라고 정의할 수 있다.

03
코칭의 핵심역량

 코칭(Coaching)은 앞서 말한 바와 같이 범위와 내용이 광범위하여 핵심적인 내용을 정리하기가 쉽지는 않다. 그러나 태권도 지도 현장에서 필요하다고 생각되는 중요한 코칭 내용만을 핵심적으로 정리하고 그 범위 안에서 살펴보는 것이 실용적일 것으로 판단한다. 특히 태권도 인성교육의 대부분은 행동의 반복·숙달 과정을 통하여 습관화될 수 있도록 한다. 그러나 이 방법은 아주 기초적인 방법으로 환경적 영향에 따라 그 효과가 달라질 수 있다는 단점을 갖고 있다. 예를 들어 정직이란 도덕성에 대하여 교육을 받았고 정직한 행동을 강화하기 위하여 반복학습과 달란트 제도를 시행하였다고 가정하자. 그러나 학습동기를 갖지 못하고 지루함을 느끼거나 달란트보다 더 유혹적인 제의가 나타나게 된다면 수련생의 마음은 매우 혼란스러운 갈등을 겪게 될 것이다. 이때 자신에게 어떠한 것이 더 효용성의 가치가 있는가에 따라 선택할 것이다. 그러나 정직은 여타의 대상물과 비교될 수 없는 신념의 가치로서 내면화되어 있고, 자신이 목표하는 목적을 이루기 위하여 정직의 도덕성이 필수적인 요소라는 것을 자신이 충분히 이해하고 있다면 어떠한 유혹에도 흔들리지 않을 것이다. 이 말은 '수련생 자신이 정직을 어떻게 해석하고 진정성 있게 받아들여 행동하고 있는가가 핵심이라는 것이다. 조건에 따라 행동하는 것과는 차원이 다르다. 따라서 코칭은 수련자 스스로 충분히 공감하고 받아들여 행동으로 이어질 수 있도록 하는 것이 중요하다. 이러한 역량을 키우기 위해서는 몇 가지 요건이 존재하는데, 그 부분을 살펴보고자 한다.

1) 라포(Rapport) 형성

코칭에 있어서 가장 중요한 것이 라포(Rapport) 형성이다. 라포란 인간관계의 친밀감, 신뢰감을 나타내는 외래어로 서로 간의 마음이 통하여 연결된 상태를 말한다. 어원은 프랑스 동사 '가져오다(rapporter)'에서 유래되었다[03]. 라포는 코칭뿐만 아니라 모든 인간관계의 핵심 키워드로 신뢰와 친밀감 없는 인간관계는 무의미하기 때문이다. 특히 학습 현장에서 지도자가 수련자를 코칭하고자 할 때, 지도자와 수련자 간 신뢰와 친밀감이 없다면 이미 그 코칭은 실패한 코칭이다. 따라서 지도자는 평상시 학습자와의 라포 형성은 매우 중요한 과제이다. 태권도장 특성상 지도사범이 코칭을 직접 해야 하는 경우가 대부분인 점을 감안할 때, 수련자와 지도사범 간 라포 형성은 매우 중요한 의미를 갖는다.

지금까지 태권도수련현장에서는 코칭지도법이 아닌 티칭(Teaching)지도법을 통하여 수련생의 지도하였다. 그러다 보니 수련생 중심교육이 아닌 지도자 중심의 일방적 교육이 이루어져 왔다. 지도자가 갖고 있

03_ 김상문(2017). MICE 산업종사자의 라포와 신뢰의 형성과 효용에 관한 연구. 가천대학교 대학원 박사학위논문

는 지도철학에 따라 수련생 학습이 이루어지는 일방통행 학습이었다. 그러다 보니 학습의 주체가 지도자가 되고, 수련생은 지도사범의 일방적 지도에 끌려가는 형태로 서로 간의 라포 형성이 조화롭지 못했다. 이러한 학습구조는 수련생의 행동을 피동적으로 만들었을 뿐, 능동적 행동을 제공하지 못했다. 이러한 학습구조의 불편함은 학습자의 능력을 제한할 뿐만 아니라 학습효과도 낮게 나타난다. 학습효과가 낮다는 방증은 수련생의 수련 기간이 짧다는 것이다. 2019년 국기원의 승품·단 심사 6개월간 통계를 보면 1품에서 2품까지 약 22%의 수련생이 감소했고, 2품에서 3품까지 약 56%의 수련생이 감소했고, 1품에서 3품까지 약 66%의 수련생이 감소하였고, 1품에서 4품까지는 약 92%의 수련생이 감소하였다. 1단에서 2단까지 86%의 수련생이 감소하였고, 1단에서 3단까지는 약 92%의 수련생이 감소하였다.[04]. 이 통계는 1년간 통계와 다소 차이가 있을 수 있겠으나 통계적 결과로 볼 때, 수련 기간이 짧다는 방증이기도 하다. 단순히 수련지도법의 문제로 단정하기는 어려울 수 있으나 지도 방법의 영향도 상당 부분 작용했을 것으로 본다. 특히 인성교육은 도덕성 교육으로 마음작용이 중요하다. 따라서 지도자와 수련생 간 라포 형성은 인성교육에 있어 핵심키워드라고 할 수 있다. 현재 도장에서 수련생을 지도하는 테크닉(Technic) 형태의 지도법으로 인성지도를 하는 것은 무리가 따른다. 다시 한 번 말하지만 인성은 마음을 움직일 수 있는 코칭 방법을 통하여 학습자 스스로 선택하고, 스스로 행동하고, 스스로 피드백 과정(Process)이 이루어질 때 인성교육의 성과를 얻을 수 있다.

04_ 2019년 국기원 승품·단 심사 7월~12월까지 6개월간 통계

2) 라포 형성 방법[05]

(1) 라포 형성 조건

① 존중하고 인정해라

수련생은 지도자가 볼 때, 아직 미성숙한 어린아이일 수 있다. 그러나 나름의 사고와 생각이 있기 때문에 그 생각에 따라 행동한다. 그러나 지도자는 자신의 수준에 따라 판단하고 평가하여 수련생을 대하게 된다. 이때 지도자의 편견과 선입견은 수련생을 존중하고 인정하는 데 실패하도록 한다. 코칭은 단순한 방법이 아니고 사람을 바라보는 함축된 철학이 바탕이 되어있기 때문에 수련생을 대할 때, 특별한 사람으로 인정하고 마음으로부터 출발했을 때, 코칭이 성공할 수 있다[06].

② 공감하라

공감이 없는 코칭은 무의미하다. 코칭을 하는 지도자나 코칭을 받는 수련생 모두 감정을 가진 사람이다. 이성적 판단의 잣대로 옳고, 그름과 좋고, 나쁨의 이분법적 사고를 벗어나 공감하고 지지할 때, 마음이 전달되어 서로 간의 공감능력이 높일 수 있어 믿음의 싹을 키울 수 있다.

05_ 심교준(2019). NLP 코칭기법. 도서출판 조은
06_ 김영기(2014). 코칭대화의 심화 역량. 북마크

③ 몰입하고 경청하라

모든 사람은 자신에게 관심을 갖고 호의를 베풀며 자신의 말에 귀 기울여주는 사람을 좋아한다. 코칭에 있어 가장 중요한 것 중 하나가 지도자가 말을 적게 하는 것이다. 일선 도장의 특성상 지도 사범은 코칭이 아닌 티칭(Teaching)을 한다. 다시 말해 가르치는 것이다. 하나에서 열까지 일일이 지도하여 알 수 있도록 한다. 이 과정은 수련생의 의사는 무시되고 지도자의 지적(知的) 전달만 있을 뿐이다. 이러한 과정에서 수련생은 존중받지 못하고 이끌려 가기 때문에 자존감이 낮을 수밖에 없다. 그러나 코칭의 과정에서 지도사범이 자신의 말에 관심을 갖고 경청하며 몰입한다면 수련생은 매우 기쁜 마음으로 지도사범에 대해 긍정적 믿음을 갖게 될 것이다.

④ 충분한 시간을 가져라

코칭을 하는 지도자는 충분한 시간을 갖고 천천히 수련생에게 다가가야 한다. 수련생은 지도사범과 대면한다는 자체가 즐거울 수 없다. 앞서 말한 바와 같이 태권도의 특수적 지도방법에 따른 위계 관계상 즐거운 마음을 갖기 어렵다. 이러한 상황에서 코칭하는 지도자가 성급하게 수련생에게 다가간다면 수련생은 마음이 불편하여 방어적 자세를 취할 것이다. 코칭 지도자는 수련생이 충분히 내적 대화를 통하여 마음을 열 시간을 주고 천천히 다가가는 것이 중요하다.

⑤ 단점보단 장점을 먼저 보라

코칭을 위해 대화를 이어갈 때, 수련생이 좋아하거나 즐거워하는 일에 대화의 초점을 갖고 이끌어 가는 것이 중요하다. 앞서 말한 바와 같이 그동안 티칭으로 인해 지도자와 수련생은 수직적 관계를 넘어 매우 부담스러운 존재일 수 있다. 이러한 관계에서 자신의 단점을 이야기하는 것은 매우 위험한 상황으로 발전할 수 있다. 코칭은 스스로 자신의 능력을 발견하고 발전시킬 수 있는 방법을 찾도록 돕는 것이다. 따라서 자신의 장점을 강점으로 발전할 수 있도록 하는 과정이기 때문에 굳이 단점을 보완하거나 해결할 필요가 없다.

(2) 라포 형성 기법[07]

① Pacing(호흡 맞추기)/ Dis-pacing

호흡 맞추기는 수련생의 말 속도, 목소리의 높낮이, 표정, 몸동작 등을 코치(지도사범)가 가볍게 추임새로 보조 맞추는 것을 말한다. 이러한 과정은 코칭받는 수련생의 마음을 안정적으로 이끌 수 있으며 라포 형성에 긍정적 영향을 준다.

- Pace: 발걸음, 보조(를 맞추다.)
- 좁은 의미의 Pacing: 호흡 맞추기
- 넓은 의미의 Pacing: 전체 맞추기
- 시각 …… 호흡, 자세(mirroring)

07_ 심교준(2019). NLP 코칭기법. 도서출판 조은

- 청각 …… 목소리(음조, 고저, 억양, 속도, 엑센트 등)/ 백트래킹
- 체각 …… 감정, 움직임(의 방향), 압박도, 온도 등
- 표상체계, 근본 사고방식, 의식 차원, 준거 틀(과거 경험), 기분 등

② Mirroring(행동 맞추기)

행동 맞추기는 수련생이 말하면서 취하는 손동작 몸동작을 지도사가 적당히 따라 하면서 함께 보조를 맞추는 것을 말한다. 이때 주의할 점은 수련생이 취하는 동작을 전체적으로 따라 하면 안 되고 말끝의 마지막 동작 또는 동작을 작게 표현하여 따라 해주는 것이 좋다.

- Crossover Mirroring: 상대가 큰 동작으로 표현하면 나는 작게 표현하고, 오른손을 흔들면 나는 왼손을 흔드는 등의 교차행동을 은연 중 천천히 따라 하는 것을 크로스오버 밀러링이라 한다.

③ Backtracking(말맞추기)

말맞추기도 마찬가지로 수련생이 말할 때, 사범이 중요한 말 단어를 같이 따라 하면서 보조를 맞추어 주는 것을 말한다.

- 순차 백트래킹

  중요한 단어가 나올 때마다 같이 따라 해주는 것
- 요약 백트래킹

  중요한 핵심 단어만을 같이 따라 해주는 것

④ Matching(생각 맞추기)/ Mismatching

- 생각, 말, 행동 등 전반에 맞춘다.
- 상대방의 외적 표현(호흡, 동작, 말)은 물론 내적 측면도 맞추는 것이다.

- 보다 구체적으로는 표상체계. 근본 사고방식, 의식 차원, 준거 틀(과거 경험), 기분 등 내면의 세계지도가 언어화되어 나타나는 것에 맞추는 것이다. 이처럼 상대방에게 일련의 Marching을 계속하는 것을 페이싱(Pacing)이라고도 한다.
- 때로는 Tuning이라는 용어도 쓰이는데, 이는 주로 감정 맞추기의 측면이 강한 것으로 보인다.

⑤ 전체 맞추기

전체 맞추기는 위 ①, ②, ③, ④를 전체적으로 맞춰주는 것을 말한다.

3) 관계형성(Communication)[08]

(1) 관계형성의 이상적 모델

① 알아차림(의도 파악)

② 무비판

③ 존중

(2) 관계형성(Communication)의 특징

① 관계(Communication)**에 관한 결과를 명확히 설정한다.**

- 수련생이 무엇을 원하는가?

08_ 심교준(2019). NLP 코칭기법. 도서출판 조은

- 사범 자신은 무엇을 원하고 있는가?
- 사범 자신이 최우선으로 둔 것이 무엇인가?

② 반응에 대한 특징을 관찰 식별해야 한다.

- 시선의 방향이 어느 곳을 향하고 있는가?
- 어떤 말에 민감한 반응을 보이는가?
- 안면 징후, 손, 발의 움직임이 자연스러운가?

③ 구두언어 선택의 유연성을 갖는다.

- 직설적 단어 선택에 유의한다.
- 전문용어보다 수련생 기준에 맞는 용어 선택을 하라
- 은유와 비유를 통한 의미전달을 고려하라

4) 대화법(경청과 질문)[09]

　인간이 살아가면서 가장 많이 하는 것이 대화다. 이 대화가 어떻게 이루어지는가에 따라 인간관계의 성패가 갈라진다. 말은 같은 말이라도 어떻게 하는 가에 따라 어떤 때에는 상대방에게 상처를 줄 수 있고, 어떤 때에는 기쁨을 줄 수 있다. 우리나라 옛말에 '아 다르고 어 다르다', '말 한마디에 천 냥 빚을 갚는다.'라는 말이 있다. 상대방에 전달되는 느낌도 다르게 느껴져 돌아오는 답변도 달라진다.

　코칭의 경청과 질문은 매우 큰 의미를 갖는다. 경청은 상대의 말을 잘 들어준다는 것이고 질문은 코칭받는 수련생의 핵심 의중을 파악하

09_ 김영기(2014). 코칭대화의 심화역량. 북 마크

는 데 유용하기 때문이다. 코칭에 있어서 코칭의 목적 달성을 위하여 수련생을 분석하기보다는 수련생의 감정을 잘 파악하고 반응하는 것이 중요하다.

(1) 경청 시 사범의 행동

- 수련생의 관점에서 듣기
- 맥락적으로 듣고, 전인적인 경청

(2) 경청 시 사범이 하지 말아야 할 행동

- 수련생의 말에 집중하지 않고 듣는 것
- 사범의 지식에 견주어 코칭해야 할 부분만 골라 듣는 것

(3) 경청의 기법

① 소픈(SOFEN)의 자세를 취하라.

- 미소를 머금고(Smile)
- 열린 마음으로(Open Mind)
- 앞으로 다가가서(Forward)
- 눈을 가볍게 응시하면서((Eye Contact)
- 고개를 끄덕여 호응 해주며(Nod)

② 경청할 때는 집중하고 딴생각을 하지 마라.
③ 내용을 제대로 파악해라.
④ 감정을 파악해라.

⑤ 감정을 반사해 줘라.

(4) 질문의 기법

- 부정적 질문보다 긍정적 질문을 하라
- '왜?'보다 '어떻게'라는 질문으로 유도하라

  * 5W2H 질문법(언제, 누가, 어디서, 무엇을, 어떻게, 왜, 얼마나)이 기본이지만 여기
  에서 왜라는 단어는 제외한다.

① 단답형 Yes, No 질문보다 개방형 질문으로 유도하라.

- 그것을 내버려 두면 어떤 일이 일어날까?
- 그것이 이루어지면 어떤 일이 일어날까?
- 그것이 이루어지면 네게 어떤 변화가 일어날까?

② 명확하고 구체적인 질문을 한다.

- 예를 들어주겠니?
- 그 말의 뜻을 정확하게 말해줄 수 있니?
- 그렇다면 10점 만점에 몇 점 정도가 될까?

③ 질문 예시

질문 기법

지양적 질문	긍정적 질문
과거형 질문	미래형 질문
· 왜 그랬니? · 언제부터 그랬니? · 지금까지 그런 거야?	· 앞으로 어떻게 하고 싶니? · 1년 후 너는 어떻게 변해있을 것 같니? · 앞으로 어떤 결과를 기대하니?

부정적 질문	긍정적 질문
· 너의 장점이 있는데도 불구하고 사용하지 않는 이유가 무엇이니? · 무엇 때문에 두려워하니? · 그것밖에 할 수 없었니?	· 문제해결을 위해 어떻게 하는 것이 좋을까? · 언제, 어느 때 가장 힘이 나니? · 가장 효과적인 방법은 무엇이 있을까?
닫힌 질문	**열린 질문**
· 이제부터 제대로 할 거지? · 잘해보고 싶은 생각은 있는 거니? · 할 거니 말 거니?	· 이제부터 실행한다면 어떻게 하는 것이 가장 효과적일까? · 최선의 방법이 있다면 어떤 방법일까? · 좀 더 구체적으로 말해볼까?
제한적 질문	**확장적 질문**
· 너는 무엇을 잘하는데? · 할 수 있는 능력은 되는 거니? · 너는 네 장점이 무엇인지 아니?	· 너만이 갖는 자원(장점)을 말해볼까? · 너만이 할 수 있는 능력 몇 가지만 말해볼까? · 너는 현 상황을 해결하기 위해 다른 사람에게 조언을 해준다면 어떤 말을 하겠니?

④ 메타모델(Meta Model)과 밀턴모델(Milton Model)의 대화법

가. 메타모델 대화법

사람은 무의식적으로 정보를 생략하고, 왜곡하고, 일반화한 정보를 전달한다. 이때 생략되고, 왜곡되고, 일반화된 정보를 다시 정확하게 파악하는 기술을 메타모델 대화법이라고 한다. 좀 더 구체적으로 말한다면 메타모델이란 대화 과정의 숨은 의도를 확인해서 정확한 상태로 복원하는 구체화 질문법이라고도 말할 수 있다. 메타(Meta)는 그리스어로 '~초월한, ~넘어선 다른 레벨'을 뜻한다. 메타모델이란 말속의 뜻을 넘어서 또 다른 의미의 뜻을 나타낸다는 뜻으로, 숨겨진 의도로도 해석할 수 있다.

대부분의 사람은 말을 할 때, 자신이 갖고 있는 정보를 있는 그대로 다 전달하지 않는다(생략함). 또한, 사실을 있는 그대로 전달하는 것이 아니라 자신이 이해한 정보에 해석을 덧붙여 말한다(왜곡함). 때로는 일부 사건을 전체에 대응해서 자신의 추측(착각)한 내용으로 말하기도 한다(일반화함). 이와 같이 사람들은 자신이 하고자 하는 정확한 말을 절반도 상대에게 전달하지 못한다. 특히 태권도를 수련하는 수련생 대부분은 초등학생들로서 성숙된 의식적 사고관을 갖지 못한 상태이기 때문에 성인보다도 더 정확한 의사전달력을 갖지 못한다. 이러한 상황에서 메타모델 질문은 수련생의 의도를 정확하게 파악할 수 있는 도구로 효과가 크다. 예를 들어 몇 가지만 소개하도록 하겠다[10].

　"모두가 그렇게 말해요", "저는 친구들에게 무시당하고 있어요." 수련생들이 많이 사용하는 표현 중 하나다. 하지만 이러한 말은 생략이나 왜곡에 의해 상대에게 다른 내용을 전달한다. '모두가 그렇게 말해요.'의 모두는 누구를 말하는 것인지 불분명하여 상대가 오해할 수도 있다. 이런 말의 경우 대부분은 A와 B를 가리키는 경우가 대부분이다. 또한, 말의 또 다른 의도는 자신의 말을 들어주기 바랄 때 자주 쓰는 표현이기도 하다. '저는 친구들에게 무시당하고 있어요.'라는 말에서는 자신이 어떤 친구들에게 어느 때 무시당했다고 느꼈다는 것인가? 친구들과 놀아주지 않아서인지, 자신의 말을 들어주지 않아서인지 무언가 구체적인 이야기가 생략되어 있다. 또한, 이 말에서 자신의 친구들 의사와 관계없이 자신의 왜곡된 판단에 의해 무시당하고 있다고 생각할 수 있다. 위 두 사항을 보면 자신이 말하고자 하는 정확한 내용이 생

10_ 황혜숙(2013). 프로가 가르쳐주는 초보를 위한 NLP 입문. 시그마 북스

략, 왜곡되어 있다. 이럴 때 우리가 잘 아는 질의 응답법 6원칙 5W1H에 의해 '언제, 어디서, 누가, 무엇을, 어떻게'와 같이 질문을 통해 보다 명확한 의도를 확인할 수 있는데 여기서 '왜?'라는 질문은 생략하거나 다른 질문을 대체하는 것이 좋다. '왜'라는 질문을 받게 되면 일반적으로 자기방어적 기제가 발동하여 핑계나 이유를 말하기 때문에 '왜'라는 질문은 될 수 있는 대로 하지 않는 것이 좋다.

나. 메타모델의 불특정 품사

대부분의 사람은 대화 속에서 '모두가', '그 사람', '그 마음'처럼 구체적으로 누구인지를 밝히지 않는 말을 한다. "앞으로 사람들에게 나의 좋은 점을 알릴 것입니다." 이처럼 언제, 어디서, 무엇을, 어떻게 구체적인 제시를 하지 않은 표현을 불특정 명사라 한다. 앞의 말에 대한 메타모델식의 질문은 '앞으로'는 '언제', '사람들'은 '누구', '좋은 점'은 '어떤 점', '알릴 것'은 '어떻게'의 질문으로 보다 더 명확히 하여 분명한 의도를 파악하는 구체적 대화가 이루어질 수 있다. "그 일을 친구에게 도와달라고 할 거야." 이 말에서도 '어떤 일'을 '어떤 친구'에게 '언제', '어디서', '어떻게', '얼마만큼', 도와달라고 할 것인지 구체적 질문이 필요하다.

"나는 남 앞에서 말을 못해요." 이 말에서도 구체적으로 '언제', '누구 앞에서', '누구와 비교했을 때', '얼마만큼', 말을 못한다고 생각하는지의 질문을 통해 보다 명확하고 구체적으로 말의 의도를 파악한다.

"나는 태권도가 하기 싫어요." 이 말에서도 '언제', '무엇을(품새, 겨루기, 시범, 심사 등)', '어떻게', '얼마만큼' 하기 싫은지 질문을 하여 보나 명확한 의도를 확인한다.

다. 왜곡과 전제가 있는 메타모델

우리는 말을 할 때, 자신의 해석을 덧붙여 표현한다. 예를 들어 "엄마는 제가 거짓말을 한다고 생각해요, 저를 못 믿나 봐요." 이 말에서도 자신을 엄마가 못 믿는다는 왜곡이 있을 수 있다. 이 말에서도 '엄마는 언제, 어디서, 무엇을, 어떻게 거짓말한다고 생각하는지', '엄마는 언제, 무엇을, 어떻게 못 믿는다는 것인지' 왜곡된 의도를 정확하게 파악한다.

대화를 할 때 암묵적인 전제가 깔려있는 경우도 많다. 예를 들어 "저는 1품을 못 볼 것 같아요."라고 할 때, 이미 도장을 꾸준히 다니며 열심히 운동하지 못할 것 같다는 전제가 깔려있거나 자신의 실력이 부족해서 1품을 승품하지 못할 것이라는 전제가 숨어있을 수 있다. 다른 대안에 대한 선택 의지가 전혀 없다는 뜻으로 해석할 수 있다. 이런 경우에 "왜 너는 승품을 못 할 거라고 생각하지?"라고 묻는다면 이런저런 이유를 동원하여 못 볼 수밖에 없는 이유를 타당성 있게 말할 것이다. 이후 승품할 수 있는 어떠한 이야기를 해본들 이미 못 본다는 방어적 사고를 갖고 있기 때문에 못 볼 수밖에 없는 타당한 이유가 많이 생겨날 뿐, 긍정적 답변을 듣기란 매우 어렵다. 이러한 전제에 관한 질문을 할 때 또한 질의 응답법 5원칙(4W1H)을 적용하여 질의응답 할 수 있도록 한다면 숨은 전제의 의도를 파악하는 데 도움을 준다.

대화에 있어 일반화하는 경향도 많다. 자신이 생각한 것임에도 모두가 그렇게 생각하고 있다고 말한다든가, 소수의 생각인데 많은 사람이 모두 그렇게 인정하고 있다는 식으로 일반화하는 경향이 있다. 이러한 경우에 '많은'이란 얼마만큼의 수를 말하는지, '모두란' 누구를 지칭하는지, '그렇게'란 '무엇을', '어떻게' 인정한다는 것인지에 대한 명확한 질의가 필요하다.

라. 밀턴모델(Milton Model) 대화코칭

밀턴모델이란 밀턴 에릭슨(Milton Erickson) 테라피스트(Therapist) 대화모델을 체계화한 것으로, 최면언어인 밀턴모델을 사용하여 상대의 잠재의식에 직접 다가가 상대의 무의식에 메시지를 전달함으로써 긍정적이고 바람직한 상태가 될 수 있도록 하는 기법이다.

메타모델은 수련생의 말 의미를 보다 구체적으로 파악하기 위한 기법이었다면, 밀턴모델은 사범이 수련생의 내면 안정을 통하여 수련생이 의도하는 생각을 사범에게 잘 전달될 수 있도록 유도하는 기법이라고 말할 수 있다. 밀턴모델에서 사범은 수련생의 내면안정을 위하여 말의 단어 선택, 음성의 고·저, 음성의 리듬 등에 각별히 신경을 써야 한다. 예를 든다면 "○○○, 너는 지금 내 목소리를 듣고 있습니다. 그리고 마음이 가장 편안했던 때를 기억해 봅니다. 그리고 너는 너의 호흡에 집중해 봅니다." 이와 같은 말을 통하여 수련생 마음이 평안함을 갖도록 유도하는 것이다. 이러한 내용의 어감으로 보아 최면술과 흡사하다고 생각하겠지만, 유사하다고는 할 수 있으나 최면은 아니며 유사한 어감을 통하여 수련생의 내면안정과 라포 형성 효과를 높일 수 있다.

밀턴모델은 사범이 말을 의도적으로 애매하게 사용함으로써 듣는 이에게 최상의 메시지로 전달되도록 한다. 애매한 말을 듣는 수련생은 그 뜻을 자기 내면에 맞도록 해석하기 때문에 사기가 가장 좋은 쪽으로 받아들인다. 이러한 밀턴모델의 대화 화법은 의식의 저항을 받지 않고 잠재의식에 직접 다가가 무의식에 숨어있는 자원을 효과적으로 활용할 수 있도록 한다[11]. 예를 들어 보자. "당신은 충분한 능력을 가지고 있는 사람입니다", "○○○, 너는 태권도를 배우고 있기 때문에 그 일을 충분히 해낼 수 있습니다", "너는 너 자신을 믿고 도전하면 꼭 성공할 것입니다." 이 말들은 어떤 내용인지 언급하지는 않았지만 듣는 사람으로 하여금 자유롭게 해석할 수 있도록 한다. "○○○, 너는 태권도에 소질이 있다는 것을 깨닫고 있나요?" 이 말은 수련생의 소질이 있다는 것을 암시하는 내용이 언급되어 있다. "○○○ 네가 목표한 승품·단 심사에 합격하기 전에 알려줄 게 있는데~." 이 말은 이미 합격한다는 것을 전제하고 있다. "승품·단 심사 합격을 위하여 일주일에 두 번 특강을 할 텐데 도장에 나올 수 있지?" 이 말은 이미 상대가 수락하는 것을 전제로 하고 있다. "우리 도장에 다니는 수련생은 승품·단 심사에 응심하기 위해서 누구나 특강을 받고 있다는 것을 아니?" 이 말은 누구나와 같은 수량사를 표현하는 말을 하게 되면 듣는 수련생은 내용에 강한 메시지를 받는다. "저녁 먹기 전에 태권도 30분 하고 저녁 먹는 것은 괜찮아?" 이 말은 태권도를 하라고 강요하는 대신 태권도수련할 시간을 은연중 지시하는 것이다. 밀턴모델에서는 실화, 동화, 신화, 전설을 이용하여 강한 메시지를 전달하기도 한다. 예를 들어 태권도 정신의 극기를 강조하고 싶을 때, 피겨여왕 김연아가 훈련 상황에서 수업이 부상당하는 상황을 이야기하고, 이 과정을 극복하고 올림픽에서 금메달을 목에 걸었을 때를 울먹이며 상황을 잘 표현한다면 극기를 직접적으로 말하는 것보다 더 큰 효과가 있을 것이다.

11_ 황혜숙(2013). 프로가 가르쳐주는 초보를 위한 NLP 입문. 시그마 북스

밀턴모델은 사범의 말을 수련생이 무의식적으로 인식하고 답변할 수 있도록 하는 방법으로 많은 트레이닝이 필요하다.

⑤ 대화 테크닉

가. 한 푼 테크닉(even a penny technic)

한 푼 테크닉은 상대방이 호응해 줄 확률을 높이기 위해 작은 부분부터 부탁함으로써 그 이상의 호의를 받아낼 수 있는 기법이다. '사소하지만~', '…만이라도' 같은 말을 사용하여 상대가 응할 확률을 높이는 것이다. 예를 들어 본다면, "오늘 나와 만나서 대화하면 좋겠지만 어렵다면 전화로 짧게 대화하면 안 될까?", "집 안 청소가 어렵다면 네 책상만이라도 정리하면 안 될까?", "도장에 10분 전에 도착하는 것이 어려우면 3분 전에 도착하는 것은 어떨까?" 이와 같이 원하는 기대치보다 낮지만 호응을 이끌어 냄으로써 긍정성을 높여 최종적 기대치에 접근하는 방법으로 매우 효과적이다.

나. 레토릭법(Rhetoric technic)

레토릭법은 매사에 '…이다'라고 단정해서 말하기보다 '…이라고 생각할 수 있지 않을까?'라고 물어서 상대방이 답을 생각하도록 하여 답하게 하는 방법을 말한다. 내 의견을 강요하거나 단정 짓지 않고 상대방이 내 물음에 답을 할 수 있도록 하여 말하도록 하는 유도방법이다. 예를 들어 본다면, "공부하고 식사를 해라."보다, "공부하고 식사하는 것은 어떨까?", "1품에 합격하려면 열심히 운동해야지."보다 "1품에 합격하기 위해 열심히 운동하는 것에 대해 어떻게 생각하니?" 등의 말을 통하여 스스로 답변하고 스스로 운동할 수 있도록 하는 것은 대화뿐만 아니라 스스로 할 수 있는 동기를 만들어준다는 장점이 있어 더욱 효과적이다.

다. 함께 먹으면서 대화하기

무엇인가 함께 먹는다는 것은 그 행위 자체만으로 서로의 친밀감을 상승시키는 데 도움이 된다. 특히 맛있는 음식, 또는 상대가 좋아하는 기호식품을 함께 먹으면서 대화하는 것은 심리적 호감도를 높이는 긍정적 효과가 있다. 우리나라에서 밥상머리교육을 강조하는 것이 이러한 이유에서다.

라. 목적을 분명하게 말하기

무엇인가 상대방에게 부탁하고자 할 때는 이유나 목적을 분명히 말해야 한다. 중요하다고 생각하는 것일수록 명확한 목적을 밝혀줘야 한다. 현 상황과 관련 없는 이유라 할지라도 이유가 분명하다는 사실 하나만으로도 어느 정도 효과를 갖는다.

5) 대화 코칭 피드백[12]

    사람은 말을 통하여 커뮤니케이션(Communication)이 일어난다. 어떤 말을 듣고, 말했느냐에 따라 감동하기도 하고, 화가 나기도 한다. 따라서 어떻게 듣고 상대가 마음 상하지 않도록 전달할 수 있는가에 따라 대화의 성패가 달려있다. 피드백은 정신적으로 건강한 사람한테는 약이 되지만 정신적으로 불안전 한 사람에게는 이유(핑계)가 될 수 있기 때문에 피드백 코칭은 충분한 라포 형성이 전제되어야 한다. 코칭에서 피드백은 매우 중요한 과정으로 즉흥적이거나 대략적 피드백은 오히려 불신을 조장할 수 있어 조심해야 한다. 태권도수련생들에게도 똑같이 적용되는데, 지도사범이 수련생에게 코칭 피드백을 하기 위해서는 운동시간과 관계없는 날짜와 시간에 조용한 장소에서 서로에 대한 믿음이 있는 상태에서 편견과 선입견을 내려놓고 목표에 초점을 맞춰 계획된 프로그램에 따라 진행되어야 한다.

(1) 지도자의 피드백 요소

- 계획을 세운다.
- 피드백 목표를 정확하게 세운다.
- 시간과 공간을 활용한다.
- 균형을 유지하고 침착하게 한다.
- 편견과 선입견을 제거한다.
- 경청한다.
- 정확하게 표현한다.

12_ 선종욱(2019). 코칭은 어떻게 진행 하나요? 도서출판 코칭

- 목표를 찾도록 리드한다.
- 성공에 대한 믿음을 갖게 한다.

6) 코칭 세션(Session)의 단계[13]

코칭에 있어서 세션의 단계가 존재한다. 세션에 따라 적용되는 단계 (Process)는 코치의 역량에 따라 다르게 적용할 수 있다. 코칭의 세션의 단계는 2단계부터 7단계까지 존재하는데 그중 3단계, 5단계, 7단계에 관하여 소개하겠다.

(1) 3단계 세션 모델
토대 조성, 관찰과 대화, 행동 촉진과 전환

① 토대 조성

토대 조성은 지도자가 수련생과의 레퍼 형성을 하고 수련생의 상황과 현실을 진단하고 분석하여 문제점이나 개선점을 수련생 상황에 맞도록 코칭의 유형(방법)을 결정하는 단계다.

② 관찰과 대화 과정

대화 과정은 지도자가 수련생과 전략적 대화를 이끌어가는 과정으로 사범은 수련생이 목표를 찾고 이루기 위한 계획을 세우도록 돕고,

---

13_ 선종욱(2019). 코칭은 어떻게 진행 하나요? 도서출판 코칭

목표를 방해하는 장애물을 제거할 수 있도록 하는 단계다.

③ 행동 촉진과 전환

행동 촉진과 전환은 수련생 자신이 계획한 목표에 대한 확신을 갖고 행동으로 옮길 수 있도록 촉구하는 과정이다. 이 과정에서는 피드백과 평가를 염두한 촉진이 이루어져야 한다.

(2) 5단계 세션 모델

코칭 분석, 기대 전달, 책임감 부여, 동기부여, 피드백

① 코칭 분석: 수련생을 진단하고 분석하며 라포를 형성한다.

② 기대 전달: 코칭에 대한 효과를 수련생에 전달하고 코칭에 대한 긍정성을 전달한다.

③ 책임감 부여: 지도자를 믿고 성실히 코칭에 임했을 때, 코칭 효과가 크다는 것을 인지시킨다.

④ 동기부여: 수련생이 스스로 문제해결하고 행동할 수 있도록 격려한다.

⑤ 피드백: 피드백을 통하여 자신의 의지를 확고히 한다.

(3) 7단계 모델

교육, 정보 수집, 계획, 행동 변화, 측정, 평가, 유지

- **교육**: 코칭에 대하여 안내하는 단계
- **정보 수집**: 수련생의 정보를 파악하고 라포를 형성하는 단계
- **계획**: 수련생으로 하여금 목표를 정하고 행동을 계획하도록 하는 단계
- **행동 변화**: 수련생으로 하여금 스스로 행동하게 하는 단계

- **측정**: 수련생의 실행성과를 수량화하는 단계
- **평가**: 수련생의 성과를 평가하는 단계
- **유지**: 지도자가 행동을 지속하게 하는 단계

7) 세션 구성[14]

세션(Session·會期) 구성은 주어진 시간을 어떻게 구분하고 활용할 것인지에 대한 시간표라고 할 수 있다. 세션은 지도자가 코칭에 들어가기 전 세션에 대한 계획을 미리 작성되어 있어야 한다. 코칭은 매우 역동성을 갖고 있기 때문에 대화 과정의 시간과 진행 순서가 바뀔 수 있다. 그러나 처음 계획했던 시간표에 따라 순차적으로 진행하는 것이 바람직하기는 하나 부득이 바뀌게 될 경우 앞뒤의 순서가 바뀌는 것은 큰 무리가 없으나 앞 세션이 뒤쪽으로 간다거나 뒤 세션이 앞쪽으로 오는 것은 안 된다.

세션 프로그램

일반적 세션 프로그램			
1	레포 형성	5분	교감하는 시간
2	복 기	5분	지난 세션 내용의 점검 및 실행 결과 확인
3	코칭 주제 도출	10분	코칭 세션의 내용, 범위 확인
4	목표 설정	10분	수련생 스스로 목표를 찾기

14_ 선종욱(2019). 코칭은 어떻게 진행 하나요? 도서출판 코칭

| 5 | 실행방법 도출 | 10분 | 수련생 실행 의지 확인 |
| 6 | 마무리 | 5~10분 | 책임감 심기, 다음 세션 확인 |

8) 피드백

(1) 코칭 세션의 점검

코칭 세션 점검은 코칭을 마친 뒤 사범의 셀프 피드백을 의미한다. 지도자가 코칭의 핵심 내용을 무엇으로 결정하였는지를 점검하고 코칭 과정에 문제가 없었는지 스스로 점검하는 절차이다. 지도자는 코칭을 마무리한 후 코칭의 성과를 피드백함으로써 이후 추가 코칭에 대비하는 것도 중요한 절차 중 하나이다.

① 생활균형의 적절성

코칭을 받는 대상은 대부분 수련생인 관계로 가정과 학교생활이 주를 이룬다. 특히 인성 코칭을 통한 실천의 장은 가정과 학교다. 따라서 각 영역에서도 균형 잡힌 생활이 가능하도록 코칭 균형의 적절성이 필요하다.

② 코칭 목적의 적절성

지도자는 코칭 과정에서 수련생이 뚜렷한 목적성을 찾아가도록 지원한다. 목적성이 분명하여야 만 비전과 사명이 보다 명확해진다. 목적성을 갖고 행동할 때 자신의 비전을 의심하지 않고 사명감을 가질 수 있기 때문에 행동의 습관화가 이루어질 수 있다.

③ 수련생의 특징의 적절성

코칭에 있어 개인의 특징적 성격성향의 파악은 보다 효과적인 코칭을 담보한다. 성격은 사람마다 각기 다른 특성을 가지고 있다. 따라서 성격성향 분석에 따른 전략 코칭은 매우 효과적이다.

④ 목표 설정과 실행 계획의 적절성

코칭은 실제적 행동의 변화를 촉진한다. 따라서 코칭에서 실천적 목표와 구체적 행동 계획을 세우고 장애 요소를 극복할 수 있는 전략적 계획이 따라야 한다.

⑤ 스트레스 및 갈등 관리의 적절성

코칭이 수련생에게 또 다른 스트레스가 되어서는 안 된다. 지도자는 수련생이 코칭에 대한 스트레스 상황에 노출될 경우를 대비하여 스트레스 관리 코칭도 병행할 필요가 있으며, 코칭 과정 중 스트레스에 노출될 경우 스트레스 해결을 위한 적절한 코칭이 이루어져야 한다.

⑥ 장애물 극복의 적절성

목적과 목표를 달성하고자 할 때, 장애물은 존재한다. 장애 요인은 외적 요인과 내적 요인으로 구분할 수 있는데, 외적 장애는 환경과 대인관계로 나눌 수 있다. 환경을 분리해 보면 가정환경, 학교환경, 사회환경 등이 있다. 대인관계는 부모와 형제, 친구 등이 있다. 이러한 내·외적 장애물은 언제나 존재하는 것으로 코칭 설계 시 충분한 고려가 필요하다. 내적 요인은 자신 내면의 욕구와 욕망에서 비롯된 내자아를 말한다. 어찌 보면 외적 요인보다 내적 요인이 더 큰 장애물일 수 있다. 코칭의 목적과 목표를 달성하기 위한 내·외적 장애요인을 스스로 인식하고 해결할 수 있는 능력을 갖도록 지원하는 것은 코칭의 중요한 과제이다.

⑦ 전략적 대화 모델의 적절성

지도자는 자기만의 독특한 대화 모델을 가지고 있어야 한다. 대화 모델은 코칭 과정에서 지도자의 작전 계획과 같은 것이다. 이 작전 계획은 수련생이 알지 못한다. 이 작전 계획들은 수련생의 생각이 대부분 반영된 것이기 때문이다.

⑧ 코칭의 기본 과정(Process)의 적절성

코칭은 기본적인 기술과 과정이 존재한다. 따라서 코칭 기술과 절차에 따른 과정에 얼마나 충실하였는가에 따라 코칭의 성과가 다르게 나타난다. 따라서 지도자 자신이 사용한 코칭 기술과 절차에 대한 점검은 중요하다.

⑨ 코칭 세션의 적절성

코칭을 위하여 설계했던 세션을 절차대로 무리 없이 소화하였는가를 검토해 본다. 코칭에 있어 준비과정부터 코칭 기술과 도구, 대화모델

등을 회기에 맞도록 적절하게 사용하였는지를 점검해 본다.

9) 긍정 코칭

긍정심리 코칭이 발전하기 시작한 것은 그리 오래되지 않았다. 지난 반세기 동안 심리학의 흐름을 보면 문제행동에 근거한 부정심리의 원인을 분석하고 분석결과를 토대로 심리적 원인 치료를 함으로써 문제행동을 줄이고자 하는 것이 심리치료(Psychotherapy)의 주된 패턴이었다. 그러나 1990년대 이후, 코칭에 대한 관심과 긍정심리이론이 발달하면서 과거의 심리적 기제보다 현재와 미래에 중점을 둔 심리 코칭이 발전하게 된다.

긍정심리 코칭은 부정적인 것보다 긍정적인 면에 더 집중하여 강점을 더 부각시킴으로써 열등감을 극복하고 자신감을 갖도록 하는 것이다. 사람은 누구나 열등감을 갖고 있다. 그러나 열등감에 치중하다 보면 자신의 강점이 오히려 소멸되는 경우가 있는데, 긍정심리 코칭에서는 그와 반대로 강점을 살려 열등감을 소멸시키는 것이다. 예를 들면 한 수련생은 공부도 잘하고, 그림도 잘 그리고, 태권도도 잘한다. 그런데 음악은 잘하지 못한다. 이런 경우, 잘하는 것보다 못하는 음악에 집중하여 잘하도록 독려하기보다, 잘하는 공부와 미술 태권도의 강점을 더 부각시켜 음악도 잘할 수 있도록 격려해야 한다는 것이다.

코칭에서 바라보는 인간에 대한 관점을 로버트 디너는 다음과 같이 말하고 있다.

- "사람은 누구나 단점과 아울러 장점도 가지고 있으며, 그 특성을 더욱 강화할 수 있다."
- "사람의 성공을 좌우하는 것은 장점이다."
- "긍정적 정서는 인간관계에서부터 작업장의 안전사고까지 인간행동의 거의 모든 결과와 관계가 있다[15]."

로버트 디너는 강점을 확인하는 세 가지 효과적인 질문을 아래와 같이 과거, 현재, 미래로 구분하여 제시하기도 하였다.

첫째, 과거의 한 행동이나 활동 중에서 당신이 가장 자랑스럽게 여기는 것은 무엇입니까?

둘째, 현재 당신을 신나게 하는 것은 무엇입니까?

셋째, 가까운 미래에 일어날 일 중에서 기대하고 있는 것은 무엇입니까?

앞서 말한 내용은 모두 강점을 더 살려 자신감을 극대화하고 그를 통하여 개인의 능력을 높이는 내용들이다.

긍정 코칭은 태권도수련 현장에서 매우 필요한 코칭이다. 대부분의 수련생은 자신의 단점에 함몰되어 열등감에 사로잡혀 있다. 그러한 열등감은 자아존중감, 자기효능감을 낮게 하는 원인으로 작용하여 자신의 실력을 충분히 발휘하지 못한다. 이러한 수련생들을 위한 지도자의 긍정 코칭은 수련생의 자신감 회복과 자기효능감을 충만하도록 하는 원동력이 된다.

긍정 코칭은 실패에 대한 교훈을 갖게 한다. 사람이 살아가는 과정에 성공만이 있는 것은 아니다. 어떻게 보면 성공보다 실패가 더 많을

15_ 로버트 B. 디너(2011). 긍정심리학 코칭기술. 물푸레출판

수 있다. 이때 실패를 실패로 여기지 않도록 긍정 코칭이 이루어진다면 실패는 패배가 아니라 학습 및 성장과정의 중요한 일부분이라는 것을 깨닫게 된다. 실패 없는 삶은 도전적이지 못한 삶을 사는 사람으로 침체에 빠진 삶이다. 실패를 감수하고 새로운 것에 도전하는 것은 실패와 맞서는 것이고, 그만큼의 고통도 감래할 수 있다는 것이기 때문에 새로운 통찰력을 갖게 하는 긍정적 의도가 존재한다. 따라서 실패는 성공으로 이끄는 힘의 원동력이지 패배가 아니다. 실패는 긍정적 의도를 갖게 하는 또 하나의 긍정 코칭의 동기가 될 수 있다는 것을 인식한다면 실패에 대한 두려움은 갖지 않게 될 것이다. 이러한 면에서 긍정 코칭은 성공적 경험은 더 낳은 성공의 자원으로 실패는 성공의 에너지로 활용할 수 있다는 데서 긍정 코칭의 활용성은 매우 유용하다. 특히 도장 수련생들의 도덕성을 높이기 위한 긍적 코칭으로 매우 유용할 수 있다.

현재 대부분의 도장 수련생들은 초등학생들이다. 아직 삶의 경험이 풍부하지 못한 관계로 성공에 대한 불확실성, 실패에 대한 두려움으로 도전에 대한 용기를 내지 못한다. 이러한 수련생들에게 지도자의 긍정 코칭은 자아존중감, 자기효능감, 회복탄력성, 용기, 도전 등의 인성 덕목들을 기를 수 있는 기회가 될 것이다.

04
NLP 코칭

1) NLP 개념

    NLP는 'Neuro-Linguistic Programming'의 약자로서 일반적으로 신경-언어 프로그래밍으로 번역되고 있다. 최근에는 신경-언어학이라고 부르는 경우도 있다. 말 그대로 신경과 언어의 상호작용이 어떻게 우리의 신체나 행동 패턴에 영향을 미치고 있는가에 대하여 그 구조를 규명하는 이론이자 실천기법이라고 말할 수 있다. 다시 정리하면 인간의 마음과 행동이 일어나는 원리를 설명하고 어떻게 함으로써 효과적으로 마음과 행동을 변화시킬 것인지를 다루는 심리전략 프로그램이다. 그런데 여기서 'Neuro'라는 말은 '신경'이긴 하지만 실제로는 '두뇌'를 가리킨다. 그러므로 엄밀하게 말하자면 두뇌 작용과 언어의 관계를 다루는 학문 분야라고 할 수 있다. 한편, NLP는 탁월성의 심리학(psychology of excellence)이기도 하다. 이 말은 모든 사람이 자기의 두뇌를 충분히 활용한다면 인생의 여러 국면에서 최고의 탁월성을 발휘하며 살아갈 수 있다는 말이다. 즉, NLP는 이처럼 두뇌의 활용방법을 몸에 익혀 효과적으로 행동할 수 있도록 하기 위하여 개발되었다[16].

16_ 심교준(2017). NLP 코칭기법. 조은출판

2) NLP 정의

NLP(Neuro-Linguistic Programming)는 인간의 마음과 행동이 일어나는 원리를 뇌 신경학적으로 설명하는 학문이다.

Neuro(신경): 인간 행동은 기본적으로 5가지의 경로(시각, 청각, 촉각, 후각, 미각)를 통하여 감각된 정보를 받아들이고 처리하거나 재생하는 프로세스에 의해 이루어지는데 그 프로세스를 담당하는 것이 신경이다.

Linguistic(언어): 인간은 신경을 통한 전달 과정을 거쳐 얻은 정보(경험)를 코드화하고 의미를 부여하여 언어로 저장한다. 이러한 언어는 사람마다 서로 다른 세계지도(언어 지도)를 갖게 하며 이러한 언어를 통하여 사고나 행동을 정리한다.

programming(프로그래밍): 프로그래밍이란 정보를 저장하는 패턴을 말한다. 특정한 바람직한 목표와 성과를 달성하기 위하여 인간은 저장된 경험을 활용하여 자유롭게 생각하고 말하며 행동할 수 있는데, 그것을 스스로 조직할 수 있다는 것을 의미한다.

3) NLP의 성격

(1) 커뮤니케이션 도구

NLP는 커뮤니케이션 자체라고 해도 과언이 아니다. 애당초 프레드릭 펄즈, 버지니어 새티어, 밀튼 에릭슨 등 당대 최고수의 커뮤니케이션의 달인들을 본받기를 한 것인 만큼, 이견은 없다. 그러므로 사람과 사람의 접점에서 일어나는 모든 일에는 NLP가 유용하게 쓰임은 두말할 필요도 없다. 예를 들어 코칭, 상담(카운슬링), 판매, 접객, 서비스, 건강, 스포츠, 교육, 육아 등 인간 활동의 모든 분야에서 활용되는 소통(Communication)의 도구이다.

(2) 심리치료 기법

커뮤니케이션을 통해 언어적 접근을 함으로써 클라이언트의 의식세계를 재편(Reprogramming)하도록 하기 때문에 효과적이고 실용적인 심리치료 기법이다.

(3) 성공학

성공한 사람을 그대로 본받게 함으로써 자신도 성공한 사람이 될 수 있도록 인도하고 돕는다.

4) NLP 두뇌 메커니즘(Mechanism)[17]

(1) 두뇌는 지각에서 현실과 상상을 구분하지 못한다.

인간이 5감을 통해서 세계를 지각할 때, 혹은 외부를 향할 때, 또는 경험을 재체험할 때는 내면이 움직인다. 내면이란 각자가 갖고 있는 독

17_ 심교준(2017). NLP 코칭기법. 조은출판

자적인 지도와 같은 것(언어 지도·세계지도)인데, 이러한 내면을 마음속에 가지고 있어 그것을 통하여 현실세계를 자기 나름대로 이해한다.

인간이 체험하는 현실이란 현재 감각과 과거 기억, 미래를 상상하여 뇌가 모자이크(인간의 의식세계는 현실, 기억, 상상으로 구성된 태피스트리)한 것이 현실이다. 인간은 직접 경험할 때도, 경험을 내면에서 재현시킬 때도 하나의 같은 신경회로를 사용한다. 따라서 언어의 중개를 거치면 실제로 체험하지 않았어도 체험을 한 것과 같은 효과를 갖는다. 그러므로 두뇌는 지각활동에서 사실상 현실과 상상을 구분하지 못하는 것이다.

(2) 두뇌는 언어에서 부정어를 받아들이지 못한다.

우리가 어떤 사안이나 현상을 부정하려면 먼저 그 어떤 것이 존재하고 있어야 한다. 왜냐하면, 부정이란 '있는 것을 없다'고 하는 것이기 때문이다. 그러기에 우선 무엇인가가 있어야 비로소 그것을 없다고 부정할 수 있는 것이다. 언어와 생리현상은 동시에 반응한다. 따라서 언어(말)로 표현하면 생리현상도 함께 동반된다. 예를 들어 "나는 슬프지 않아."라고 말하는 경우, 우리의 두뇌는 먼저 '슬프지~.'라는 말을 접하는 순간 '슬픔'이라는 개념을 먼저 받아들이고 이해하게 된다. 그러면 그와 동시에 몸의 감정 중추는 그에 걸맞는 신경전달물질이 자동으로 분비되는 등, 생리현상은 이미 슬픈 상태에 젖어들게 된다. 이처럼 이미 그렇게 된 다음에 '~지 않아.'라는 말이 이어지면 두뇌는 문법적으로는 이해를 하지만 몸의 생리 반응은 곧바로 슬픈 상태에서 벗어나기 어렵다. 그러니까 어느 정도는 슬픈 상태의 여운이 남아 우리 몸에 각인이 되고 그 상태가 다소간 지속되는 것이다. 예를 들어 체육관에서 서로 자주 말다툼하는 수련생이 있다고 하자. 이러한 수련생을 보면 지도자는 아마도 "얘들아~, 그만 좀 싸워라. 너희는 어쩌자고 만나기만 하면 그렇게 싸우니? 사범님이 다투지 말라고 한 백 번은 더 말했겠다. 이제 제발 그만 싸워라 제발." 하고 꾸중을 한다. 그러면 수련생의 반응은 어떠할까? 물론 그래도 티격태격할지 모르지만, 사범님의 말에 다툼은 일단 중단하게 될 것이다. 그렇지만 각자의 감정은 풀어지지 않고 참고 있을 뿐일 것이다. 그리고 사범님이 없거나 자기들끼리 만나면 다시 맞부딪쳐 싸움이 일어날지도 모른다. 왜 그럴까? 그 이유는 아이들은 '그만 싸워라', '사범님이 싸우지 말라고 몇 번이나 말했니?'라는 말을 문법적으로는 이해하지만, 생리적으로는 받아들이기 어렵기 때문이다. 즉, 두뇌는 이해하지만, 몸은 따라주지 못하기 때문이다. '사범님이 싸우지 말라고 백번은 더 말했겠다.'라는 말은 결국, 백번이나 '싸워라!'라고 조장한 것과 마찬가지이다. 이미 싸움이란 단어의 개념을 먼저 받아들여 싸움을 연상하기 때문에 싸움을 멈추지 않는 것이다. 이럴 때는 '사이좋게 놀았으면 좋겠다.'로 바꾸어 말해야 한다.

(3) 두뇌는 감정에서 나와 너를 구분하지 못한다.

내·외적 자극에 의해 발화된 감정을 상대에게 표현할 때, 그 영향은 나에게도 미친다는 것이다. 예를 들어 수련생이 말을 듣지 않아 기분이 상해서 화를 내면서 수련생을 꾸짖었다면 그 화의 에너지는 누구에게 더 큰 영향을 미치게 될까? 수련생도 그 꾸지람을 듣고 기분이 나빴겠지만 꾸짖은 사범 또한 기분은 좋지 않았을 것이다. 이미 화가 나서 꾸짖었기 때문에 분노의 반응이 생리적으로 일어났기 때문이다. 만일 수련생이 사범님의 꾸중을 듣지 않고 무시하기로 했다고 한다면, 나쁜 영향은 고스란히 사범의 몫이 될 것이다. 이처럼 우리의 두뇌는 감정 측면에서 나와 너를 구분하지 못한다. 그러므로 우리는 결과적으로 본인에게만 유해한 분노는 적절히 통제할 줄 알아야 한다.

5) NLP 코칭

NLP 코칭은 NLP 코칭을 통하여 인성교육을 효과를 높이기 위한 코칭 기법이다. 코칭은 앞서 밝힌 바와 같이 수련생 스스로 갈망하는 상태를 확립할 수 있도록 지원하는 존재이지 목적지로 도달하도록 지원하거나 촉진하는 지도자는 아니다. 사범은 코칭에 있어 아래 4가지를 충실히 실행했을 때보다 좋은 코칭 효과를 얻을 수 있다.

- **이끌기**: 수련생의 의식적/무의식적 신호(음성/행동)를 관찰 식별하여 그 행동의 목적과 목표를 찾는다.
- **범위 설정**: 수련생의 말과 행동의 범위를 정확하게 설정하여 수련생으로 하여금 스스로 자신의 목적과 목표를 명확하게 밝힐 수 있도록 해야 한다.
- **재정의하기**: 어떤 이유로 목적을 갖게 되었는지를 거듭 질문하여 구체적으로 정의한다.
- **이의 제기**: 구체적 목표, 언제, 어디서, 무엇을, 누구와 어떻게 왜라는 질문을 통하여 구체적인 문제를 짚어간다.

인간은 서로 다른 언어(생각) 지도를 갖고 있기 때문에 선입견과 편견으로 타자를 평가하게 된다. 지도자 또한 자신이 가지고 있는 선입견과 편견으로 수련생을 바라볼 수 있다. 그러나 이와 같은 선입견과 편견은 수련생의 긍정적인 면보다 단점을 먼저 보기 때문에 지도자는 이 부분을 반드시 경계해야만 한다. 지도자가 수련생의 긍정성을 높여 이끌고자 한다면 마음의 여유를 갖고 보다 구체적 질문을 통하여 수련생 자신이 가고자 하는 목적지의 퍼즐을 찾아 맞추도록 도와야 한다. 지도자가 퍼즐 조각을 찾지 못해서가 아니라 수련생이 구체적으로 자신을 만들어 가도록 수련생 스스로 찾도록 도와야 한다. 수련생의 굳어진 세계지도를 변화하기 위해서는 아주 천천히 노크하고 기다리면서 천천히 동화될 수 있도록 해야 하기 때문에 쉬운 것은 아니다. 이때 "하기 싫어요", "안 되는 데요", "할 수 없어요."와 같은 강박적 표현에 보다 유연하게 대처하여 "만일 ~하면 어떻게 되겠니?" 같은 질문(구체화 모형)을 통하여 수련생의 강박적 필터에서 벗어나 개방성을 갖도록 해야 한다.

코칭을 위해서 지도자는 자신의 내면 안정을 확보가 우선되어야 한다. 자신의 내면안정도 되어있지 않은 상태에서 수련생을 코칭하는 것은 매우 위험한 상태로 전환될 수 있어 지도자 자신에 대한 스스로 성찰은 매우 중요한 과제이다.

코칭에서 제일 먼저 알아야 할 사항은 수련생의 수련 목적(Outcome)이다. 목적이 무엇인지 알아야 그 목적에 맞도록 도울 수 있기 때문이다. 태권도뿐만 아니라 그 외 모든 일도 목적을 알아야 그 목적에 맞는 전략을 세우고, 수련생이 가지고 있는 자원을 활용할 수 있도록 이끌

수 있다.

코칭에서 의도를 찾는 것은 매우 중요한 일이다. 사람에게 이유 없는 행동은 없다. 모든 행동에는 긍정적 의도가 있기 때문에 그 긍정적 의도를 먼저 살피고 적절한 프로세스를 대입해야 한다. 이 과정에서 인과적 의도(좋다/나쁘다)를 따지기보다 의도를 헤아려 긍정적 방향으로 찾아가도록 도움을 주는 것이 인성 형성에 도움이 된다.

6) 바람직한 행동을 위한 NLP 개념의 활용

NLP를 제대로 활용하여 바람직한 행동을 하려면 다음과 같은 네 가지 요소를 완비하여야 한다. 내면상태 확립(State Management), 관찰식별(Calibration), 관계성(Rapport), 유연성(Flexibility)이 그것이다. 실제로 우리가 누구를 만나든가, 어떤 행동을 하려고 할 때, 이 네 가지만 개념을 잘 이해하고 행동에 옮기면 좋은 결과를 얻을 수 있을 것이다.

(1) 내면상태 확립

내면상태의 확립이란 자기 자신의 내적인 상태를 편안하고 담대한 상태로 만들거나 유지하는 것을 말한다. 이러한 내면상태가 확립되기 위해서는 자기의 내면 상태가 안정적이고 긍정적인 방향으로 잘 유지될 수 있도록 하여 어떤 일을 하더라도 자신감 있게 대처할 수 있도록 하는 것이 중요하다. 내면상태 확립에 도움이 되는 NLP 개념으로는 의식(Conscious)·무의식(Unconscious)과 몰두(Associate)·관망(Dissociate)

그리고 자극심기(Anchoring)가 있다.

① 의식과 무의식

의식은 우리가 깨어있는 상태이다. 의식은 오감 정보와 내적 요구에 반응하는 현재 상태를 말한다. 무의식은 의식과 같이 현재 상태에 반응하는 것이 아니라 오랜 학습과정을 통하여 익숙해진 습관, 생물학적 욕구, 현실과는 다소 거리가 있으나 자신이 바라는 희망 등이 내재되어 현재의 의식에 영향을 미치는 것을 무의식이라 한다. 무의식은 인간의 원초적 삶의 바탕이며 에너지다. 의식은 깨어있을 때만 일을 하지만 무의식은 24시간 늘 깨어있으며 쉬지 않고 일을 한다. 의식이 뚜렷한 목표를 설정하면 무의식은 목표를 향해 갈 수 있도록 모든 조건을 만들어 간다. 인간은 매 순간순간 많은 정보를 분석하고 파악하여 말과 행동으로 옮긴다. 이러한 과정에서 받게 되는 스트레스는 번민과 갈등의 씨앗이 되어 삶을 힘들게 한다. 이러한 어려운 상황을 지속해서 의식적인 판단으로 해결하기보다 한발 뒤로 물러나 무의식의 도움을 받아 판단할 수 있는 여유를 갖는다면 보다 효과적이고 창의적인 방법들이 나올 수 있다. 따라서 마음의 여유를 갖고 내면의 목소리에 귀를 기울이는 것은 NLP가 추천하는 하나의 방법이다.

② 몰두와 관망

우리가 어떤 상황이나 사물을 대할 때 대체로 두 가지 의식 상태가 되기 마련이다. 몰두와 관망이 그것인데, 몰두는 모든 감각을 활용하여 집중하는 것을 말하고, 관망은 방관자로서 간접 집중하는 것을 말한다. 몰두는 직접체험인 만큼 느끼는 강도가 그만큼 강하다. 반면에 간접체험은 그만큼 느낌의 강도가 약하다.

인간은 누구나 쾌락은 즐겨 누리고자 하고, 고통은 될수록 피하고자 하는 본능이 있다. 그러므로 즐거운 체험은 과거의 체험이든, 미래에 대한 상상이든, 현실 그 자체이든 몰두하는 것이 좋다. 그렇다면 고통스러운 것은 과거의 체험이든, 미래에 대한 상상이든, 현실 그 자체이든 관망의 자세를 유지하는 것이 바람직하다. 쾌락에 몰두하면 의욕적이 되고 행동에 힘이 솟을 것이고, 고통을 관망하게 되면 보다 편안한 내면을 유지할 수 있게 될 것이다.

몰두와 관망

몰 두(Associate)	관 망(Dissociate)
가. 정신을 집중하여 과거 행복했던 체험의 특징을 찾는다. 나. 행복했던 순간을 다시 한 번 불러일으킨다. 　– 몸의 느낌을 말한다. 　– 무엇이 보이는지 말한다. 　– 어떤 소리가 들리는지 말한다. 다. 행복했던 순간을 잠시 뒤로하고 환기시킨다. 라. 다시 한 번 행복했던 순간을 불러일으키고, (나)번의 느낌을 다시 한 번 경험하도록 한다. 그리고 온몸으로 느낀다. 마. 현재의 그 상태를 자극심기(앵커링)한다. 바. 그 여운을 깊이 음미한다.	가. 과거의 부정적 체험을 체험해 본다. 나. 부정적 체험을 눈앞에 가져온다. 다. 눈앞에 있는 장면을 점점 멀리 보낸다. 라. 본인이 관망자가 될 수 있도록 한다. 그때 과거 행복했던 때의 순간을 눈앞에 가져온다. 그리고 그 행복했던 느낌을 깊게 다시 체험한다. 마. 그 상태에서 잠시 빠져나올 수 있도록 환기한다. 바 (가~라)까지 다시 한 번 반복한다. 그리고 과거 부정적인 경험이 나의 경험이 아닌 것이 될 때까지 반복한다.

③ 자극심기(Anchoring)

NLP의 가장 중요한 기법의 하나라고 할 수 있는 자극심기(Anchoring)는 선박의 닻을 의미하는 'Anchor'가 어원이다. 그 의미는 앵커(닻)가

배를 일정한 위치에 일정한 기간을 정박시키듯이 자극이 되는 내·외적 자극체에 의하여 자기가 확보할 수 있는 '정신상태의 폭', '내면 의식 상태의 영역'이 새삼스럽게 결정된다는 의미를 나타낸다.

자극심기의 개념

바다	⇨	몸, 인체
선박, 배	⇨	정서, 느낌
닻(Anchor)	⇨	자극체
일정한 위치(해상)에 정박	⇨	일정한 시간 몸에 느끼게 함

자극심기는 어느 일정한 내·외적 자극체가 특정한 내적 반응을 이끌어 내는 프로세스를 말한다. 예를 들면 자신이 특정한 자극에 대하여 같은 행동을 하는 것이라든가, 옛 노래를 들을 때 그 노래를 즐겨 부르거나 들었던(유행했던) 무렵이 연상된다든가, 특정한 향기가 날 때 과거 특정한 때를 떠올리는 것과 같은 것을 의미한다.

가. 앵커링을 성공시키는 핵심요건[18]

㉠ 경험의 강도

- 앵커는 수련생 또는 선수가 자신의 의지에 온전히 몰입되어 있을 때, 적용되어야 한다.
- 의지와 경험이 강력할수록 더 나은 앵커링이 형성될 수 있다.

18_ 심교준(2017). NLP 코칭기법. 조은출판

- 수련생과 선수가 특정한 상태가 되었는지 확인하기 위해서는 감수성과 관찰력을 통하여 알아차린다.

나. 앵커링 타이밍

- 앵커링 타이밍은 감정이 최고조에 도달하기 직전에 시도한다.
- 5초~15초 정도의 시간 소요: 정확한 앵커링의 핵심요건이 된다.
- 수련생 또는 선수에게 앵커링을 심어줄 때는 세심한 관찰이 필요하며, 적절한 시간에 엥커링을 실시하고 앵커링 상태를 끝까지 확인한다.

다. 자극의 독특함

- 앵커링 자극의 동작은 일상생활에서 늘 쓰던 동작은 적절하지 않다.
- 앵커링의 자극은 독특한 자극이어서 우연히 건드려지지 않는 것이 좋다.

라. 자극의 재생/ 반복

- 앵커링은 필요할 때 항상 실행할 수 있는 자극이어야 한다.
- 앵커링은 자극은 같은 방식으로 반복되고 강화되어야 한다.

② 앵커링 사용방법

가. 눈을 감고 깊은 심호흡을 한다. (5회 정도)

나. 앵커링의 자극을 심고자 할 때, 앵커링의 목적과 관련된 가장 기억에 남고 행복했던 순간을 떠올리도록 한다.

다. 그 순간을 온몸으로 충분히 느낀다. (시각(V), 청각(A), 체각(K))
- 무엇이 보이는가?

- 어떤 소리가 들리는가?
- 몸에는 어떤 변화가 오는가?

  * 이러한 질문을 통하여 앵커링 자극의 효과를 극대화 시킨다.

라. 가장 강력했던 순간이 절정에 달했을 때, 앵커링을 실시한다.

  * 특정 동작 또는 액세서리에 앵커링을 심는다.

(2) 관찰식별

코칭을 진행하면서 수련생 마음의 변화가 일어나는 것을 감지할 수 있어야 한다. 코칭 과정에서 수련생 마음의 변화를 빠르게 파악하지 못하다면 코칭의 효과를 얻기 힘들기 때문에 수련생 관찰은 매우 중요한 핵심포인트이다.

사람은 여러 가지 기억을 떠올리거나 과거의 회상 혹은 미래에 대한 상상과 같은 마음상태를 경험하고 있을 때 그 사람의 표정, 신체 움직임, 호흡 등에 미묘한 변화가 나타나기 마련이다. 그러한 징후나 변화를 얼마나 빠르게 식별하느냐는 코칭에서 중요한 포인트이다. 이와 같이 상대방이 어떤 심리상태에 있는가를 비구두 언어의 신호를 관찰하여 마음상태를 식별하는 것을 관찰식별(Calibration)이라고 한다. 이와 같이 상대방의 변화(외부 신호를 통한 내면 상태의 식별)에 대한 민감한 파악과 유연한 해석, 의미부여가 NLP의 기초 스킬이 된다.

① **식별 단서**(Accessing Cues)

관찰 대상은 사람의 모든 부분을 관찰하게 되는데, 가장 먼저 호흡을 들 수 있다. 견식호흡인지, 흉식호흡인지, 복식호흡인지, 호흡의 깊이 정도, 빠르기 정도의 상태 등을 살펴본다. 다음에는 표정도 중요한 관찰 대상이다. 피부색(얼굴), 긴장도(눈썹·입술), 얼굴 주름, 눈동자 움직임 등의 움직임도 유심히 살펴보아야 한다. 다음으로는 자세, 움직임이 있다. 이는 몸의 자세, 태도, 팔다리의 위치와 각도, 손의 움직임, 정지 상태 등을 살펴보는 것이다. 그리고 목소리도 중요한 요소이다. 목소리의 고저, 음조, 속도, 음색, 리듬 등을 통하여 감정이나 정서 상태를 파악할 수 있다. 기타 침묵의 길이나 상태, 느껴져 오는 에너지, 파장(동), 분위기 등도 하나의 요소가 될 수 있다.

② 표정(BMIR: 안면징후)

주로 얼굴 및 그와 관련하여 일어나는 모든 변화를 BMIR(Behavioral Manifestation of Internal Representation: 비머)라고 하는데, 이를 놓치지 말고 잘 관찰 식별하여 상대방의 내적 반응을 알아야 한다. 사람이 감각 기관을 통하여 경험하는 것에 대한 내적 반응은 몸을 통해 의식작용을 거치지 않고 무의식적인 생리적 작용의 현상으로 나타나는데, 많은 경우 주로 얼굴에서 그 변화를 쉽게 볼 수 있다. 왜냐하면, 얼굴과 손 이외에는 대개 의복에 감추어져 있기 때문에 외부로 노출되는 것은 이 두 부분이기 때문이다.

예를 들어 불안한 감정 상태에 있는 사람은 안색이 변하고, 얼굴 근육이 긴장되고, 입술이 얇아지고 창백해지며, 호흡이 얕아지고 빠르게 되며, 몸의 자세와 동작이 달라진다. 그리고 목소리도 바뀌고, 말의 템포도 변하고, 눈동자의 움직임도 빨라진다.

③ 시선 식별 단서(Eye Accessing Cues)

시선은 방향에 따라 독특한 의미를 담고 있다고 알려져 있다.

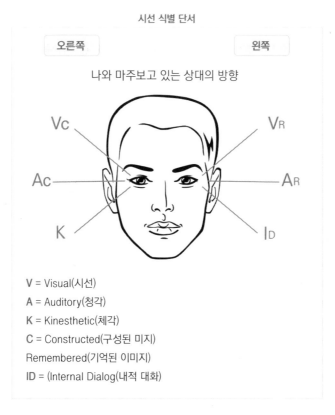

시선 식별 단서

| 오른쪽 | 왼쪽 |

나와 마주보고 있는 상대의 방향

V = Visual(시선)
A = Auditory(청각)
K = Kinesthetic(체각)
C = Constructed(구성된 미지)
Remembered(기억된 이미지)
ID = (Internal Dialog(내적 대화)

C(구성) 오른쪽	R(회상) 왼쪽
VC(미래 구성된 이미지)	VR(과거 기억된 이미지)

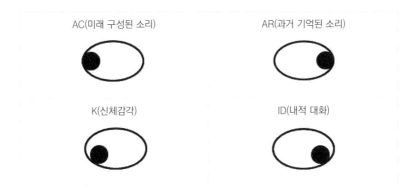

AC(미래 구성된 소리)　　　　　　AR(과거 기억된 소리)

K(신체감각)　　　　　　　　　　ID(내적 대화)

　상기 그림에서 보는 바와 같이 크게 보아 왼쪽은 과거를 나타내고, 오른쪽은 미래를 나타낸다. (오른손잡이 경우 80% 적용) 그리고 눈동자의 상부는 시각을, 수평은 청각을 나타낸다. 눈동자의 하부는 별도의 기준이 없고 오른쪽, 왼쪽이 제각각이다. 이를 조합하여 보면 다음과 같다. 즉 오른쪽 위로 시선이 향하면 구성된 이미지를, 왼쪽 위로 시선이 가면 기억된 이미지를 나타낸다. 또 오른쪽 수평으로 시선이 향하면 구성된 소리를, 왼쪽 수평으로 시선이 가면 기억된 소리를 나타낸다.

　오른쪽 아래로 시선이 향하면 체각을 감지하는 것이고, 왼쪽 아래도 시선이 가면 내적 대화(자문자답)를 하는 것이다. 이러한 눈동자의 움직임을 보면 지금 수련생이 어떤 생각을 하고 말하는지를 알 수 있다. 예를 들어 어떠한 질문을 했는데 눈동자가 자주 오른쪽 위로 향하고 대답한다면 아마도 있는 사실보다 자신이 꾸며낸 이미지를 연상하면서 대답하고 있다고 가정할 수 있다. 즉 거짓말일 가능성이 크다는 것이다. 만약 왼쪽 위쪽을 본다면 과거의 기억을 바탕으로 대답하고 있다고 볼 수 있어 거짓일 확률이 낮다고 볼 수 있다. 반대로 눈동자가 오른쪽 아래쪽으로 자주 간다면 대답하기 전 자신과의 자문자답을 통해서 신중하게 말을 하고 있음을 알 수 있다. 이러한 시선 식별을 해보려면 간단한 질문을 통하여 확인할 수 있다.

질문을 통한 시선 식별 단서 확인

과거의 이미지를 찾는 질문(Vr)
너의 집의 대문/ 현관 도어는 무슨 색깔이지?
네가 잘 다니는 편의점은 어디에 있니?
너의 학교 건물은 몇 층이지?
미래의 이미지를 찾는 질문(Vc)
네가 너의 엄마나 아빠를 업는다면 어떤 모습일까?
네가 빨강과 검정의 줄무늬 셔츠를 입었을 때 모습을 상상해봐.
대통령과 인터뷰하는 네 모습을 상상해봐.

과거의 청각을 찾는 질문(Ar)
네가 좋아하는 음악을 기억해 보겠니?
교실에서 있을 때 방송실에서 하는 안내방송을 기억해 본다면?
네 엄마와 아빠 목소리를 들어 기억해봐.
미래의 청각을 찾는 질문(Ac)
우주가 무너지는 소리를 상상해봐.
네 생일에 반 친구들 전원이 생일 축하 노래를 부르는 소리는?
만약 네가 상을 받았다면 선생님이 너에게 어떤 축하 인사를 할까?

내적 대화를 찾는 질문(ID)
네가 너에게 하는 이야기를 생각해 보겠니?
최근 문제가 된 일의 원인은 무엇이지?
네가 스스로 자신을 자책할 때, 그 소리는 어디에서 어떻게 들리지?
체각을 찾는 질문(K)
찬 개울에 들어가면 어떤 느낌일까?
부드러운 캐시미어 스웨터를 만지면 어떤 감촉일까?
지금 오른손과 왼손 중 어느 쪽이 따뜻하니?
도복이 땀에 젖어있을 때 느낌은?
귀신이 튀어나오는 장면을 보는 순간의 느낌은?

④ 표상체계 특징과 표현방식

표상체계에 따라 수련생의 성격성향을 분리할 수 있다. 이러한 표상체계를 잘 활용하면 굳이 성격성향검사를 하지 않아도 수련생의 성격성향을 짐작할 수 있다.

표상체계 특징과 표현 방식

대표 체계	특 징	말 표현 예
시 각 (V)	· 눈동자가 위로 잘 올라간다. · 결과를 추구한다. · 말 속도가 빠르다. · 그림, 그래프, 사진, 표 등을 잘 사용하여 설명한다. · 색깔에 민감하다. · 어떤 일을 할 때 어떻게 보이는지에 대해 관심이 많다. · 효과적인 것을 좋아한다.	· 미래가 밝다. · 요점이 보이지 않는다. · 겉모양을 꾸민다. · 보기 좋은 것을 좋아한다. · 앞으로의 전망이 좋다.
청 각 (A)	· 눈동자가 옆으로 잘 간다. · 칭찬에 민감하다. · 이론적이다. · 자문자답이 많다. · (혼자 생각이 많다) · 단어를 중요시한다. · 말 빠르기, 자세는 보통 · 대화를 즐겨 하고 한 번 들은 것은 오래 기억한다.	· 색깔 사용이 시끄러워. · 마음에 속삭여 온다. · 듣기 부드러운 얘기다. · 그이와는 박자가 안 맞아. · 마음이 시끌시끌하다.
체 각 (K)	· 눈동자가 아래로 잘 내려간다. · 결과보다 과정을 중시한다. · 느끼면서 얘기하므로 말의 속도가 늦다. · 말보다 행동이 빠르다. · 신체적 접촉을 좋아한다. · 행동경험을 통해 기억하는 경향이 있다. · 자극에 예민하고 촉이 발달하여 느낌에 따라 감정기복이 있다.	· 좋은 느낌으로 진행된다. · 편안한 타입의 사람이야. · 맛있는 이야기다. · 닭살이 돋는 것 같아. · 마음이 무겁다.

(3) 관계형성

관계형성은 앞장의 코칭의 라포(Rapport) 형성에서 이미 다뤘기 때문에 간략하게 설명하도록 하겠다. 사람이 공존하는 사회에서 관계형성은 매우 중요한 과제이다. 따라서 어떻게 관계가 설정되는가에 따라 인간관계의 성공 여부가 달려있다. 이 세상의 모든 사람은 자신과 닮은 사람을 좋아한다. 국적, 피부색, 언어, 외모, 종교, 지역, 학교 등 사람의 여러 특징 중 하나라도 닮았다면 호감을 갖는다. 특히 성격이 닮았다면 더더욱 호감을 갖게 될 것이다. 따라서 상대방과 친밀감을 갖고 싶다면 말과 행동 생각을 맞추면 친밀감이 높아져 긍정적 관계가 형성될 것이다.

수련생 입장에서 도장의 사범은 자신과 아주 많이 다른 사람이다. 그렇기 때문에 수련생 입장에서 보면 관계형성이 매우 어려운 사람일 수 있다. 따라서 관계형성을 위하여 존재하는 많은 조건 중 최대한 수련생과 같은 조건이 될 수 있도록 노력하는 것이 수련생과 소통(Communication)을 위한 필수조건일 것이다.

관계형성을 위하여 수련생의 눈높이에 맞도록 맞추기를 하였다면 교육목적을 위하여 이끌기(Leading)가 필요하다. 이끌기는 라포(Rapport) 없이 불가능하다. 이미 맞추기를 통하여 라포가 형성되었다면 지도자는 수련생을 이끌기를 통하여 리드해야 된다. 이때 리드 당하는 수련생은 자신이 리드 당하고 있다는 것을 알지 못하도록 하는 것이 중요하다. 관계형성을 위한 맞추기와 이끌기는 NLP의 기본원리다. 관계형성은 라포 상태에 있을 때와 타인(수련생)의 존중하고 생각을 맞출 때 가능하다는 기본 개념에 충실할 필요가 있다. 따라서 사범은 수련생과 함께 음악에 맞춰 즐겁게 춤추는 동반자가 될 때 긍정적 관계가 가능할 수 있다.

(4) 유연성(Flexibility)

유연성이란 자신이 갖고 있는 편견과 선입견, 그리고 고정관념에서 벗어나 유연한 생각으로 접근하여 문제를 해결하는 것을 말한다. 유연성이란 비단 수련생만을 지칭하는 것은 아니다. 지도자 또한 자신이 갖고 있는 편견과 선입견, 고정관념의 틀을 벗지 못함으로써 수련생의 마음을 다치게 하거나 학부모 또는 사회관계에서 많은 어려움을 겪는다. 이 세상은 내가 만든 세상이 아닐 뿐만 아니라 나와 다른 사람들의 집합체로 이루어져 있기 때문에 자기 생각대로 되는 일은 그리 많지 않다. 따라서 생각의 유연함, 긍정성으로 모든 관계를 맺어가는 것이 중요하다.

'역지사지(易地思之)'란 고사성어가 있다. 우리는 어떤 일을 하거나 의사결정을 할 때 자신의 입장을 우선시한다. 상대보다 자신을 우선으로 생각하다 보니 많은 갈등이 존재한다. 그러나 내가 상대의 입장이 되어서 생각해 보면 지금까지 불편했던 갈등이나 마찰을 이해할 수 있는 상태로 전환될 수 있다. 이러한 문제를 해결하기 위한 방법으로 NLP에서는 게슈탈트 테라피(Gestalt Therapy)의 빈 의자 기법과 시간선, 기성 체험이란 기법을 사용하고 있다.

① 지각위치 전환(빈 의자 기법)

지각위치 전환기법은 나와 타인 간, 또는 타인과 타인 간 갈등이 있을 때 역지사지(易地思之)의 마음을 갖도록 하여 갈등을 줄이고자 할 때 적용하는 기법이다. 도장에서는 수련생과 수련생 간 갈등과 다툼이 있을 때 적용하면 좋은 효과를 얻을 수 있는 기법이다.

먼저 의자 3개를 준비한다. 그리고 사범은 가운데 의자에 앉고 갈등을 겪고 있는 수련생을 하나의 의자에 앉도록 한다. 그리고 갈등상황에 대하여 자세하게 설명하도록 한다. 그리고 사범은 현재 갈등상황을 잘 정리하고 싶은 생각이 있는지 수련생에게 묻고, 갈등상황을 잘 해결하고 싶다는 의사가 있을 때 이 기법을 적용한다.

1rd Position

2st Position

3nd Position

사범: 네 앞에 있는 사람은 누구지?

수련생: OOO입니다.

사범: 그 사람과 있으면 어떤 기분이 드니?

수련생: ….

사범: OOO에게 전하고 싶은 말이 있으면 지금 말해보겠니?

수련생: OOO야, ….

사범: OOO 수련생은 너의 기분과 신체(몸)를 지금 앉아있는 의자에 두고
1의 자리로 옮겨 갑니다.

오른쪽에 있는 사람은 누구지?

왼쪽에 있는 사람은 누구지?

수련생: 나와 OOO입니다.

사범: 그러면 OOO 속으로 들어갑니다.

OOO는 지금까지 OOO의 말을 다 들었는데 거기에 대하여 네가 하고 싶은 말이 있다면 지금 말해보겠니?

수련생: OOO야, ….

사범: OOO는 기분과 신체(몸)를 거기에 두고 제1의 자리로 옮겨와 앉습니다.

(수련생에게 좌우의 사람들의 이름을 확인하게 한다. 수련생을 최초에 앉았던 제2의 자리에 앉도록 한다.)

처음에 OOO와 만나 네가 하고 싶은 말을 했을 때와 지금을 비교해서 어떤 차이 있지?

수련생: (체험을 말한다.)

사범: OOO 수련생은 다시 일어나서 제1의 자리로 가서 앉습니다. 그리고 눈앞의 두 사람의 관계가 어떻게 보이는지 설명해 볼까요?

수련생: (두 사람의 관계를 설명한다.)

사범 : (OOO를 처음에 앉았던 제2의 자리로 가게 한 후 수련생에게 묻는다.)

지금 자리를 옮겨가면서 상대방이 되기도 하고, 제3자가 되기도 하면서 느꼈던 심정을 말해보겠니?

이러한 과정을 통해서 상대와의 갈등이 상대가 모두 잘못 한 것이 아니고 내가 미처 알지 못하였거나 나의 실수, 또는 편견과 고정관념에 따른 이유가 있었다는 것을 느끼게 한다면 둘 간의 갈등은 조정될 수 있을 것이다.

② 의미전환(As if - 기성체험)

NLP의 기성체험이란 '이미 그렇다고 치고', '이미 이루어졌다고 치고'

라는 식의 생각 전환을 통하여 부정성을 긍정성으로 바꾸어 상황에 대한 기존의 의미를 전환시키는 것이다. 대부분의 사람은 어떤 상황에 처했을 때, 긍정 또는 부정으로 한정 지어 받아들이는 것이 보통이다. 그러나 대부분 긍정보단 부정적으로 받아들이는 경향성이 높은데, 이때 바로 생각을 바꾸(의미전환)면 자책, 남의 탓을 하지 않고 그 상황을 긍정으로 받아들여 보다 높은 수준의 열린 생각을 갖게 하여 보다 더 높은 시너지효과를 갖게 한다.

중국 고사에 '새옹지마(塞翁之馬)'가 있다. 새옹지마는 옛 중국의 변방에 중국의 변방에 사는 노인과 아들과 말에 얽힌 에피소드이다.

어느 날 노인이 기르던 말이 국경을 넘어 오랑캐 땅으로 도망쳤다. 이에 이웃 주민들이 위로의 말을 전하자 노인은 "이 일이 복이 될지 누가 압니까?" 하며 태연자약(泰然自若)했다. 그로부터 몇 달이 지난 어느 날, 도망쳤던 말이 암말 한 필과 함께 돌아왔다. 주민들은 "노인께서 말씀하신 그대로입니다." 하며 축하하였다. 그러나 노인은 "이게 화가 될지 누가 압니까?" 하며 기쁜 내색을 하지 않았다. 며칠 후 노인의 아들이 그 말을 타다가 낙마하여 그만 다리가 부러지고 말았다. 이에 마을 사람들이 다시 위로를 하자 노인은 역시 "이게 복이 될지도 모르는 일이오." 하며 표정을 바꾸지 않았다. 그로부터 얼마 지나지 않아 북방 오랑캐가 침략해 왔다. 나라에서는 징집령을 내려 젊은이들이 모두 전장에 나가야 했다. 그러나 노인의 아들은 다리가 부러진 까닭에 전장에 나가지 않아도 되었다[19].

19_ 네이버 지식백과: 새옹지마(塞翁之馬)

몇 가지 사건이 펼쳐질 때마다 노인은 크게 들떠 좋아하지도 혹은 비관하지도 않는다. 어느 때나 의미 전환하여 받아들이기 때문이다. 말하자면 각각의 일을 관점을 바꾸어 받아들인 것이다.

아래의 그림처럼 첫 번째 그림을 볼 때 불편함을 느꼈다면 유연성을 발휘하여 그림의 틀을 돌려 봄으로써 불편함을 해소할 수 있다. 이렇듯 관점을 달리하면 보이는 내용도 달라져 보이기 마련이다. 현재 벌어지고 있는 상황만을 고집하지 말고 자신의 세계지도를 넓혀 자연스럽게 의미전환을 하면 모든 일은 잘 해결될 수 있다는 것이 의미전환의 핵심이다.

의미전환

7) 긍정적 의도 찾기 코칭기법

(1) NLP Session Process Ⅰ (기본)

기본 흐름

① 네가 원하는 성과는 무엇이니?

② 원하는 것을 생각으로 떠올리면 어떤 모습의 그림이 되니? (V, A, K)

③ 그 성과를 만들어 내는 것은 구체적으로 언제, 어디서, 누구와 함께 하는 것이니?

④ 그 성과를 얻으면 너의 일상에 어떤 모습으로 변하니?

  (생태환경 점검: Ecological Check)

⑤ 그 성과를 만들어 내는데 너는 너의 어떤 장점(자원)을 사용할 거니?

⑥ 그 성과를 만들어 내기 위한 구체적인 행동 계획은 무엇이지?

(2) NLP Session Process II (기본)

문제에 초점을 맞춘다.

① 너는 네가 생각할 때 네가 안고 있는 문제는 무엇이라고 생각하니?

② 너는 그것은 무엇 때문에 문제라고 생각하니?

③ 너는 언제부터 이 문제를 안고 있었니?

④ (이 문제가) 최악이었던 것은 언제였니?

⑤ 누구 때문에 이 문제가 일어났다고 생각하니?

⑥ 이 문제는 어떻게 너에게 제한을 가하고 있다고 생각하니?

⑦ 위의 문제들이 다 해결되었을 때 너의 상태는?

(3) 8 Frame Outcome (8단계 목표 설정)

* 실습 중에 응답 내용의 Key Word를 기억하여 적어둡니다.

① 네가 바라는 성과는 구체적으로 무엇이니?

(Outcome Frame/ 성과, 결과, 목적)

② 그 성과(목적)를 얻으면 그것이 이루어졌다는 것을 어떻게 알 수 있지?

(Evidence Frame / 증명, 증거)

③ 그 성과는 언제, 어디서, 누구와 만드는 것이지?

(Contest Frame/ 상황)

④ 그 성과가 이루어지면 너에게 어떠한 변화가 일어나지?

(Ecology Frame / 생태환경)

⑤ 그 성과를 얻기 위하여 네가 이미 가지고 있는 너만의 장점은?

그 성과를 얻기 위하여 더욱 필요한 자원은?

(Resource Frame/ 자원)

⑥ 현재 그 성과를 얻는 것을 가로막고 있는 것이 있다면 그것은 무엇이지?

(Limit of Model / 한계, 제한)

⑦ 그 성과를 이루는 것은 너에게 어떠한 의미가 있지?

(Meta-outcome Frame / 궁극적 목적)

⑧ 그러면 그 성과를 얻기 위하여 지금 바로 해야 할 너의 처음의 행동은?

우선 무엇부터 시작해야 하지?

(Planning Frame / 행동 계획)

05
하브루타 코칭

 하부르타(Havruta)는 짝을 이루어 질문하고 답하면서 논쟁하는 것이다. 즉 토론 중심으로 수업하는 방법을 '하브루타'라고 한다. 하브루타 학습은 이스라엘 민족이 탈무드를 공부할 때 짝을 이루어 서로가 다양한 해석을 하면서 자기 생각을 정리하는 방법이다. 하브루의 어원은 '하베르'란 히브리어로, 짝·동맹·친구·동료라는 뜻을 나타내는 용어이다. 둘이서 짝을 지어 질문하고, 대화하고, 토론하고, 논쟁하는 것을 의미한다.[20]

하브루타는 토론 중심 수업이기 때문에 본인이 알고 있거나 모르는 내용을 입 밖으로 꺼내어 발표하고 토론하여 불분명했던 개념을 정립해 나갈 수 있는 장점이 있기 때문에 교육 효과가 뛰어나다. 따라서 태권도장에서 이루어지고 있는 인성교육(도덕성 교육)도 하브루타 방법으로 교육이 이루어진다면 매우 긍정적 효과를 얻을 수 있을 것이다.

하브루타는 콜버그가 제시한 도덕성 발달 방법과는 다소 차이가 있다. 콜버그는 도덕성 발달을 위하여 피할 수 없는 딜레마 상황을 제시하고 딜레마 상황 안에서 도덕성의 문제를 파악하고 해결방안을 돌출

20_ 한국하브루타연합회. http:band.us/n/a5ac38aeMdk4R

하도록 하였다면, 하브루타는 제한된 딜레마 상황없이 수련생들끼리 자유롭게 토론하여 해결방법을 찾고 시사점 및 교훈을 깨우칠 수 있도록 하는 방법이다. 이해를 돕기 위하여 예시를 들어보면 다음과 같다. 수련생 2명을 한 팀으로 짝이 되도록 한 다음 제시된 내용에 대하여 자유롭게 질의 응답하도록 한다. 그다음 나눈 대화 중 도덕성의 핵심이라고 생각한 내용, 또는 가장 의문인 내용 한 가지 또는 두 가지를 협의하여 메모지에 적도록 한다. 그다음 다른 짝 두 명과 다시 짝을 이루도록 하여 4명이 한 팀을 이루고 2명이 짝을 이루어 했던 방법을 반복한다. 그다음 다시 다른 4명의 팀과 짝을 이루어 각자의 팀에서 정리해 온 내용을 놓고 이전과 같은 방법으로 토론한다. 그리고 팀 간에 정리한 내용을 다시 지도자와 토론하면서 제시된 상황에서 찾고자 했던 도덕적 시사점, 교훈, 반성할 점을 이끌어 낸다.

하브루타 적용방법

하브루타 수업에서는 옳고 그름이 없기 때문에 다른 수련생이 말할 때에는 집중하여 경청하고 박수나 미소를 보내며 칭찬하고 공감하는 것 또한 중요하다. 그리고 그 의견에 이의가 있을 때에는 말이 다 끝나

길 기다린 다음, "지금 네가 말한 의견은 참 좋은데 왜 그렇다고 생각하는지 좀 더 구체적으로 설명해 줄 수 있니?" 또는 "나는 이 부분이 잘 이해가 가질 않아. 그러니 다시 한 번만 설명해 줄 수 있겠니?"라고 묻도록 한다. 그리고 설명할 때는 적극적인 몸동작을 겸해서 말하도록 권장한다. "칭찬은 고래도 춤추게 한다"는 말이 있다. 상대가 말할 때 적극적인 자세로 경청하고, 공감하고, 존중하고, 배려하는 것은 소통을 능통하도록 만드는 힘을 갖는다.

하브루타 소통방법

공감과 경청	와아~. 너무 좋은 의견인데! 그러니까 네 의견은 ~이라는 거구나! 그렇게 생각한 이유가 바로 ~이라는 거구나! 내가 이렇게 이해한 것이 맞는 것이니?
존중과 배려	이름을 다정히 부르며, 네 생각이 그렇구나! 이름을 다정히 부르며, 어떻게 하면 좋을까? 이름을 다정히 부르며, 나는 이 부분이 궁금한데 다시 설명해주면 고맙겠구나!
응원과 지지	네 말의 또 다른 근거가 무엇인지 말해줄래? 네 말 덕분에 다른 부분도 이해가 가는구나! 네 말 중에 그 부분은 아주 훌륭한 표현이었어!
문제의 해결	네 말의 근거를 조금 보충해야 할 것 같은데! 네 말대로라면 이 부분을 어떻게 이해하면 좋을까? 네 말 중에 이 부분은 문제와 좀 맞지 않는 것 같은데?

하브루타 수업에서 질문할 때나 대답할 때는 생각나는 대로 아무렇게나 하는 것 보다 구조화된 질문방법을 활용하면 더 좋은 질문과 응답이 될 수 있다.

질문 만들기 모형

	내용(사실)	상상(심화)	적용(실천)	메타인지(종합)
누가? 언제? 어디서? 무엇을? 어떻게? 왜?	내용의 사실관계 파악	만약 ~라면? 만약 ~했다면? 만약 ~한다면? 의인화	유사한 경험이 있는지? 그때는 어떻게 하였는지? 유사한 상황에 처한다면 어떻게 할 것인지?	시사점 교훈 반성할 점

　　지금까지 태권도장의 인성·도덕성 교육방법은 지도자의 일방적 가르침으로 시작하였다. 그러나 이제는 티칭이 아닌 코칭 또는 하브루타 교육방법을 병행한 수업으로 수련생 스스로 생각하고 판단할 수 있는 분별능력을 길러주는 것이 인성교육에 있어 효과가 높게 나타난다는 것을 알아야 한다.